ユルゲン・モルトマン
福嶋 揚［訳］

希望の倫理

Ethik der Hoffnung
Jürgen Moltmann

新教出版社

ヨハネス・ラウを
感謝に満ちて思い出しつつ

Ethik der Hoffnung
Jürgen Moltmann

ins japanische übersetzt
von Yo Fukushima
2016
Shinkyo Shuppansha, Tokio

目次

はじめに

一九六四年に『希望の神学』を出版した当初から『希望の倫理』は私の執筆計画に入っていた。私は医師や製薬会社との協議会を通して生命倫理学的な問題に精通するようになった。「一九六八年」以降の政治的でオルタナティブな文化運動は、私を意見表明へと誘発した。そうした意見表明のために、政治神学と解放の神学が神学的な枠組みを提供してくれた。またエキュメニカル運動の中で南北の対立を知り、人種差別撤廃を求める神学的な闘争を知った。私はテュービンゲン大学で定期的にキリスト教倫理に関する講義を行うようになった。こうして、七〇年代の終りには『希望の倫理』を書くつもりでいたのである。だが私はそうする代わりに、一九八〇年に『三位一体と神の国』を書いて社会的三位一体論を発表し、友人や同僚を失望させてしまった。なぜか?

医療倫理に関する協議会において、私は自らの知識の限界を痛切に知らされた。また生態学的《エコロジカル》な倫理が必要であるという認識は、一九七三年にローマ・クラブが発表した『成長の限界』を知ってようやく生じた。だが私はまだ生態学的な創造論を持っておらず、自らが下した個々の具体的決断をより大きな連関の中で説得力をもつものにできなかった。一九六八年の後には、政治的な時代状況はドイツ連邦共和国の中に限らず矛盾に満ちており、今日の決断が明日には時代遅れになってしまうほどだった。要するに、私は七〇年代の終りにはまだ用意ができていなかったのである。だがこの願いと義務は、今日にいたるまで私の神学的良心に重くのしかかっていた。だから今、自らの神学的貢献の締めくくりに、「希望の倫理」という言葉で思い描いていること、そして私が希望の倫理を語る際にどのように認識し判断し行為したかを述べることにしたい。それと共に、『希望の神学』後にこの方向へと精力的に進んでいった多くの研究者たちの博士論文やその他の論考、書物からも着想を取り入れることにした。その代表として、ティモシー・ハーヴィー『ユルゲン・モルトマンの希望の倫理——道徳的行為のための終末論的な可能性』(ロンドン、二〇〇九年)を挙げておこう。

本書『希望の倫理』は、概要を伝えて倫理学の方法入門となるような教科書ではない。また、ドイツ福音主義教会の報告書で提供するような政治的助言でもない。私は希望の地平において行動しようと提案するために、これをキリスト教世界へと発信する。この倫理は、危険にさらされた生命と脅かされた大地と失われた正義を注視するエートスへと結びつく。それは無時間的で一般的な原則を論ずるのではなく、危機に直面しながら希望の勇気をもって今日と明日なすべきことを論ずる。そのために私は、過去四十年間に生命倫理や生態学的倫理や政治倫理について執筆し発表した具体的な諸見解を取り入れて、より大きな連関の中へと位置づけた。それは私にとって、自分が下した諸々の倫理的決断に対する批判的な修正でもあった。

一九六四年に世界教会協議会の「信仰と職制」委員会のメンバーとなって以来、私はエキュメニカルな倫理に基づいて方針を定めてきた。そのエキュメニカルな倫理とは、一九六八年ウプサラでの世界教会協議会の第四回総会以来、変革をもたらす希望の徴の中にあったものである。ウプサラのメッセージは、それを次のように言い表している。

神の力による刷新を信頼しつつ、私たちはあなたがたに呼びかける。神の国の先取りへと参与せよ。そして、キリストが彼の日に完成する新たな創造を、今日すでに少しでも目に見えるようにせよ。

その当時、エキュメニカルな倫理は諸教会の刷新に仕えたのであって、単に――今日のように――「和解した多様性」なるものにおける諸教会の共同体に仕えただけではなかった。それゆえ、私はこの『希望の倫理』のエキュメニカルな次元を、望ましいことが分かりきっている倫理的視点や意見の集成や比較ではなく、脅威をもたらすあらゆる世界的危機に対する、世界のキリスト教の共同の答えを構想するものだと理解する。

本書『希望の倫理』は「自覚的にキリスト教的な倫理」であろうとする。それゆえに私は決定的な点では、聖書の約束と福音によって方針を定めた。キリスト者は、生命や地球や正義の問題を、信仰を持たない人々や他宗教の人々よりよく知っているわけではない。しかしキリスト者は、神の希望とキリストの要求に適った者とならなければならない。それゆえに私は、コルプス・クリスティアーヌム、つまりコンスタンティヌス的な国教となっていた宗教改革時代のキリスト教に対する洗礼派たちの偉大な代替案を叙述し、キリスト教倫理のキリスト教的性格をめぐる議論の中に批判的に取り入れた。ヨーロッパやアメリカの古き「コルプス・クリスティアーヌム」の国々に住む私たちが足を踏み入れたポスト・キリスト教の時代にとって、洗礼派たちの平和擁護や共同体経験や生活方針の中に見られる倫理的選択は、カトリック教会の倫理にとっての修道会的キリスト教のエートスのように、また西洋世界の支配的文化にとってのカウンター・カルチャー運動のように重要なものである。

本書『希望の倫理』には以下の基本命題があてはまる。

――剣からいかなるキリスト教的な剣も作らないこと。

――剣から鋤へと退行せず、

――剣から鋤を作り出すこと！

神による世界の終末論的変革に対する希望は、たとえ不十分な材料しかなく、現在は微力であっても、この未来にふさわしくあろうと試みつつ、その未来を先取りする変革的な倫理をもたらすのである。

私は「希望の倫理」を表現して提案するために、方法的には常に神学から出発した。これは、「まず理論があって、それから実践がある」とか「キリスト教倫理は教会教義学の一部分である」というようなことではない。そうではなくて、「行うことや身に受けることはすべて、信じ、愛し、希望することにふさわしくなければならない」ということだ。理論と実践の関係は一方的なものではない。つまり理論が先行するのではなく、実践が先行するのでもない。基準となる希望の中にあって、理論と実践は相互的な影響と修正の弁証法的関係にある。

私は福音に照らして理解する「生命」の神学的叙述を、生命の倫理に先行させた。私は地球の倫理を、聖書の使信においては地球とは何であるかという問いによって始めた。私は政治倫理を、正義をめぐる諸概念を明らかにしていくことによって始める。また「観念と概念規定の倫理」というものもある。このことは、生命倫理において、胎児に人間生命すなわち生命の権利を認めるべきなのか、それとも胎児は人間生命の前段階ないし人的資源にすぎないのかが論じられる時ただちに明らかになるだろう。また生態学的な倫理においても、私たちは環境について語るべきなのか、それとも共同世界についてなのか、あるいは地球の自然についてなのかがよく分かっていない。もしも倫理の諸概念があらかじめ主流の世界観から与えられているとするなら、その倫理は革新的であることはできない。

概念規定の倫理と共に、解釈の当事者についても当然問われる。誰が諸々の概念の政治的正しさ（political correctness）を指図するのか？　誰が言葉の規則を命じるのか？　私は思考と言葉における権威を拒否し、概念規定の民主化を要求する。非暴力的なコミュニケーションは存在しても、無関心なコミュニケーションというものは存在しない。それゆえ、理論形成は倫理学の一領域であるのと全く同様に、諸々の利害関心のぶつかり合いにおける実践の教示でもある。失望を防ぐために、この「希望の倫理」の構想に含まれている二つの欠陥に、序言で言及しておかなければならない。

1．私は「カトリックの社会教説」の発展を取り入れなかった。私はテュービンゲン大学の倫理学講義では常に、自然法理論とカトリック教会の指導的な社会回勅を、その連帯と補完性の原理と併せて検討した。私は第二バチカン公会議での諸変革に由来する回勅『喜びと希望』と『諸民族の進歩推進』を詳しく扱った。だが私が個々のカトリックの社会教説を検討することを妨げた二つの事情がある。中世以来、伝統的なカトリック神学は「自然と恩寵」という図式で思考し、希望を、信仰と愛と共に「超自然的な徳」として理解する。キリスト教的な希望が神の未来から誕生することとは、この思想においては十分認識できない。これに対してカトリックの解放の神学は、解放の歴史の終末論的な開示を導きの地点に定めた。だが私はまだ、カトリックの社会教説と解放の神学との納得のいく融合を手に入れることができなかった。私はまた、本書においてエキュメニカルなキリスト教会における様々な倫理的構想の概観を提供するつもりはないので、広汎なカトリックの社会教説を詳しく取り入れることをしなかった。私のカトリックの同僚と読者には、大目に見て下さるようお願いする。

2．私は本書において「エキュメニカルな倫理」に関する一章を書けるとはまだ思えなかった。私は講義においてはいつも、労働と財産の倫理、そして民主的自由と社会正義のシステムの倫理を検討した。また私が望むことは、この本の生命と地球と正義の倫理に関する諸章に、エキュメニカルな倫理の多くの基本方針が含まれており、それらの方針がグローバル経済の民主化に関する私のイメージを明確化してくれることである。だが、あらゆる状況を不安定化する現在の混沌としたグローバル化に直面して、また二〇〇八年以来の資本主義的な金融システムの崩壊に直面して、私は自分が何を望んでいるかを知ってはいるが、人類のグローバルな破綻へと向かうように見える現在の経済的生活状況を変革するために具体的に何がなされねばならないかがわからない。おそらく、生命の保護と神の期待を成就するために必要な代替案は、私たちが大胆に考えることよりも遥かにラディカルで時間的に切迫したものである。二〇〇九年六月付の『グローバルな金融市場と経済危機に関する、ドイツ福音主義教会協議会の言葉――高い壁の割れ目のように』は、ひとつの良き預言的な言葉である。このテーマについて発表することは控えておく。

＊　エキュメニカルな議論のために、コンラート・ライザー「エキュメニカルで倫理的な議論におけるグローバル化」(Verkündigung und Forschung, 54, 1, 2009, 6-33) を勧めておく。またミヒャエル・ハスペルの記事「グローバル化――神学的・倫理学的に」(34-44) も卓越している。国際的水準においては、若い世代の十分に才能ある倫理学者たちがいる。彼らが形式的倫理学の基本命題の諸問題にあまり長くとどまることなく、実質的倫理学の具体的な自由と必要性に移行すれば、全キリスト教会で、この「狼狽の知 (science of dismay)」から希望の知 (science of hope) を創ることができる。

最後に私は感謝を述べておきたい。かつて私の助手であったクラウディア・レーベルガー博士は、生命の倫理に関する章を一緒に読み、批判し提案しながら付き添ってくれた。ガイコ・ミュラー＝ファーレンホルツ博士は草稿全体を読み、質問と示唆をもって建設的に論評してくれた。私はこの本において、忠実な同伴者たちの援助を強く感じており、それを高く評価することができる。だがそれにもかかわらず、私のみが本書のあらゆる判断に対して責任を負っている。

終末論と倫理の相関関係に関する特殊神学的な議論に関心がない人は、この倫理の基礎となる

第1章第4節の変革的終末論から読み始めて、その後で、第1章で叙述されている諸々の代替案に戻ってくればよい。

私はこの倫理を、より広い世界に開かれた、一般に分かりやすいものとするために、特殊専門的な概念をできる限り使わなかった。だが自覚的にキリスト教的な倫理を論じるために、キリスト教的な希望とキリスト教信仰の核心を、ご覧の通り、詳述しなければならなかった。

私はこの本を旧友**ヨハネス・ラウ**に捧げる。

私は彼の政治活動の展開に注目し、それに参加し同伴してきた。彼もまた私の神学的な道行きに対してそのようにしてくれた。彼は前連邦共和国大統領として、二〇〇六年一月二七日に残念ながら早く亡くなった。だが、彼の温かな人柄と自然な確信は影響を与え続けており、政治において説得力あるキリスト者たることの輝く模範の一つとして忘れられてはいない。彼の説教とキルヒェンタークでの講演は、二〇〇六年に次のような美しい表題で出版された。「希望を持つ者は行動できる[1]。」

テュービンゲン、二〇一〇年の復活祭に

ユルゲン・モルトマン

第Ⅰ章　終末論と倫理

緒　論

1　私は何を望んでよいか？　何をなし得るか？——自由な行為

私たちはこの最初の章で、希望と行為の神学的な連関を探求することにしよう。「私は何を望んでよいか？」というカントの問いに対する様々な答えは、常に、「私は何をなすべきか？」という問いに委ねられている様々な行為選択に影響を与える。私たちは、何らかの希望をもつ限り行動的になる。私たちは、未来の可能性の領域に目を向ける限り希望を抱く。私たちは、可能だと見なすものに着手する。例えば、世界が現状のままで存続することを望むのであれば、ものごとを現状のまま守るだろう。だが、現状に代わる未来を希望するのであれば、今すでに、その可能性に応じてものごとを変革するだろう。もしも未来が閉ざされているなら、何事も進展しないし、私たちも何もできない。私はカントと違って、希望によって刺激される行動について、当為（Sollen）の身振りではなく可能性（Können）の身振りをもって語る。希望に支えられた行為は自由な行動であって、強いられた行動ではない。

希望は常に漲《みなぎ》る期待であり、望まれるものごとの機会をつかむために、その機会がどこでいつ与えられるか、あらゆる感覚の注意を呼び覚ます。このことによって、希望は単なる期待や耐えて待つことから区別される。あらゆる感覚が注意深くなるところでは、人間的理性は変革の知識の担い手となる。私たちはその時、事物がどのようにして生成してここにあるかだけでなく、どのようにして他のようになることができるかを認識する。私たちは事物を「静止するものとして（*sic stantibus*）」知覚するだけでなく、「流動するものとして（*sic fluentibus*）」知覚し、それらの変革の可能性を積極的に実現しようと努める。

現実主義は私たちに現実感覚を教える。希望は私たちに可能性の感覚を呼び覚ます。具体的な行為において私たちはいつも、可能性を現実的なものへ、現在のものを未来のものへ関係づける。私たちの行為が未来だけに向けられているのならば、私たちはユートピアの犠牲になってしまうだろう。私たちの行為が現在のものだけに関わるなら、私たちは自らの機会を逃してしまうだろう。(2)

希望において私たちは、遠い目標と到達可能な近い目標とを結びつける。究極のものは、究極以前のものに意味を与える。それゆえに希望の諸観念においてはいつも、期待されるものが高揚する。今は不可能であるものを欲する時だけ、私たちは自らの可能性の限界に至るだろう。希望の持つこうした剰余価値を強調するのは良いことだ。なぜなら私たちはたいてい、自分の可能性の背後に引きさがったままでいるからである。怠惰はどの希望にとっても真の敵である。

2　私は何を恐れなければならないか？　何をなすべきか？——必要な行為

私たちは、未来のより良い時代に希望を抱く時未来に敏感になるのだから、まして懸念や不安においてはいっそう未来に敏感になる。起こり得るあらゆる可能性が私たちを心配させる。恐れと不安は、あり得る危険に対する、生きていく上で必要な早期警戒システムである。あり得る危険を認識して名指しすることができる限りは、具体的な懸念が生じて、必要なことを然るべき時に行い、危険を回避するようにと強いる。だが、認識できる脅威が不明確な危険にまで高まると、無に対する、あるいは世界と自らの存在が全壊することに対する茫漠とした不安が生じる。このような不安は、絶望した諦念と麻痺した無為、あるいは危険を増大させるだけの過剰反応へと向かうのが常である。

「わたしは何を望んでよいか？」という根本問題に対して、カントはこの問題の裏側である「わたしは何を恐れなければならないか？」を付け加えるべきであったろう。しかしカントは啓蒙主義的な楽観論者であり、彼自身が語ったように、神学的には千年王国論者であった。私たちが抱く恐れに関する問いへのいかなる答えも、行為に対して影響をもたらす。私たちの可能性の感覚は、少なくとも希望と同じ程度に、不安によって強く刺激される。[3] 不安においては私たちの生命が重要となり、希望においては満たされた生命が重要となる。不安は私たちのあらゆる感覚を、次第に接近しつつある脅威の知覚へと目覚めさせ、私たちの理性に、現在の事実の中にある「終末の徴」を認識するよう備えさせる。このような能力がなければ、私たちはポンペイの人々のように、ベスビアス火山の噴火に気がつかないか、それを認めようとしないだろう。聖書の警告によれば、洪水の前に何も来るのが見えなかった人間のように、私たちは安心しきっているだろう（マタイ二四38～39）。私たちはとっくの昔に死に絶えていただろう。恐れの倫理は危機を見るが、希望の倫理は危機の中に好機を認識する。希望が高揚する時に夢想が誘惑であるように、杞憂は不安の誘惑である。

エルンスト・ブロッホの『希望の原理』に変革の倫理の基礎があるとすれば、ハンス・ヨナスの『責任の原理』は私たちに恐れの倫理をもたらす。(4) 生じる可能性があるものへの希望は、失われてしまう可能性への恐れに取って代わられる。したがって、存続しているものを保持することが、新しいものを獲得することよりも重要となる。それゆえにハンス・ヨナスは、良い予測に対する悪い予測の優越性を主張した。「単純に言えば、救われるという預言よりも救われないという預言に耳を傾けよ、ということが鉄則である」と。彼にとっては、人類の存続をめぐる一般的不安が、人間の技術の予測不能な結果への恐怖を根拠づける。彼は、現在において真の人間存在を確保するために、人類が自らを脅かしているという事態への戦慄を利用する。「恐れの発見法（Die »Heuristik der Furcht«）」が、現在の責任を目覚めさせる。エルンスト・ブロッホが楽観主義を広めなかったのと同様に、ヨナスは悲観主義を説いているのではなくて、これは希望の必然的な裏面である。その際、両側面は同じではなく、希望が恐れに先立っている。つまり希望がなければ恐れはなく、「救われるという預言」がなければ、救われないことを告げる預言者もいないのである。

ユダヤ教とキリスト教の黙示録においては、終末の時は考え得る限りのあらゆる破局のシナリオと共に予告される。しかしそれと同時に、神的な新しい始まりにおける救済が、いっそう徹底的に宣べ伝えられる。終末時の破局においては、あらゆる死者を蘇らせるために、まさに神の霊そのものが降り注ぐことになる（ヨエル三1〜5、使徒二16〜21）。神的な命の聖霊が降り注ぐと共に、世界の没落の中で万物の新創造が始まる。「天が溶け」そして「地が燃え尽きる」後、主の日において「正義が宿る新しい地」がやって来る（Ⅱペテロ三13）。

近くて捉え難いのは神
だが危険があるところでは、救いも成長する

このような詩をフリードリヒ・ヘルダーリンはパトモス賛歌の中で詠んだ。(5) キリスト教的な希望の倫理は、十字架につけられたキリストの復活の記憶によって創られ、古き世界の衰退の中で新たなる世界の勃興を期待する（黙示録二一1）。終末の時は同時に新たな時である。時の危機の中で、終末の時は神の到来への希望によって生きる。それは、克服された不安から力を結集する。それは、古き世界に対する抵抗と新たな世界を先取りする行動指針を持っている。それは変革的な終末論を前提しており、その終末論にふさわしくそれ自身が変革的な行動である。メシア的時間意識と変革的行為のこうした統一を意味するのが、以下のローマ書一三章12節である。

夜は更けて
日は近づいた。
闇の行いを脱ぎ捨てて
光の武具を身に着けよう。

キリスト教的な希望は、キリストの復活に基づき、神のもたらす新たな世界の光の中で生を開示する。キリスト教的なエートスは、歴史の諸可能性の中で神の普遍的な到来を先取りする。

3 祈ることと目覚めていること

どんなキリスト教的行為も、ある特定の霊性の中にはめ込まれている。ベネディクト派の伝統においては、この霊性は「祈り、かつ働け（Ora et labora）」というものである。祈ることは神に向かい、働くことは世に向かう。とはいえ祈りによって、この世の働きは永遠の相の下に（sub specie eternitatis）見られ、神の面前に置かれる。言い換えれば、祈りは神の前で責任を負っている。それゆえに、職業における日々の仕事や特別な計画を祈りで始めることは、信心ぶったどうでもいいことなのではない。

希望は祈ることに何を付け加えるだろう？　私は、目覚めていることを付け加えるのだと思う。(6)　新約聖書によれば、キリスト教信仰においては、祈りへの呼びかけは常にメシア的な目覚めへの起床合図と結びついている。ゲツセマネの園の神の夜において、イエスは絶望的な深い眠りに陥った弟子たちに、「あなたがたは、私と共に祈らないのか？」とは問わない。イエスは「あなたがたは、ひと時も私と共に目覚めていることができないのか？」（マルコ一四24）と問い、「誘惑に陥らないように、目覚めて祈れ」と警告する。キリスト教に固有な祈りはいつも、悪や破局に対する不安においてであれ、神の国に対する希望においてであれ、到来するものに対して目覚めていることと結びついている。目覚めは、到来するものへのあらゆる感覚を覚醒させる。目覚めていることと冷静であること、目覚めていることと期待すること、目覚めていることと開かれた眼は、メシア的信仰において結びついている。(7)

目覚めにおいて私たちは目を開いて、貧しい人々や病人たちや疲れている人々や重荷を負わされた人々の中に現臨して私たちを待っている、隠されたキリストを「認識する」（マタイ二五37）。私たちは貧しい民の顔（Gesicht）の中に、十字架につけられた神のおもて（Angesicht）を「見る」。神の未来に対するメシア的な覚醒は今日、日常の小さなことがらへの細々とした気配りに翻訳されがちである。だがそれによってこの覚醒は、より現実的になるとはいえ、より弱くもなる。メシア的な覚醒における注意深さは、神の未来を告げ知らせる時の徴に対する注意の中にこそある。それは、キリスト教的な行為が希望によって霊感を与えられ、義と平和が接吻する神の国を先取りするためである。それゆえに祈ることと目覚めていること、心の信頼、そして広く開かれた眼と緊張した感覚が、キリスト教的な行為に伴うのである。

待つことと急ぐこと

コメニウスからブルームハルトに至るあらゆる「希望の神学者たち」は、神の未来に対する希望から、人生に対するこの両方の態度を称賛した。クリストフ・ブルームハルトはそれを「待つことと急ぐこと」と呼んだ。キリスト者に対して「主の未来を待ち、そこへ急ぐこと」を呼びかけるのはペテロの手紙二の三章12節である。主の未来とは「義が宿る」新しい地を意味する。

待つことと急ぐこと。これは矛盾に聞こえる。私たちが待つ時、私たちが待っているものは未だここにないが、私たちが急ぐ時、期待されているものがすでに見えている。この両極端の間で、未来への態度が決められる。これらは限界の目印であって、必ずしも矛盾しない。「待つことと急ぐこと」を私たちの言葉と私たちの経験へと翻訳してみよう。

「待つこと」――これは受動的に待つことではなく、能動的に期待することを意味する。この区別にあてはまる預言者イザヤの箇所がある。捕囚にあって故郷から遠く離れて囚われた人々が、預言者のところにやって来て、こう質問する。「見張りの者よ、夜はまだどれだけ長いのか？」するとと彼はこう答える。「朝は来るが、まだ夜だ。尋ねたいならば、もう一度来るがよい」（イザヤ二一11～12）。使徒パウロはこの夜の比喩をとって、キリストの復活の光において始まる神の日を宣教する。「夜は更け、日は近づいた。」（ローマ一三12）こうして、待つことから期待することが、夜の夢から新たな日の朝焼けが生まれる。神の暗闇から神の日昇が生まれる。パウロが希望の倫理として「光の武具」をまとうことを呼びかけるように、希望の覚醒は、約束された義（正義）の未来を自らの生へと取り入れる。神の到来は、現在における変革の力である。満ち溢れる期待の中で、私たちは神の未来に参加し、この未来は私たちの現在において力を持つのである。

さらに言えば、待つことができるということは、不正なるこの世界の状態や暴力に適応するということではない。神の義を期待する者は、事実的なものが持つ規範的な力などというものを承認しない。なぜなら彼は、より良い未来が可能であり、現在の変化が必要であることを知っているからである。待つことができるということは、現在の脅しや誘いに抵抗し、順応したり適応したりしないということである。

待つことができるということは、諦めないということ、この世の力の優位と自らの無力によって打ちひしがれず、頭を上げて生きるということである。カントが勧めた「直立歩行」は称賛に値する。これは自由な者たちの背筋を伸ばした英雄的態度である。だがこの「頭を上げる」ことは、救いが近づいていることの結果なのだ（ルカ二一28）。

待つことができるということは、信仰に忠実に留まるということである。希望は、よく言われるように信仰に翼を与えるだけでなく、終末までの堅固さや忍耐も与える。これが有名な、カルヴァンや迫害されたユグノー派の「聖徒の忍苦（*perseverantia sanctorum*）」である。「主よ、私たちの神よ、あなた以外の諸権力が私たちを支配しています。しかし私たちはあなたとあなたの御名だけを慕います」（エレミヤ二六13）。バビロンに捕囚の身となった神の民はこのように語った。この言葉は、一九三三年以後のナチ・ドイツで生きていくために必要だった。[8] ユグノー派のキリスト者であったマリ・デュランは、エーグ＝モルトのコンスタンスの塔に三十六年間囚われていたが、信仰の放棄を誓う代わりに「抵抗せよ」という有名な言葉を戸に刻みつけ、ついに自由を手に入れた。

「急ぐこと」――急ぐとは本来、空間の中である場所から他の場所へと早く行くことである。「未来へと」急ぐことは、この運動を空間から歴史の時間へと移行させる。現在は、起源から未来への過程となる。時間の中で「急ぐ」ことは、未来に可能なものごとの領域へと向かって、現実の諸限界を乗り越えてゆくことを意味する。これらの限界を乗り越えることにおいて、私たちは望んでいる未来を先取りする。公正なことを一つ一つ行うことによって、私たちは義が「すまう」「新しい地」への道を備えていく。暴力に苦しむ人々にいくらかでも権利をもたらすならば、その時神の未来が彼らの世界に射し込む。「やもめや孤児」のために力を尽くすならば、私たちの世界にわずかな命がもたらされる。私たちが富や力を掠奪する不正な暴力のもとで、大地は喘いでいる。新たなる永続する大地をもたらす「主の日」における、あの義を私たちが先取りする時、私たちは主の未来へと向かって「急ぐ」のである。ものごとをあるがままに見るのではなく、あの未来においてあり得るように見ること、そしてこのあり得ることを今現実化することは、未来に対してふさわしくなるということである。それゆえに「希望の倫理」の根本概念は、前もって見ること、希望を知って、明日あるべきことを先取りすることである。「主の未来に向かって待つことと急ぐこと」とは、今日においては「抵抗することと先取りすること」である。

第1節　黙示録的な終末論

どのようなキリスト教倫理も、前提となっている終末論によって規定されている。様々な倫理的決断において、私たちは様々な倫理的構想と関わるだけではなく、終末論における神学的な根本的決断と常に関わり、またその終末論に続いて、キリスト論における神学的な根本的決断と常に関わる。私たちはこのことを本章で、1　黙示録的な終末論において、2　キリスト論的な終末論において、3　分離主義的な終末論において、4　変革的な終末論において、示すことにしよう。

1　ルター派的な二王国論

ルターはアウグスティヌス会の修道士だった。ルターは若い頃、アウグスティヌスのように、世界史を黙示録的に終末に至るまで支配する神の国の悪魔の国に対する闘争について語っている。カインとアベル、エルサレムとバビロン、善い力と悪い力、神と悪魔は、人間と被造物をめぐって常に闘争状態にある。この葛藤は世界史を支配するのと同様に、キリスト者自身の生を霊と肉のあいだの闘争、罪に対する義の闘争、死に対する生の闘争、不信仰に対する信仰の闘争として規定する。(9)この闘争は、死者の復活と永遠の命において初めて終りを見出す。それは黙示録的終末論の意味で、終末論的に解釈される。黙示録的終末論は、まだ決定されていない未来について、したがってまだ待望されている終末闘争について語る。このような二王国説は、神と悪魔のあいだの世界支配をめぐる闘争を意味する限り、二元論ではなく闘争論であって、両者の区別は論争的な性質を持っている。

キリスト教的に理解すればこの終末闘争の原因は、キリストの到来と福音の宣教と信仰覚醒の歴史の中に存する。キリストにおいて反キリストもまた明らかになり、福音の宣教はまた不信仰も呼び覚ます。神のための信仰の決断は、悪魔に対抗する決断と結びついている。信仰者と非信仰者の分離は、終末時の審判を先取りする。信仰する人間は神にふさわしくある（entspricht）ことによって、神なき世界に対立する（widerspricht）が、この世界は彼に対立し、彼を誘惑や迫害や苦難へと引きずり込む。ルターにとって、人間は終末に至るまで神と悪魔のあいだに存在する。彼は洗礼において悪魔と「絶交」し、日々「古き悪しき敵」と闘わねばならない。彼が「義人であると同時に罪人」であるならば、神への適合と背反とのあいだ、信仰と不信仰とのあいだの絶えざる葛藤の中に立っている。「主よ、私は信じます。私の不信仰を救ってください」（マルコ九24）。この黙示録的な二王国説は、互いに切り離された異なる領域を区別するのではなく、部分においては人間が、全体においては世界が持つ、二つのトータルな局面を認識するものである。

神の国（civitas Dei）とは、世界と人間の創造者が行う支配を意味するのだから、教会は悪魔の国に対する闘争において孤立してはいない。悪の支配する現世においても、創られた秩序が存在しており、その秩序は教会におけるキリストの国に対応するものである。ルターは、神の国と全世界史を支配する悪魔の国との大きな区別の中で、さらに、キリストが救済をもたらす国と生活を維持する現世の国との第二の区別を行う。(10) 悪魔の力を制限し解消するために、神は二つの異なる統治をもたらした。それは現世の統治と霊的な統治である。大きな区別において、これらの両王国ないし両統治は、神の名において悪魔の力に対向している。ただし、異なるがゆえに区別されるべき仕方で対抗している。すなわち一方は市民的正義（justitia civilis）であり、他方は神の義（justitia Dei）である。現世の国においては、法と理性と剣が支配し、霊的な国においては、神の言葉と霊、恩恵と信仰のみが通用する。霊的な領域においては、神が永遠の救いをもたらし、この世の国においては、人間が生活の福利をもたらす。

双方の統治は、互いに制限し合い、補い合う。現世の統治においては、法と権力が外的な秩序と地上の平和に仕え、霊的な統治においては、神の言葉が信仰と救済に仕える。双方の統治のこのような区別は、混乱した現世における論争的な区別でもある。つまりそれは、あらゆる宗教的政治と政治宗教に反対するのである。現世の統治は、霊的な統治に介入してはならない。なぜなら、何人にも信仰を強制してはならないからである。霊的な統治は、現世の統治に混入してはならない。なぜなら、福音によってはいかなる国家も統治できないからである。この課題分担は理想状態に見えるが、常に繰り返し、宗教的および政治的な時代状況に対して批判的に関わってきたし、また批判的に関わるべきである。常に政治によって宗教が作られ、それが魂をそそのかす。

常に繰り返し宗教によって政治が作られ、それが現世の秩序を堕落させる。霊的な統治は、政治的な権力を非神格化し非悪魔化するかぎり、現世の統治に間接的な影響を及ぼす。ひとは現世と法と権力に対して、実務的かつ理性的に関わるべきである。現世は地上の神の国にはならないが、悪魔が広めるカオスに対抗する地上の善き秩序である。ひとは神と福音に対して、霊的に関わるべきである。福音は、現世においてより善い秩序を作り出すことはないが、人間を信仰によって救い、既存の秩序の中で愛を実践することを要求する。

右のような大小の二王国説の組み合わせはよくわかるのだが、それはキリスト者の政治的生活においては困難である。キリスト者は二人の主人に仕えるのだろうか？　彼は同時に、二つの異なる国の市民なのだろうか？　彼は山上の説教に従うべきなのだろうか、それとも法と権力に従うべきなのだろうか？　ルターは、キリスト者の個人的生活においてこれに対応する区別、すなわち神の前において行いなしに義をもたらす信仰と、隣人のためだけになすべき行いとを区別した。ただ神への関係においてのみ信仰があり、ただ隣人への関係においてのみ愛がある。人間は、信仰においては「キリスト者」であり、行いにおいては「この世の人」である。これを混同する者は、神に対しても隣人に対しても義人ではない。

しかし隣人のための善き行いは、何によって定められるのだろうか？　アウクスブルク信仰告白の第十六条は次のように言う。「それ（すなわち福音）は差し当たり、国家と家族の秩序を破壊するのではなく、それらを神の秩序として保持し、またその秩序の中で愛を実践することをとりわけ要求する。」「秩序」として挙げられるのは、国家や経済や家庭である。これによって、愛の活動領域が挙げられているのだろうか？　それとも政治的に、経済的に、また家庭において、行為が従わねばならない権威や法もまた存在するのだろうか？　ひとは「当局」に従順であるべきであり、「罪を犯さぬように」その法に従うべきである。当局と法が罪を犯すことを強制しようとする時に初めて抵抗が命ぜられる。しかし通常の場合には調和が支配する。なぜなら神は両方の統治によって支配し、キリストは信仰と善き行いを通して悪魔の力に対抗する自らの国を啓示するからである。神の両方の統治が、悪魔の国に対抗する共闘においてより多く見られるほど、両者は緊密に団結する。その時キリスト者は、政治と経済と家庭においてもまた、悪魔の国に対抗して、神の協力者とキリストの証人となる。キリスト教的な愛は、様々な生の領域において、キリストの基準に従う。キリスト者は様々な領域において、事柄に即して理性的に行動するが、それらの領域の強制の下で行動するのではない。悪魔の力に対立する闘争において、教会とこの世の秩序は緊密に団結する。この世の秩序はその際、「それ自体の中にキリストを把握するべき」神の善き被造物のあらゆる場所と見なされる。[11]　独裁政治の下で、キリストの教会は実際にしばしば、人道性と自由の拠り所、そして真理の場所となったのである。

ここにはふたつの根本的な問題がある。

1．二王国論は、キリストの福音とこの世の秩序を、悪魔の権力に対立する神の支配闘争をめぐる黙示録的終末論の中へと置く。これは正しいだろうか？　キリストの福音は、罪と死と悪魔に対する神の勝利を告げ知らせなくてもよいのだろうか？　「地獄よ、おまえの勝利はどこにある？」（Ⅰコリント一五55）。黙示録的な終末論は、悪魔に対する神の終末史的な闘争のほうからキリストを理解するが、キリストのほうから歴史と歴史の終末を理解するのではない。それはキリストを黙示録的な歴史像の中に整理し、キリストを歴史とその終末の主たらしめることをしない。パウロがキリストの復活において見出した神の勝利は、二王国説にとっては黙示録的な未来の中にあり、預言者的で使徒的な完了形の中にあるのではない。

このことから以下が帰結する。この世の秩序、とりわけ国家は、悪魔の悪とカオスに対立し、それを阻止する神の力と見なされるが、神の国の義と平和を先取りする未来へと開かれた過程とは見なされない。悪魔の陰謀に対立する神の闘争においては、友対敵という関係の政治と、悪に対立する永遠の闘争とが重要となる。

2．二重統治論は、この世の統治を福音から区別される律法の下に置く。だが律法とは何だろうか？　イスラエルの契約の律法のことだろうか？　古代の自然法のことだろうか？　国家においてその都度妥当する法のことだろうか？　「秩序（ordinationes）」が現状のままに受け入れられる時、律法とは国家の現行法を意味する。ここでは「法と正義」について、つまり現行法が正義か不正かという判断のための何の基準も見出せない。キリスト教がただ既存の組織においてだけ愛を実践すべきだというのならば、この愛が持っている、正義を創造して組織を変革する力は見落とされてしまうだろう。

二重統治論によれば、キリスト者はこの世の組織において、他の人間と異ならず、事柄に即して理性的に行動する。だがこれはキリスト者を見えなくする。これによってキリスト者は、この世の生においては匿名になる。キリスト教を特徴づけ区別する倫理は目標とされていない。

この二重統治論は、事実と事実的なものの規範的な力を承認するあの現実主義を、キリスト教的な生の中へと持ち込む。しかしこの理論は、可能性があるものを現実化してこの世を変革する希望へと意欲を起こさせることはない。それは最善の場合でも保守的で、決して革新的ではないのである。

2　黙示録的な「抑えている者」

黙示録的な終末論の中には、今日に至るまで絶えず新たな思弁をかき立ててきた、謎に満ちた聖書箇所がある。

実に、無法の秘密の力はすでに働いている。ただそれは、今のところ抑えている者が、取り除かれるまでのことにすぎない。そしてその時が来ると、無法の者があらわにされるが、主は彼を自らの口から吐く息で殺し、未来の顕現によって滅ぼすだろう。（Ⅱテサロニケ二7〜8）

かの「抑えている者（der Katechon）」とは誰なのだろうか？　誰の名において、彼は悪が完全にあらわになることを抑えており、それによって悪に対する「主の」勝利を遅延させているのだろうか？

パウロが第二テサロニケ書簡で誰のことを言っているかは、釈義的には説明がつかない。キリスト教の伝統は、コンスタンティヌス帝における転換以後、「抑えている者」の中にローマ帝国を見てとった。つまりローマ帝国が終末的な悪の力を押さえつけ、それによって教会が広まる時代をもたらすということである。迫害された初期キリスト教が終末を早めようと試みて「マラナタ、主イエスよ、すぐ来たまえ」と祈ったのに対して、コンスタンティヌス帝の帝国教会は「終末が延期するように（pro mora finis）」祈った。初期キリスト教が再臨の遅延に苦しんだ（Ⅱペテロ4）のに対して、帝国教会はこの再臨の遅延を意識的に推し進めて、「抑えている者」を神学的な正当化によって強化したのである。

ディートリヒ・ボンヘッファーは、「抑えている者」とは奈落に転落しようとする者たちを強い物理的な力によって効果的に阻止する国家秩序の力だと見なして、称賛した。(12)「『抑えている者』は、歴史の内部において神の世界統治によって、悪に対して限界を定める効果を発揮している権力である。『抑えている者』自身は神ではなく、罪なき者ではない。だが神は、世界を崩壊から守るために彼を用いるのである。『抑えている者』は、国家秩序の力である。(13)」ボンヘッファーによれば、国家秩序の力は教会の中に同盟者を見出し、この秩序の諸要素においてまだ現存しているあらゆるものが、教会に近づこうとしている。ボンヘッファーがこれを書いたのは第二次大戦中、彼がすでに抵抗に加わっていた時だった。あの時代、悪の秘密は国家によって決して抑えつけられることなく、国家がそれに仕えていた。なぜなら悪は国家を占領し、ドイツ国家を通して死と荒廃を広めていたからである。ナチの独裁は組織化された「悪」であった。ボンヘッファーが抵抗の中で、この破壊的暴力を「抑える」ことができる真の国家権力を探し求めていたことは明らかである。そして告白教会のまわりに結集したものは実際に、ナチの野蛮に対する政治的文化的な抵抗であった。

「抑えている者」は、悪に対抗する力において悪の完全な発揮を阻止するだけではなく、それによって、キリストの顕現がもたらす悪の完全な破滅の時にもふさわしいものであり、その限りにおいて神への奉仕とキリストの栄光への奉仕の中にある。そのように理解できなければ、「抑えている者」は悪の絶頂を阻止するだけではなく、キリストの到来も阻止してしまうだろう。だがそうなればキリスト者は、キリストの到来を早めるために、国家の秩序の力を支えてはならず、アナーキストとならねばならないだろう。そしてキリスト者は最終的にはパウロと共に、キリストが最後には「神がすべてにおいてすべてとなるために……あらゆる支配と権威と力を廃棄する」（Ⅰコリント一五24、28）ことを期待するのである。

カール・シュミットの政治神学は、彼の黙示録的終末論に根ざしており、終末の闘争に対する終末論的期待にのみ仕えるものである。(14) それゆえに彼は自らの歴史神学的思弁において、常に繰り返しテサロニケ書の謎に満ちた「抑えている者」について語った。彼の政治神学は神の啓示で始まるが、その啓示の真理はただ信仰においてのみ承認される。したがって不信仰は信仰の敵であるだけではなく、神の敵でもある。神的な啓示において、友と敵が分かたれる。この分離をひき起こすのは、啓示それ自体である。「ただ神の啓示が存在するがゆえに、神への敵対が存在する。」したがって不信仰とは信仰への無能ではなく、神への反逆である。カール・シュミットがその政治学において根本的な友・敵の関係と呼ぶものは、信仰と不信仰の分離に起源を持つ。政治的な友・敵の関係の形而上学的な原型は、世界史的な闘争における神とサタンの関係である。歴史における終末論的な方向づけは、終末時の決戦におけるキリストとアンチキリストという関係をもたらす。(15)

「私は抑えている者を信じる。それは私にとって、キリスト者として歴史を理解し意義深いものと見なす、唯一の可能性である。」(16)シュミットをこのような信仰へと動かす三つの理由がある。1、「抑えている者」という観念は、来臨への期待を止めることなく、来臨の遅延を説明する。2、その観念は、いったいなぜキリストの到来の後に歴史が存在しているのかを根拠づける。3、その観念は、国家に救済史的な意義を与える。キリストの到来以来、どの時代においても抑えている者が存在しなければならなかった。「その場所は決して空席ではなかった。さもなければ私たちはもはや存在していないだろう」と彼は語ったが、「抑えている者」を名指すことはできなかった。それが国家であるとすれば、どの国家か？　各々の国家か、それとも正当な諸国家か？　これまでに、世界史の終りを押し止めることができるような世界国家は存在しなかった。国民国家の数だけ多くの「抑えている者たち」が存在するのだろうか？　それとも彼らは世界史上の重要人物たちのことだろうか？　それとも一人の天使のことだろうか？　最後にパウロは「抑えている者」を単数形で語っている。それゆえに「抑えている者」は普遍的なものでなければならない。カール・シュミットのアンチセミティズムに対する一種の皮肉と共に、「十人の義人」の物語が思い出される。それは十人の義人のゆえに、神がソドムを滅ぼさぬようにアブラハムが請うた物語である（創世記一八22〜23）。それは、各世代の僅かな義人に関するユダヤの伝説の中に入り込んだ。その義人たちのおかげで世界がまだ存続していて、世界審判が延期されているという伝説である。

終末闘争の延期がどのような状態であろうと、「抑えている者」の説は国家権力に救済史的な聖別をもたらす。そしてこの聖別は、カール・シュミットにとって重要なものだった。だがヴィルヘルム・シュテーリンが言おうとしたように、終末論的な観点では、このような聖別は高まる警戒準備の中だけに人間を留め置く(17)。より厳密に言えば、この聖別は、歴史的危機の克服にほとんど役立たないような黙示録的警戒主義を喚起する。なぜなら、それは行動力を麻痺させるからである。それは国家の課題を一面的に悪とカオスと無政府状態の抑圧に定める。もちろんそうしたところで、悪自身が敵として国家権力を乗っ取ることは防げない。国家によるテロリズムとアンチキリスト的な政治は、二十世紀を特徴づける経験である。

二十一世紀の今日、私たちは国家にとってもう一つの脅威、とりわけイスラムの影響を受けた国際的テロリズムに直面している。自爆テロリストを死によって罰することはできない。彼らはあらゆる国際条約の土台にあるもの、つまり生き延びようとする意志を捨て去ってしまっている。彼らは破壊を欲する。すなわち他者と自分自身の破壊、さらにしばしば、この悪しき世界全体の破壊を欲する。テロ集団は、国家の暴力独占を正しく保つことができないような国家から補充されてくる。(18) ソマリアやパキスタンのような崩壊国家だ。だが西洋の豊かな諸国家においても、治安というものが民営化されて富裕層しか入手できない商品と化せば、国家の暴力独占は放棄されるだろう。富裕層は塀で囲われた住宅街で暮らし、民間治安業者に報酬を支払う。他方これらの国家には警察力が及ばないスラム街が存在するのだ。ここでごく手短に述べた状況には、後ほど立ち返ることにしよう。このような状況において「抑えている者」は、法治国家としての正当な暴力独占を一度は主張しなければならない。そして多くの「抑えている者たち」の中から、ひとりの世界規模の「抑えている者」が現れねばならない。そのような者は、人類の生き残ろうとする意志を組織化し、黙示録的に作られたテロリズムを押さえつけて、人間がもたらす世界破壊を阻止する。

3　ハルマゲドン

これらは徴を行う悪魔の霊たちであって、全世界の王たちのところへ出て行った。それは、全能者である神の大いなる日の闘いに備えて、彼らを集めるためである……そして彼はヘブライ語で「ハルマゲドン」と呼ばれる場所に王たちを集めた。（黙示録一六14、16）

この予言は、七人の天使によって神の怒りが注がれることに関する章の中に書かれている。それは、キリストの勝利とバビロンの瓦解との関連の中にあるのではない。ハルマゲドンの名は詳しくは説明されないので、おそらくは秘密の中にとどまるものである。ここで歴史的に見れば、悪魔の軍勢が神々の山を襲った後に光輝く神々によって破滅させられるという、古代の神話が思い起こされるかもしれない。[19] ヨハネ黙示録で言及されている全能の神と悪魔たちとの間の戦いは、ヨハネ福音書においては何ら中心的役割を持っていない。なぜなら、そこでは「仔羊の勝利」についてで語られていないからである。[20]

イギリス宗教改革の黙示録的な伝統においては始めから、キリストとアンチキリストの戦い、神と悪霊たちの戦い、信仰者たちと不信仰者たちの戦いが重要であった。[21] ヨーロッパの中で、イギリスほど多くの黙示録の注解書が書かれたところはない。その中でもとりわけジェームズ一世とアイザック・ニュートン卿が挙げられる。アメリカ植民地のピルグリム・ファーザーズの政治的神話においては、エジプト（＝ヨーロッパ）からの脱出と約束の地（＝アメリカ）への到着が、アメリカ先住民の国における土地の獲得を正当化する役割を常に果たす。このようにして黙示録的な二元論がイギリス宗教改革に取り入れられ、アメリカ人の精神に深く定着したのである。アメリカの世界終末待望は常に、神と悪霊たちの戦い、善と悪の戦いに集中していた。それ以外の世界のキリスト教において、この謎に満ちた「ハルマゲドン」の名が、教会と世界史と「世界の残り」にとって、かくも重要な役割を果たした場所は存在しない。[22]

十七世紀中庸のイギリスにおいて、キリスト教的なシオニズムが生まれた。[23] ユダヤ人は、宗教改革時代のようにアンチキリストの代理人ではもはやなく、黙示録的な世界救済の代理人と見なされた。[24] そのシナリオは、今日に至るまで同じままである。第一幕＝ユダヤ人は離散状態から故郷へと戻り、イスラエル国家を建設する。第二幕＝悪魔たちに支配された異教の諸国民が、イスラエルに激しく抵抗する。第三幕＝彼らは「あらゆる戦いの母」において、ハルマゲドンで、神によって滅亡させられる。第四幕＝それからキリストが、大きな苦難から「遠ざけられた」キリストに属する者たちと共に到来し、シオンに現れ、自らの千年王国を建設する。こうしてまず、すべてのユダヤ人がイスラエルへの帰還を命ぜられることになる。テレビ説教者パット・ロバートソンのようなキリスト教的シオニストは、ロシア系ユダヤ人のイスラエル帰還の資金のために数百万ドルを集めた。エルサレムにおいては「キリスト教使節団（Christian Embassy）」が資金の分配を行う。それから真の信仰者たちが、召されることを確信して、後に残るだろう人々から分離しつつ、ハルマゲドンにおける終末闘争に備えることになる。ニューヨークで一九七〇年に出版されたハル・リンゼイ著『地球最後の日』（四千万部以上刊行されている）〔原題はThe Late Great Planet Earth〕のシナリオでは、第一波において「赤軍」がソビエト連邦からエルサレムに押し寄せてくる。赤軍はハルマゲドンにおいてアメリカの原子爆弾によって滅ぼされる。それから中国から人民軍が押し寄せてくる。それも同じようにアメリカの水素爆弾によって滅ぼされる。そして「ユダの獅子」であるキリストが自らに属する者たちと共に現れて、千年王国を建てる。

こうしたすべてのことを黙示録的な戯言として片付けることはできるが、残念ながらこのような思想がアメリカの政治家たちに感銘を与えている。

私は旧約聖書の預言者たちとハルマゲドンが告げ知らせている徴へと立ち返ります。そして、私たちはハルマゲドンを経験する世代ではないのかどうかと自問します。あなたが最近こうした何らかの預言に気づいたかどうかわかりません。でも私を信じてください。それらの預言は確かに、私たちが生きている時代を描いているのです。[25]

一九八三年十月、ロナルド・レーガン大統領はエルサレム・ポスト紙の記者にこのように説明した。「核のハルマゲドン」のことを言っているのかどうかという問いに対して、彼は最初「そうです」と答えたが、その後沈黙した。なぜなら核のハルマゲドンのために、全能の神ではない彼自身がボタンを押すことになっただろうから！

黙示録的なハルマゲドンがどんなものであろうと、この終末の戦いへの期待は、現代を宗教的にも政治的にも永遠の戦争状態に陥れる。宗教的には、信仰者の非信仰者からの分離によって。政治的には、常に新しく煽り立てられる友‐敵の思考によって。敵とは、冷戦においては赤い東側とソビエト連邦と中国であり、その後は「ならず者国家」のイラク、イラン、北朝鮮であった。敵なしには戦いはない。そして戦いなしには終末の戦いへの期待はなく、また自らの神と共にいる善人たちの悪人たちに対する勝利への期待もない。[26]

第2節　キリスト論的な終末論[27]

1　カルヴァン派的な神の国の神学

ルター派の宗教改革は諸侯国において生じたが、改革派教会〔カルヴァン派教会〕はチューリヒとジュネーヴとストラスブールといった都市国家において生じた。これらの都市は、当局の定めた憲法において、すでに一定の民主主義的形態を発展させていた。そこでは各々のキリスト者は、同時に自らの都市の責任ある市民であった。宗教改革的な信仰と政治的な責任は、ルター派の諸侯国の臣民以上に、緊密に絡みあっていた。「キリスト教的な国家（*civitas Christiana*）」の根本思想が、キリスト者共同体と市民共同体における信仰と政治を結びつけていた。政治的な話し合いにおいては、市民は神の意志を問い求め、チューリヒのツヴィングリも、ジュネーヴのカルヴァンも、ストラスブールのブーツァーも、聖書を持って市役所に入った。ツヴィングリは一五二三年のチューリヒ討論において、都市の政治を「キリストの基準」の下に置いた。つまり政府当局は、キリストの教えと行いから力を得て強化されるということである。それゆえに当局がキリストの基準から外れるようなことがあれば、神から解任されねばならない。神の支配はモーセの律法において、そしてキリストによるその解釈において、啓示された。それがモーセの政治（Politia Moisi）とキリストの政治（Politia Christi）である。これらの宗教改革者たちは、聖書が証言する神の律法の中に、福音への対立ではなく「福音の形式」（カール・バルト）を見出し、福音をキリストの律法として理解した。なるほどルターのような宗教改革者たちは、霊的な統治とこの世の統治を区別した。だが彼らの理解によれば、キリスト者は二つの異なる世界に同時に生きているのではなく、キリストが行う、様々な生の領域に対する唯一つの包括的な支配の下で生きている。宗教改革者たちは、国家をただ単に地上における秩序と見なしたのではなく、神の国のための国家の意義と課題を常に言い表した。これを神権政治的な国家理解と呼ぶことができる。スイスの都市国家において、政治に対するこうした神学的視点は、神権政治的な民主主義理解をもたらした。ルターはローマにおける聖職者の独裁に反対して、「あらゆる信仰者が皆司祭であること」を強調し、それによって教会への権利を発見した。カルヴァン派の神学者たちは、フランスとイングランドで始まりつつあった政治的絶対主義に反対して、「あらゆる信仰者が皆王であること」を強調し、法治国家の民主主義の基礎である契約の政治的意義を発見した。「王冠はひとりの人間の頭に載っているのではなく、自由な市民たちの憲法の上に載っている」とジョン・ミルトンは言った。(28)

2　カール・バルトのキリスト教的な終末論

現代の改革派における「神の国」に関する神学の最も説得力ある姿は、ナチ独裁の全体主義的要求に反対した、ドイツ告白教会闘争の時代のカール・バルトに見出される。[29]それは、彼の「キリストの王としての支配」に関する教説である。バルトによって起草された一九三四年の「バルメン神学宣言」は、第一項において、神自身がイエス・キリストにおいて自らを完全かつ最終的に啓示し、それゆえにキリストの教会にとっては他のいかなる啓示の源泉も存在しないということを前提する。神は、イエス・キリストという御言葉において自らを啓示する。神は歴史においても自然においても、政治的出来事においても政治的指導者を通しても、補足的に自らを啓示したりはしない。このことから第二項は、イエス・キリストが今すでに宇宙と諸々の力や権力の主であって、それゆえに人間の生のあらゆる領域の主であるという結論を出す。それゆえにキリスト者にとって、キリストの声と並んで他の声を聴かねばならないというような領域は存在しない。いわく「私たちは次のような誤った教説を退ける。それは、私たちがイエス・キリストに属するのではなく他の諸々の主人に属するような生の領域があるかのように教える教説である。」「あらゆる事物と状況は、解放し要求するキリストの支配の下にある。あらゆる領域において、私たちは義認と聖化を必要とする。」[30]

キリストによる唯一の全面的な支配に関するこの教説を選び取る神学的な根本的決断は、カール・バルトの教会教義学に由来する。完璧さは求めずに、これを三点に要約してみよう。[31]

1．世界全体は、客観的にはすでにキリストの中にあり、その支配の下にある。なぜなら、神は彼を蘇らせ、高挙し、彼に天と地のすべての権力を与えたからである。死はすでに、生ける神の勝利に呑み込まれた。それゆえに、神の国と悪魔の国のあいだの世界史的な闘争は、決着がついている。キリスト教信仰においては、私たちはこの世を復活の光においてながめ、キリストの勝利の確信の中に生きる。たとえ主観的にはまだ、すでに信仰している人々とまだ信仰していない人々が存在するとしても、客観的に神から見れば、あらゆる人間はすでにキリストと和解している。アウグスティヌス的・ルター的な黙示録的キリスト論に代わって、ここではキリスト論的な終末論が現れる。つまり、終りまで続く神のサタンに対する闘争は、神がキリストにおいて、罪と死と悪魔に対して一度にすべてにわたる仕方で獲得した勝利へと変えられる。終末論的未来は、あと僅かに、キリストにおいてすでに「成し遂げられた」ことの普遍的で公的な顕現であり得るにすぎない。

2．カール・バルトはかの年月に、三つの時事的な論文において、教会と世界の関係を1のようなキリスト論的終末論の意味で叙述しようと試みた。それは一九三五年の「福音と律法」、一九三八年の「義認と法」、一九四六年の「キリスト者共同体と市民共同体」である。キリストが主であるならば、彼にはすでに天と地のあらゆる権力が与えられている。このことから、以下のことが導かれる。「国家それ自体もまた、根源的かつ終局的にイエス・キリストに属する。そして国家は、その相対的に自立している実体と尊厳と機能と目標設定において、イエス・キリストの人格と業に仕える。つまり国家は、キリストにおいてなされた罪人の義認に仕えるべきである。」[32]このことから、キリスト論的な国家形而上学が結論とされるのだろうか？　それともキリスト者の政治的行動の神学的基礎づけが重要なのだろうか？

３．しかしバルトは何よりも、新約聖書において神の国の秩序と万物の新創造が、宗教的な表象によってではなく政治的な表象によって描かれていることに気づいている。それは王国、天上の都市国家（ポリス）であるエルサレム、天上の市民といった表象である。「現実的な地上の教会は、自己自身の存在の天上の鏡像の中にではなく、まさに現実的な天上の国家の中にこそ、未来と希望を見出す。」[33]教会の未来は教会以上のものであり、「天になるごとく地においても」神の普遍的な国である。キリスト者共同体は、己が生きている場である市民共同体に対して、自ら政治的に意義のある説教や行動をなすことによって、この政治的終末論を明らかにする。世界の全体が解放をもたらすキリストの支配空間であるから、キリスト教世界は全生活領域において自らの責任を見出す。

キリストによる越境的な王権支配を認識することから、キリスト王権的な倫理（christokratische Ethik）がもたらされる。とはいえ、いかなる基準で、またいかなる視点で、キリストへのこの政治的服従が実現されるのだろうか？

3　神の国の政治的な喩え

バルトは教会と国家を、支配様式によって上から区別するのではなく、共同体として下から、すなわちキリスト者共同体と市民共同体として区別する。「国家」は市民の法的共同体であり、市民の社会的な連帯の共同体である。国家はまず「当局」として暴力を独占することによって特徴づけられるのではない。暴力ではなく法が政治的共同体の基礎であって、その暴力の独占は法と結びついていなければならない。キリスト者共同体は、市民共同体の国家的秩序の中に、神的恩恵の秩序を見出す。ただし肝心なことは、キリスト者共同体が神の国の代弁者を――キリスト者共同体の外側に見出すことは確かなのだが――キリストの支配の外側に見出すのではないということである。

バルトは同心円の喩えを用いて、キリスト者共同体の市民共同体に対する関係を表現する。中心は主なるキリストであり、キリストによる支配の内側の円は、信仰するキリスト者共同体である。キリスト者共同体は、解放をもたらすキリストの支配と、到来する神の国への希望を宣べ伝える。外側の円は市民共同体である。それは正義を規準として、社会的政治的生活を秩序づける。市民共同体はキリスト者共同体になってはならず、自らの固有の課題を自立的に認識しなければならない。国家は神の国ではないが、到来する普遍的平和と義の約束のもとに存在する。バルトは、このような国家の神の国に対する関係を言い表すために、「比喩」の概念と言葉を用いる。比喩（Gleichnis）、対応（Entsprechung）、共鳴（Resonanz）は、同等性と非同等性とのあいだにある。バルトはすでに一九二八年に文化が比喩を必要としており、また比喩の能力があると見なしたが、[34]ここでもまた、政治的共同体と国家的政治をそのようなものと見なしている。キリスト者共同体は市民共同体の中で、キリストの支配への「対応」に向かって、また待望される神の国の「比喩」に向かって突き進む。キリスト者共同体は、人間の権利が神の義に対応し、それに矛盾しないことを欲する。この共同体はまた、人権と市民権が神の子らの自由にふさわしくあることを欲する。キリスト者共同体は神の真理の光の中で生きているがゆえに、政治が誠実にとり行われることを欲する。それは政治的権力のいかなる神格化にも国家の悪魔化にも抵抗するだろう。それは「ナショナリズム」というモレクの神に抵抗し、猛獣のごとき資本主義を制御しようと試みるだろう。

バルトが疑わしい諸例において何を言ったとしても、その基本思想は明らかである。すなわち政治は、教会において信じられているキリストの支配の比喩となることができるし、全被造物を新たにする、待望される神の国の比喩となることができるのだという思想である。このことは「正当な国家は、自らの原像と模範を正当な教会において持たねばならない」ということを教会から要求する。[35]

批判的な問い

1．市民共同体とその国家にとって「原像と模範」たり得るような「正当な教会」はどこにあるのだろうか？　そのような出来事を歴史的に証明することは確かにできるが、それらは摂理がもたらした僥倖である。成功したほんの僅かな機会に基づいて、教会が政治に対して服従を要求することはできない。近代にそのような要求がなされたところでは、教会は伝統的で保守的であって、権威的で非民主的な政体を支持してきた（例えばスペインやポルトガル）。フランス革命以来、ヨーロッパのキリスト教会は文化的発展の先駆者であるよりは、むしろその最後尾であった。だからといって、社会のための政治と平和のための政治において、政治がキリスト者によって待ち望まれる神の国の比喩となり得るし、またそれ以上になるべきであるという見解が覆されるわけではない。国家は教会と並んで神の国のひとつの形態であり、教会によってそのようなものとして尊敬され影響されるべきである。

2. カール・バルトのキリスト論的な終末論は、キリストにおいてすでに起きたことが神の側から普遍的に開示される以外には、未来的終末論にほとんど余地を残さない現在的終末論である。これによって、新約聖書において証言されるキリストの到来を超え出る、旧約聖書における満ち溢れる約束が破棄されてしまう。これによってイスラエルもまた、到来したキリストへの改宗以外には未来がなくなる。しかしまだ滞っていることがある。それは死者の復活と万物の新たな創造と、イスラエルの未来と、義が住まう新たな大地における神の国の建立である。キリスト教的な生とは、実際にキリストへの服従であり、またその服従において、到来する神の国と万物の新たな創造を先取りすることでもある。それゆえに未来的終末論は、希望の倫理にとって不可欠なものである。

4　神権政治的な民主主義

私はバルトを超えて行く。しかしその際、神の主権に対する信仰から、そして神の主権が人間のあらゆる権力を制限するという信仰から民主主義が生じたということを示す時、私はバルトと同じ線上で彼を超えて行きたい。[36]「神権政治（Theokratie）」という言葉は今日、神の名のもとにすべてを支配しようとする宗教的な独裁の意味で用いられる。これは間違いである。厳密にとれば「神権政治（Theokratie）」とは、神のみにあらゆる力が属し、それゆえにそのような力が人間から原理的に取り上げられているということを言っているのである。いかなる人間も他の人間を支配する権利を持っていない。なぜなら神のみが主だからである。人間が大地を支配するのであれば、彼らは神からそれを委託されていなければならない（創世記一26）。なぜなら「大地、そして地上とそこに住むものは主のもの」（詩編二四1）だからである。そのように理解された神権政治は神を畏れるがゆえに、支配者たちがもたらすいかなる神の恩恵も認めない。人間が他の人間を代表して行動して、支配を行使するのであれば、彼らの支配は人間的に根拠づけられ、あらゆる力が属する神の前において弁明を義務づけられている。

キリスト教の影響によって、ヨーロッパにおける神権的王制への崇拝は止み、権力に侵され誘惑された支配者のための執り成しの祈りに代えられた。ルイ十四世の絶対主義においては、絶対君主は国民に対して「弁明の義務を負っていなかった」。ナチの独裁下では、総統の意志は法として通用した。共産主義の全体主義的国家においては、党は「常に正しい」ものだった。このような絶対的で全体的な国家の神格化に反対して、カルヴァン派の神権政治は絶対的で全体的な抵抗を教え、近代の選択肢を基礎づけた。それはすなわち、法治国家的な民主主義である。偶像禁止や偶像崇拝に対する闘いは、持続的な政治的帰結をもたらした。アメリカにおいては、民主主義は常にキリスト教的国家形態と見なされ、神の国と関連づけられる。[37]古いヨーロッパにおいてのみ、民主主義は無神論的で相対主義的なものとされた。なぜなら民主主義は、フランスにおける政治的絶対主義に反対するだけではなく、ローマ・カトリック教会の教権支配と教皇支配にも反対して主張されねばならなかったからである。他者への関心に由来する真の寛容は、他者あるいは国家制度を絶対化する要求から人間を免れさせるあの神権政治に根ざしている。普遍的な人権の上に現代の民主主義を築くことは、その民主主義に人類的な委託と独特の宣教的な性格を与える。それは「民主主義のために世界を救うこと（To save the world for Democracy）」である。ここにおいて、神の普遍的な平和の国と神の正義をあらわす比喩をよく認識すべきである。

第３節　分離主義的な終末論

１　中間考察――イエスは特殊な倫理を教えたか？　キリスト教的な倫理は存在するか？

ドイツのキリスト教倫理学者たちの中には、以下のような理由で、特別な「キリスト教倫理」は不可能だと見なす人たちがいる。１．キリスト者は現代社会における倫理的問題の解決について何ら勝った洞察を持っていない。キリスト者が他の人々と同じように従う自然的あるいは一般的な倫理のみが存在する。核エネルギーや遺伝子技術の問いに対して、特殊キリスト教的な解決は何も存在しない。２．キリスト者は社会においては他の人々と同様に、責任を持ってその行為の目的にふさわしく行動しなければならない。３．議論の余地がある倫理問題に全キリスト者が同意できるような共通の答えは存在しない。明らかな意見の相違は、キリスト教的世界をも貫いている。ローマ・カトリック教会が倫理的規範を立てる時、それが理性的に一般的に受け入れられるように、イエスの教えによってではなく、自然法的に根拠づけようとする。こうした諸論拠を要約すると、キリスト者は公的な倫理的な行動において見分けがつかないということになる。すでに論じたルター派の二王国論によれば、キリスト者はこの世の問題については律法と理性に従って、ただし愛をもって行動する。改革派におけるキリストの王的支配の論によれば、キリスト者は、キリスト者共同体において特定可能な特殊なメルクマールを、市民共同体においては人間一般にとって重要なものにする。だが、キリスト者の良い態度や決断からキリスト教的起源を見てとることはもうできない。

このように根拠づけられた、特殊キリスト教的エートスの見分けのつかなさの背景には、キリスト教倫理の根本問題のみならず、キリスト論それ自体の神学的な根本問題が隠されている。イエスがペトロとマルタの告白に従って「この世に来たキリスト」（マタイ一六16、ヨハネ一一27）であるならば、彼は預言者たちによって約束されたメシアである。しかしメシアに属する不可欠なものは、メシア的な時間と、彼が自らの民と諸民族の世界にもたらす変化である。メシアには、貧窮する者たちのための神の正義と諸民族の平和が属する。それゆえに倫理のキリスト教性をめぐる議論においては、キリストへの告白そのものがまさに重要なのである。キリスト教倫理は、一般的な社会問題あるいは政治問題に対する良い解決、あるいはより良い解決を問われているのではなく、まず第一に、イエスの道と教えを真剣に受けとることを問われている。キリスト教倫理はまず第一に、イエスの生涯の道と教えにふさわしい人生の形を形成する。このことにキリスト教倫理のアイデンティティがある。一般的な重要問題はそこから続くが、まず第一にあるものではない。

まさにこのことが宗教改革時代以来、ルター派的国家教会や改革派の教会共同体に対する、洗礼派やメノナイト派や兄弟団の問いかけなのである。[38]キリストのみが主であるという認識は、信仰に限定されず、生活全体を包括しなければならない。なぜルター派の信仰の中心にはキリストの十字架の救済の意義があって、改革派の信仰の中心にはキリストの復活があるのか？　そして、なぜそのどちらの中心にも、キリストの生涯の道と教えがないのだろうか？　キリストの生涯の道と教えは、福音書が示しているように、彼をローマ人による十字架刑へと導き、そして彼は死からの復活において神によって正しさを認められたのである。十字架の死に至るイエスの献身と、主への高挙に至る彼の復活においては、垂直なものの永遠の次元が重要である。しかしイエスの生涯の道と教えにおいては、時間における水平な記憶と、イエスの国の未来への希望が重要である。多くの人々のためのイエスの献身には信仰が対応し、復活と主への高挙には希望が対応する。だがイエスの生涯の道と教えには、イエスへの服従が対応する。服従という倫理思想は「宗教改革の継子」だった。[39]とはいえ、服従は洗礼派の根本思想だったのである。

「キリスト－論（Christo-logie）」と「キリスト－実践（Christo-praxis）」は、一体をなしている。私たちは悟性によってのみ認識するのではなく、また心の信仰のみをもって信頼するのでもない。私たちは、自らの生活姿勢をもってキリストを告白するのである。これはルターとツヴィングリとカルヴァンの時代の洗礼派の根本認識であり、ハンス・デンクが次のように言い表している通りである。

キリストに人生をかけて従うのでなければ、何人も彼を真に認識することはできない。[40]

イエスに服従する生活の実践は、信仰の確かさのために、また他の人々への証しにおいて、認知的意義を獲得する。「キリストのみ（*solus Christus*）」は、宗教改革者たちの合言葉だった。「キリスト全体（*Totus Christus*）」は、洗礼派の合言葉だった。私が「山上の説教のチャペル」を見つけたのは、インディアナ州エルクハートのメノナイト派神学校だけだった。

2　洗礼派とは誰であったか？

十六世紀の宗教改革における第三の力は、いわゆる「再洗礼派」だった。彼らはカトリックとルター派と改革派から非難され迫害され、多くの者が処刑されたとはいえ、洗礼者運動は国民的運動であり、キリスト教世界に対する独自の改革だった。この運動の根は、チューリヒの宗教改革の開始にまで遡る。一五二五年に漁師の村ツォリコンで、フェリックス・マンツとイェルク・ブラウロックとコンラート・グレーベルのまわりに何人かの人々が集まり、人生を完全にキリストに明け渡すために新たに洗礼を受けた。彼らはツヴィングリの説教に感銘を受け、ロッテルダムのエラスムスのもとで学んでいた。彼らは教養ある人々だった。彼らは信仰に基づく洗礼によって、コルプス・クリスティアーヌムにおける国民教会の基礎を成している義務的な幼児洗礼に疑義を呈し、それによってコルプス・クリスティアーヌムそのものにも疑義を呈した。この運動はただちに南ドイツやボヘミアに広がった。ミヒャエル・ザットラーは、かつてシュヴァルツヴァルトのザンクト・ペーター修道院の院長であったが、シュヴァーベンにおいて洗礼者共同体を結集し、一五二七年に、最初の洗礼派の告白である「シュライトハイム信仰告白」[41]を作成した。数か月も経たず、彼はロッテンブルクで支持者たちと共に捕らえられ、尋問を受け、拷問され、処刑された。彼の妻はネッカー川で溺死した。洗礼派のその他の拡大地域はオランダとフリースラントだった。諸侯や帝国自由都市が宗教改革へ移行する際、常に政治的利益を追求したのに対して、洗礼派運動はキリストのための宗教改革であった。修道僧たちはしばしば、イエスに徹底的に服従する隠遁的な道を現世の生活へともたらし、キリスト教的な生活共同体を設立した。多くの司祭が改宗した。バルタザール・フプマイヤーはインゴルシュタット大学の総長であり、レーゲンスブルクの聖堂の説教者であった。またハンス・デンクは人文主義者だった。ピルグラム・マールベックはアウクスブルク市民だった。洗礼者の系列には多くの神学者もいた。

通常知られているのは、ミュンスターにおける「新しいエルサレム」の洗礼派の暴力的な設立と一五三四年の破局だけである。暴力的な迫害のために、洗礼者の中には剣をとった「剣闘士（Gladiari）」と、他の方向性で剣を拒んだ「家畜小屋番（Stabulari）」があった。両者とも異端とみなされて「その都度火と剣などをもって死刑に」処せられた。一五二九年と一五五五年の間に、オランダだけで少なくとも五万人の洗礼派が処刑された。少なからぬ数の洗礼派が抑圧と搾取に対する農民の蜂起に関わり、またトーマス・ミュンツァーと共に農民叛乱に参加した。例えば有名な洗礼派宣教師のハンス・フートがそうであった。彼らは一五二五年のフランクハウゼンの破局の後も、農民叛乱の経済的社会的な諸要求を堅持し、それらを財産共同体の理想において実現しようと試みた。洗礼派はメーレンにフッター派の兄弟団を設立し、相互扶助の社会的ネットワークを組織した。

広汎な洗礼派運動は、シュライトハイムの第六条およびメノー・シモンズ（一四九六～一五六一年）の有力な教えに従って、「十字架の道」での非暴力と非武装の生活を義務づけられていた。この運動にとって、地上の神の国はミュンスターに建設するものではなく、天のキリストの中に見出すべきものであった。イエスの生涯の道と教えは、この運動にとって、人格の中に現臨する神の国であった。宗教改革時代の洗礼者たちは、大いなる拒絶をもって生き、苦しみを受け、その拒絶のために死んだ。彼らは幼児洗礼を拒絶した。また、剣の務めを拒絶した。なぜなら、シュライトハイムの第六条に書かれているように、「剣はキリストの完全性の外にある神の秩序」だからである。彼らはまた政府の課題への参加を拒否した。なぜなら、「政府の統治は肉によるものだが、キリストの統治は霊によるもの」だからである。彼らはイエスの戒めに従って、宣誓を拒否した。彼らは自分自身のためにキリスト教世界（コルプス・クリスティアーヌム）のこれらの基礎を拒否したが、他の人々のためにはそれらを承認した。剣は「神の秩序」であるが、キリスト者にとってはそうではない。彼らはただ自発的なキリスト者共同体の中でのみ生きようとした。当局は――カトリック当局であれプロテスタント当局であれ――洗礼派の拒絶の中にキリスト教世界（コルプス・クリスティアーヌム）の根幹を脅かす攻撃を見てとった。一五二八年、皇帝は彼らに敵対する命令を公布し、その命令は一五二九年には帝国法へと格上げされた。そこでは、千年昔にユスティニアヌス帝が再洗礼派に死刑を科した法律が蘇らされた。カトリックとプロテスタントの当局は「神聖なる帝国」が攻撃されたために、帝国法をもって洗礼派を迫害したのである。

3　洗礼派は何を信じたか？

洗礼派の神学思想は、彼らの広がりと同様に多様であるが、彼らは一点において一致していた。すなわち古くて腐敗したこの世に代わって、全く新たな被造物が現れる。(42) キリストと共に、古いアダムである地上の人間とはもはや結びつかない新たなアダム、つまり天的な人間が出現した。洗礼派は、滅びゆく世界時間（Weltzeit）と到来する世界時間という黙示録的な二元論を、天と地との存在論的な二元論へと取り替えた。天的な人間キリストの花嫁として、教会それ自体が天的な性質を持ち、地上の肉である「この世」の諸制度とはもはや何もかかわることはできない。世における責任に代わって、世の否定と世の実務からの分離が起きる。

このためにメルキオール・ホフマンは、洗礼派に特有な、実際はグノーシス的なキリスト論を発展させた。つまり天のキリストは人となった時、マリアから肉を受けず、彼の天の人間性を持ってきたという。こうしてキリストは、古いアダムとはもはや何も共有しない新しいアダムとなった。ローマ・カトリックの教えによれば、キリストの人性は罪なき本性であるはずであり、それゆえにすでにマリアが無原罪の宿りによって原罪から除外されていなければならない。洗礼派は、罪を地上の人間の肉と同一視し、それを新しい天の人性に取り替えた時、この仮現論的な道をさらに一歩進めたのである。

人間学的には、ここから再生論ではなく新生論が出てくる。メノー・シモンズも従ったメルキオール・ホフマンの神学は、キリスト論と救済論と教会論においては、天上的なものと地上的なものの絶対的な対立によって形成されていた。「彼のテーマは、人間の神との和解ではなく人間の神化であり、神なき者の義認ではなく救われた者の聖化であり、キリストの体への一体化による信仰者の聖化ではなく教会を聖徒の集まりによるキリストの聖なる花嫁として描くことであった。」(43) これと共に、キリストのこの世への派遣に続く教会の派遣ということに代わって、天上的な共同体の集まりとその純粋さを求める熱狂が現れたのである。

4　洗礼派はどのように生きたか？

「キリストに人生をかけて従うのでなければ、何人も彼を真に認識することはできない」とハンス・デンクは言い切った。この人生をかけた服従は、イエスの道と教え、とりわけ山上の説教によって定められ、「この世」への対立によって先鋭化される。「あなたがたはそうあってはならない……」と言われるようにである（マタイ二〇25）(44)。キリストは「私たちと同じように人間となった、ただし罪を持たずに」と彼はいう。イエスは罪なき純粋な者であった。イエスに「人生をかけて」従うことは、信仰者を新たな人間存在における罪なき純粋なものとする。信仰者の天的な共同体においては、警告だけがあり強制はない。謝罪はあっても審判はない。愛はあっても復讐はない。この自発的な共同体は、法と強制による暴力的社会の反対像である。「キリストの完全性」は、国家の暴力への参加を拒否することによって証明される。洗礼派はルターとは違って、死刑執行人や兵士が「祝福された地位にある」ことができるとは信じなかった。イエスへの服従は、無防備で傷つきやすい平和のための生活を要求し、それゆえに「苦難」と殉教への備えを伴う。一五二七年の洗礼派の歌「聖徒の死はいかに尊いか」は心を打つ。「無防備に生きること」は、キリスト教王国を脅かすトルコ人の危険に対する防衛について、ミヒャエル・ザットラーがロッテンブルクでの尋問で出した答えでもあった。(45) 洗礼派はただ、服従を通してキリストに似ることだけに関心を持ち、この地上において公正に平和に権力を規制することには関心を持たなかった。彼らは大いなる拒絶をもってこの世に対峙したが、この世を変革しようとはしなかった。彼らは革命家ではなかった。もっとも彼らは、そのような拒絶によって、コルプス・クリスティアーヌムの土台を揺さぶり、自由意志の原則によって、来たるべき主体性と自律的個人の時代を先取りしたのだったが。

歴史の経過の中で、メノナイト派は、そしてバプテスト派はそれ以上に、無害となっていき、ますます迫害されなくなっていった。「田舎で静かに暮らす人たち」は平和的だったが、平和の中に取り残されてしまった。彼らの生活様式は農業と農村自治体において最もよく発展した。良い例は、アメリカ合衆国とカナダのフッター派である。彼らは兄弟団において、自らの仕事を整えて純粋な共同体を維持することができる。(46)「イエスの非暴力の教えが実際に社会を変革する力を持っており、敵への愛は路上で真価を現すということをメノナイト派に示すためには」バプテスト派のマーティン・ルーサー・キングを待たねばならなかった。(47)

十六世紀のカトリックとルター派と改革派は、かつてコンスタンティヌス帝が建てた神聖帝国を擁護した。彼らは「剣」をキリスト教の剣に進んで変えようとした。洗礼派は、原始キリスト教的なコンスタンティヌス帝以前の教会の規準に従って生きようとした。彼らは剣を剣のままにしておき、鋤のところへ戻った。しかし、剣を鋤へと鋳造し直すことこそが大事なのだ。

5　「教会」と「世」のポストリベラルな分離――スタンリー・ハワーワス

十六世紀の洗礼派と似た立場を二十一世紀に代表するのは、スタンリー・ハワーワスである。(48) しかし彼がそれを代表しているのは、古いコルプス・クリスティアーヌムの文脈においてではなく、アメリカ合衆国の自由民主主義《リベラル・デモクラシー》においてである。文脈が大きく異なれば、似た立場の効果も非常に異なったものであり得る。十六世紀に洗礼派は帝国法をもって迫害されたが、現代の自由民主主義はいかなる宗教的共同体も迫害せず、相対主義的な寛容によってその効果を無くさせている。

今日アメリカにおいて「ポストリベラル」とは何か？　リベラルなキリスト教は、十九世紀における自らの時代をキリスト教の世紀として称賛した。教会と文化、信仰と道徳、キリスト教と民主主義は見分けがつかないほど融合した。この市民宗教はアメリカ帝国の魂となった。現代のポストリベラルな神学者たちは、アメリカ合衆国においては、第一次大戦後にドイツの文化的キリスト教から現れた弁証法神学の出発に従っている。カール・バルトとディートリヒ・ボンヘッファーは、信用を失ったキリスト教からキリストの教会への新たな撤退のための証人である。つまり教会においてのみ、信仰と生活におけるキリスト教的なアイデンティティが見出されるということである。教会が己自身に帰り、それによってキリストに帰ることができるために、この世における解放と政治における解放が必要とされる。「キリスト者は私たちの社会の政治（politics）に巻き込まれてはならないが、教会というポリシー（policy）には巻き込まれなくてはならない。」[49] 神学は教会の内輪においてのみ理解されるという意味で、教会教義学となる。ジョージ・リンドベックの文化的言語学的な理論によれば、宗教はひとつの言語のように、自己に固有な前提からのみ理解されるが、他の諸言説に翻訳することはできない。[50] 神学はこれによって、自らの事柄の証（ウィットネス）とはなるが、開かれた諸言説のパートナーにはならない。「イェール学派」はアメリカの神学においてこのような位置を代表し、「ポストリベラル」と自称する。だが、何がいったい五旬節におきたのかが問題である。

ハワーワスは倫理学者であり、神学がこのように教会へと退却することを人生へと転用する。ここから、「教会」が何であるべきかと「世」が何であるかとの間の徹底的な対立が生じる。教会には「赦された罪人」がいて、世には赦されざる罪がある。教会は神に従順であり、世は神に不従順である。教会は聖なるものであり、世は嘘と暴力に満ちている。教会は「平和な王国」であり、罪ある世界は暴力によって特徴づけられる。教会は人間の一致を示し、世は絶えざる争いや不一致の中にある。教会の第一の課題は、イエスの人生の道と教えに服従し、それによって、世に対して世が「世」であることを示すことである。教会は社会倫理を宣教するのではなく、

「暴力の世界」の中にあって、自らが代案となる、真理と平和の社会的現実である。キリストの教会の根本的義務は非暴力であり、また兵役拒否によっていかなる戦争も拒否することである。(51)メノナイト派神学者のジョン・ハワード・ヨーダーのように、ハワーワスもまた、キリスト者の証しが余計なものとなり、キリスト者の見分けがつかなくなった、あの「コンスタンティヌス主義」を厳しく批判している。神は教会の聖性によって目に見えるようになり、教会は世の変革を神に委ねなければならない。教会の心臓は礼拝である。キリスト教倫理は礼拝の本質的部分、とりわけ聖餐によって導かれ、キリストの中にある生を叙述する。キリスト教倫理はキリスト者にとっての倫理であり、それ以上ではない。ハワーワスが、キリスト教倫理をキリスト教のアイデンティティと起源へと導き戻すのは正しい。だが公共的な意義を神に委ねる、もしくはポストモダン的恣意性の中にある自由民主主義に委ねるのは正しくない。(52)このために彼にはセクト主義という非難が投げかけられた。しかし私の印象では、彼は「教会」と「世」との鋭い対立によって、世を全く福音に直面させず、邪魔もせず、問題にもしない。彼がメノナイト派のヨーダーには従うがバプテスト派のマーティン・ルーサー・キングに従わないのはなぜだろうか？　彼にとって、小さく純粋ではあるが無害な群れが、ワシントンの黒人や貧者やベトナム戦争反対者の行進よりも聖なるものに映るのは、なぜだろうか？(53)

これに対して、私は批判的に以下のことを述べたい。

1．世における神の義は、罪を働く者たちの義認をもってではなく、罪と不正と暴力行為の被害者たちの義認をもって始まる。罪人の義認は、義とされた被害者たちの後に出番が来る。それゆえに罪人の義認はまた、罪の赦しに縮小することはできない。罪の赦しは真理の半分でしかない。なぜならキリストは、私たちの義のために蘇らされたからである（ローマ四25）。これによって初めて、回心は完全なものになる。[54]

2．赦された罪人は、自分自身の罪あるいは自国民の罪だけを告白するのだろうか？　一九四五年のシュトゥットガルト罪責告白では、プロテスタント教会は自分自身の怠惰だけではなく、ナチ・ドイツによって諸国民にもたらされた不正をも告白した。だが赦された罪人が自国民の罪も告白するのであれば、その告白は公共的なものでなければならず、公共的な虚偽を告発しなければならないし、公的な回心を呼びかけなくてはならない。このことの最良の例となるのは、再びM・L・キング・ジュニアである。

3．非暴力は良いが、それは義による平和創造のための前提にすぎない。暴力なき平和創造は、無力な平和創造ではない。それは知性と説得力によって実現される。非暴力それ自体は、罪の赦しのように、否定的なものの否定であり、そこからまだ何の積極的なものも生じない。否定的な前提からは、誰も積極的な帰結を引き出すことはできない。

4．平和な者たちは幸いだ、ではなく、「平和を実現する者たちは幸いだ」なのである。平和創造（*Eirenpoiesis*）にあてはまるのは、山上の説教をする方が与える祝福である。それゆえにキリストの教会は、ハワーワスが表題とした「平和な神の国（peaceable kingdom）」ではなく、平和を創る神の国（*peacemaking kingdom*）なのである。

5．結局「教会」は、赦された罪人たちによる非暴力の共同体として、理念型として構成されたものである。現実に存在する教会には、暴力的な人々も座っている。そして「世」もまた繰り返し、非教会的現実の理念型的な叙述である。現実に存在する世の中には非暴力的な人々が多くいて、この世の腐敗にもかかわらずこの世を生かすために、善と正義を行っている。それゆえに、これらの理念型として構成されたもの同士の対立もまた、抽象的であって実践的ではない。

6．フッター派はアメリカ合衆国において、いつも平和的で、どんな戦争にも抗議しなかったし、人種主義にも貧困にもホームレス問題にも抗議しなかった。明らかなことは、戦争一般に対する拒否が特定の戦争に抵抗する具体的参加を阻んでしまうということである。明らかなことは、特定の戦争に抗議しようと思ったら、何が「正戦」かを判断する原理も必要とするということである。ベトナムにおける根拠なき戦争やイラクに対する理由なき戦争が無法で不正なものだと宣言するするためには、それが必要なのだ。

第４節　変革的な終末論

１　最初の手引き

私の初期の「希望の倫理」のイメージは、アメリカ合衆国の公民権運動によって、それから一九六三年ワシントンでのマーティン・ルーサー・キングによる「夢」の宣言によって、刺激を与えられた。それらのイメージがより具体的な形を得たのは、一九六八年七月十九日ウプサラでの、世界教会協議会の第四回総会のメッセージにおいてであった。その総会は「見よ、私はすべてを新たにする」というモットーの下に招集された。私は、一九七三年バンコクでの世界宣教会議の部会報告Ⅱにおいて、またテュービンゲン大学でのキリスト教倫理に関する講義において、このメッセージを取り入れた。私はこの倫理をメシア的倫理として理解しようとした。一九七八年以来、私はこのメッセージを拡大し深化させようと努力してきた。

（1）　マーティン・ルーサー・キングは一九六三年に、抑圧された黒人が白人による人種差別から解放されるというヴィジョンを次のように謳った。

私には夢がある。いつの日か、この国が立ち上がり、「我々は万人が平等に創られている事を、自明の真理と信じる」というこの国の信条を真の意味で実現するという夢だ。

私には夢がある。それはいつの日か、ジョージアの赤土の丘の上で、かつての奴隷の息子たちと、かつての奴隷所有者の息子たちが、兄弟となって一緒にテーブルに座るという夢だ。

私には夢がある。それはいつの日か、すべての谷が高くされ、すべての丘と山が低くされ……そして主の栄光が明らかにされ、生きとし生けるものがその栄光を共に見るという夢だ。

これが私たちの希望だ。(55)


彼が述べたのは、すべての人間が――白人も黒人も、男も女も、富む者も貧しい者も――「平等に創られている」というアメリカ独立宣言およびアメリカ憲法の大綱を目指して、アフロアメリカンが白人の人種主義から解放されるということである。民主主義的な平等原則は、抑圧された人々の解放を社会の公的な義務にする。彼は民主主義と、さらに民主主義を越えて地上に到来する神の国に対する希望のメシア的地平への解放を述べた。「すべての肉（all flesh）」、つまり生きとし生けるものが、神の栄光を「共に」見ることができるために、山々は低くされ、谷は高められなければならない。つまり人間の歴史において、すべての人にとって同等の生活環境が作られ、地上であらゆる生物と共存する人間の生を支援する共同体が作られねばならない。預言者たちのこうしたメシア的希望は、前へ進む希望に活力を与える。それは人間を無感動やペシミズムから呼び出し、解放運動への積極的参加へと向かわせる。マーティン・ルーサー・キングにとって重要だったのは、人種差別の克服だけではなかった。黒人によるワシントン行進の後、彼は貧しい人々によるワシントン行進を計画しようとした。さらに彼はベトナム戦争に対する妥協なき反対者であり、非暴力の政治行動の代表者でもあった。そのために彼は、一九六八年四月四日に殺された。

（２）　一九六八年、私はウプサラの世界教会協議会のメッセージに興奮した。そのメッセージは、私が一九六四年に『希望の神学』で言いたかったことにちょうど当てはまるものだったのである。それはすなわち、聖書の約束の歴史における「新たなるもの」というカテゴリーと、キリストの復活の光の中にある世界の未来へ向けられた眼差しである。「見よ、私はすべてを新しくする」（黙示録二一５）という神の約束は、信仰の経験においてすでに現実となる。「誰でもキリストの中にいるのならば、新たな被造物である。見よ、すべては新しくなった。」（Ⅱコリント五17）この確信と共にキリスト教は、世界にとっての大いなる神の未来へと向かい合う。万物の新たな創造の、約束された未来と経験された到来とを積極的に結びつけることは、ウプサラにおいては「先取り」という概念によって示された。[56]それは同時に道を備えるということも意味している。

私たちには平和を切望する人々の叫びが聞こえる。飢えた人々や掠奪された人々は正義を呼び求める。軽蔑された人々や冷遇された人々は、自らの人間としての尊厳を要求する。幾百万もの人々が、人生の意味を探している。……
刷新してくださる神の力に信頼し、私たちはあなたがたに呼びかける。神の国の先取りに参加し、今日すでに、キリストが彼の日に完成する新たな創造をいくらかでも目に見えるようにせよ。(57)

そのような「神の国の先取り」は、具体的には次のような行動によって提起された。

1．ベトナム戦争の時の、平和と協力のための行動
2．私たちの社会と諸国民間の貧富の格差の中での、社会正義のための行動
3．地球の生命空間における、人間と全生物の共生への方向づけのための行動

神の国はあらゆる歴史の未来であるから、歴史的な未来と、歴史におけるあらゆる先取りを超越している。しかしまさにそのようにして、神の国は歴史における希望の力となり、このような先取りの源泉となる。こうした先取りによって、私たちは神の到来に道を備えるのである。

（3）　一九七二～七三年にバンコクで行われた世界宣教会議において、私は部会報告Ⅱ「救いと社会正義」の作成のために働いた。その社会正義は「救いは行動における希望である」という

標語の下にあった。[58] 私は以下のように書いた。「キリストが私たちにもたらし、私たちが与る救いは、この分割された世界において、私たちにまったき生を提供する。すなわち私たちは救いを生の刷新として——満ち溢れる神性における真の人間性の展開として把握する。それは、魂と肉体の、個人と共同体の、人類と『呻く』被造物の救いである。」世界の救いをまったきものとして理解するならば、それはまったき生を包括するキリスト教の伝道によって証される。私は救いの四つの社会的次元を見た。1. 救いは、人間による人間の掠奪に抗う経済的公正のための闘いにおいて発揮される。2. 救いは、同時代人による政治的弾圧に抗う人間の尊厳のための闘いにおいて発揮される。3. 救いは、人間疎外に抗う闘いにおいて発揮される。4. 救いは、個人の生活の絶望に抗う希望のための闘いにおいて発揮される。社会正義なしには政治的自由はなく、政治的自由なしには文化的疎外の克服もなく、文化的同一性なしには個人的希望もない——そして、逆のこともいえる。これらの四つの次元は互いに連関しているが、様々な状況において優劣がある。それらは様々な賜物（Gaben）と課題（Aufgaben）であるが、ひとつの霊とひとつの救いである。「私たちがキリストの心をもって世界を把握するならば、救いはすべてを包み込むのである。」[59]

2　終末論的なキリスト論

すでに示したように、キリスト教倫理は常に、前提とされているキリスト論によって形成される。私は、私をかつて納得させていたカール・バルトのキリスト論との対決において、自らのキリスト論を発展させた。私はバルトの立場を「キリスト論的な終末論」と名づけた。なぜならバルトは終末論をキリスト論の中に取り込むからである。つまり、キリストの死と復活において、救いはすでに「完成されている」（ヨハネ一九30）。だからキリストの未来がまだ残すところは、キリストにおいてすでに完成されている世界の救いの普遍的な開示をもたらすことだけだろう。

私は自らのキリスト論を「メシア的な次元」において叙述し、[60] バルトに反対して「終末論的なキリスト論」を主張した。このキリスト論によれば、キリストの到来において、到来する救いの完成の始まりが生起し、キリストと共に終末論的未来がすでに始まった。つまりキリスト論は、終末論の始まりである。なぜなら、「彼において、神のあらゆる約束は然りとアーメン」（Ⅱコリント一20）だからである。バルトの時間対永遠の終末論に対して、私は彼が初期の頃にクリストフ・ブルームハルトの精神において取り組んだ前進の終末論を採り入れ、さらに展開した。「メシア的な次元」におけるキリスト論には、メシア的な倫理が続かなければならない。この文脈で私が「メシア的」と呼ぶのは、終末論的未来によって捉えられ規定される現在のことである。終末論的未来は、未来であることを止めずに、現在となる。それによって終末論的未来は、現在を現在的未来へと変える。

キリストの到来においてあらゆる神の約束は確証され、それからキリストにおいてイスラエルの預言者的約束は普遍的に力を発揮する。それらの約束はキリストの到来を超えて、栄光の国を指し示す。この栄光の国のために、キリストはこの世に送られたのである。これによって、キリストの教会はイスラエルの上に立つのではなく、イスラエルの隣に立つ。一つの希望が双方の共同体を結びつける。それゆえにイスラエルのトーラー（律法）は、キリスト者のメシア的倫理の行為の教示を含んでいる。

私たちがイエスの人生と教え、十字架の死に至る彼の献身と復活を終末論的に理解するならば、その時私たちは、山上の説教においてはトーラー（律法）のメシア的解釈を、またキリストの死と復活においてはこの世における神の国の形成を発見する。イエスの洗礼において、父なる神は、子を御国の主および啓示者とした。そして死者の復活と死の殲滅において、完成された御国の子から父への譲渡が始まる（Ｉコリント一五28）。

神の国の倫理は、服従の倫理であり、イエスへの服従の倫理は、イエスの未来を先取りする倫理である。

とりわけ終末論的に開かれたキリスト論は、以下に述べるような「未来の世の力」（ヘブル六5）としての聖霊の注ぎと神の霊の生命力の経験とを私たちに開示する。聖霊の到着は、キリストの再臨の始まりに他ならない。それゆえに霊は「栄光の保証」と名づけられる（Ⅱコリント一22、エフェソ一14）。霊において此処《ここ》で始まることは、彼処《かしこ》の栄光の国において完成される。人間の歴史の全体と開かれた被造物の全体を完成する神の栄光の国は、準備されずに到来するのではない。その国は、キリストの到来において始まり、霊の国においてすでに自らを告げ知らせ、その霊の国において現在をとらえるのである。

霊の経験という下地もまた終末論的なものである。だからこそ預言者ヨエルは、その経験を主の大いなる恐るべき日の到来（ヨエル三4）と結びつけて、またそれにふさわしい黙示録的な徴と結びつけて約束するのである。だが何がこの霊の国を啓示するのだろうか？　ヨエル三章と使徒言行録二章17節以下によれば、その霊の国は「すべての肉」、すなわちあらゆる生き物の上に降り注がれる。それらが「肉」である限り、つまり弱く、助けがなく、希望がない限り、その肉を永遠の命へと生かすために霊が降り注がれるのである。(61)「あなたがたの息子たちと娘たちは預言するだろう。」つまり男と女は同じように、この霊の賜物を受ける。男には何の特権もなく、同等に評価され同等に権利を認められた両性の、カリスマ的な共同体が生じる。「老人たちは夢を見て、若者たちは幻を見る。」つまり霊を受け取るということにおいて諸世代は平等であり、どんな老人も老いすぎるということはなく、どんな若者も若すぎるということはない。「僕《しもべ》や婢《はしため》」の上にも「霊が注がれる」。つまり神の霊は、いかなる隷属もいかなる社会的征服も尊重せず、それらを廃棄するのである。キリスト教において霊に満ちたあらゆる覚醒運動は、このような社会革命的な局面を持っている。それは宗教改革時代の洗礼派にも見られる。男と女、老人と若者、かつての奴隷と奴隷所有者たちによる、霊に満たされた新しい共同体は、その未来を指し示す存在によって、世に対して、危機における救済、過ぎ去りゆく世において持続するもの、そして過ぎ去りゆく時間における永遠の未来を証しするのである。

3　変革的な倫理

アメリカ合衆国の社会的福音《ソーシャル・ゴスペル》運動の先駆者であるウォルター・ラウシェンブッシュは、次のように宣言した。「禁欲的なキリスト教は世を悪と呼んで世から去った。だが、世を悪と呼んでそれを変えようとする革命的なキリスト教を人類は待っている。」(62) キリスト者にとって、世をより良いものへ変える神学的な根拠はあるだろうか？　世は実際に「混乱の中に」あるが、そこにとどまる必要はないのだ！（ヨハネス・ラウ）

キリスト者は、十字架につけられた者の復活において、万物の大いなる転換を背後にし、それゆえに終末論的な世界転換を望んでいる。彼らは、来たるべき神の世に適うために、この転換にふさわしい現世の価値転換のために働く。キリストの蘇りと高挙において、神はこの世の道徳的政治的権力によって拒絶された者たちのために、貧しく低められ苦しみ捨てられたキリストを選び、自らをキリストと同一化し、キリストを新たなる世界の主とした。これに対応するのは、旧約聖書が伝えるイスラエルの神経験である。

「主はその腕で力を振るい、
思い上がる者を打ち散らし、
権力ある者をその座から引き降ろし、
身分の低い者を高く上げ、

飢えた人を良い物で満たし、
富める者を空腹のまま追い返される。」
（Ⅰサムエル二1～10に基づくルカ一51～53）

キリストの教会の神経験は、以下のことである。

あなたがたが召されたときのことを、思い起こしてみなさい。肉によれば知恵のある者が多かったわけではなく、能力のある者や、家柄のよい者が多かったわけでもありません。ところが、神は知恵ある者に恥をかかせるため、世の無学な者を選び、力ある者に恥をかかせるため、世の無力な者を選ばれました。また、神は地位のある者を無力な者とするため、世の無に等しい者、身分の卑しい者や見下げられている者を選ばれたのです。それは、だれも神の前で誇ることがないようにするためです。（Ⅰコリント一26～29）

暴力に苦しむ者たちのために正義を創り出す神、また低くされ死刑にされたキリストを高める神。これは、正義と平和の新たな世界に対する希望の神である。神はこの世の貧しい者たち、低められた者たち、病人のところへやって来て、彼らを立ち上がらせ、癒し、彼らと共に彼らの新たなる世界を始める。これは、イエスの生涯と教えにおいて認識できる通りである。

キリスト教倫理はこのような次元においては、世に順応する責任ではなく、世から分離主義的に逃避するのでもなく、世の変革への手引きである。とはいえ、彼らが苦しみ囚われている境遇を変えようとする者は、次の三段階を経なければならない。[63]

１．彼らは自分たちの環境から自己を解放し、その環境の強制を拒否しなければならない。「あなた方も知っている通り、この世の支配者たちが支配し、彼らの中で力ある者たちが権力を持っている。しかし、あなたがたの中では、そうあるべきではない。あなたがたの中で大きくなりたい者は、あなたがたの僕となるべきである……」（マルコ一〇42〜45）

２．彼らは新たなアイデンティティや共同体を見つけなければならない。「誰でもキリストの中にあるものは、新たな被造物である。」（Ⅱコリント五17）この新たな同一性は彼らにとって、古い同一性よりも重要でなくてはならない。つまり私たちはまずキリスト者であって、その後で初めてドイツ人であったりアメリカ人であったりする。私たちにとってキリスト教的な連帯は、国民的あるいは文化的な忠誠よりも重要なものである。

３．そのように変えられて初めて、人間は自らの境遇へのオルタナティブな変化に参与することができ、変化のエートスと新たな時代のパトスを結びつけることができる。「夜は更けて、日は近づいた。だから、闇の行いを脱ぎ捨てて、光の武具を身に着けよう。」（ローマ一三12）このような世の夜の暗闇が意味することは、暴力と死の力が支配するこの世が、神から捨てられているということである。神の新たなる日の光と「光の武具」が意味することは、生に対する情熱と取り組み、満たされた共同の永遠の生に対する情熱と取り組みである。そこから世を変える葛藤、すなわち死に抗う生、神から捨てられた状態に抗う愛、暴力に抗う正義が生じる。それらは、神の国において初めて解決される葛藤である。

希望の倫理は、キリストの復活の光に照らされて未来を見る。この倫理が前提し利用する理性は、変化に関する知識である。それは、神が約束しキリストが実行した万物の新創造を、可能性と力に応じて先取りするために、変革的行為へと導く。抑圧された人々の解放、低められた人々の立ち上がり、病人の癒し、貧しい人々のための正義は、この倫理のよく知られた実践可能なキーワードである。

この倫理をルター派の黙示録的な倫理から区別するのは、キリスト教的な生活と行為の認識可能性であり、採用されるのは「世への責任」の原理である。

この倫理を改革派のキリスト王権的な倫理から区別するのは、キリストの到来過程における変革的な先取りであり、採用されるのは「抵抗」の原理である。

この倫理を洗礼派の倫理とその静寂主義から区別するのは、公共圏の社会的・政治的過程への積極的な介入であり、採用されるのは「オルタナティブな生き方」の原理である。

第Ⅱ章　生命の倫理

私はこの章において「生命の神学」に基づき、多様な死をもたらす現代の「生命の危機」に応える「生命の倫理」を構想する。初めに、個人的かつ集合的な破滅願望および死のテロリズムに対抗する「生命の文化」の考察を行う。(64) その次に、限られた枠の中で、「生命医学的な倫理」へと向かい、生命の始まりと終りに関する問題、そして健康と病に関する問題に対して、前もって叙述されている文脈の中で答えることを試みる。

第1節　生命の文化

1　死のテロ

今日、人間の生命そのものがかつてない危険に曝されている。死によって脅かされているから危険に曝されているのではない――これはいつもそうだった。人間の命が最大の危険に曝されているのは、それがもはや愛されていないからである。

第二次世界大戦後、アルベール・カミュは「命をもはや愛していないということが、ヨーロッパの謎なのだ」と主張した。実際、私の世代は当時、殺すことと殺されることにすっかり慣れ切って、また大量死にも、爆弾が降る夜々の炎の嵐で破壊された町にもすっかり慣れ切って、死が私たちをもはや興奮させなくなっていたのである。命は無意味なものとされてしまい、私たちにとってどうでもよいものになっていた。私たちは、自らの死と愛する人の死に直面してこれ以上苦しまずにすむように、命を愛することをもうやめていた。無関心という魂の甲冑によって、心を動かされまいとした。私たちは魂の死へと逃避した。私たちの世代の生き残りたちは、終戦後何年もたってからようやく、死をもたらすこうした魂の硬直から再び命へと、徐々に目覚めていったのだった。

a　テロリズム

今日私たちは、新たな驚くべき「死の宗教」を経験している。「あなたたちの若者は命を愛するが、私たちは死を愛する」と、タリバンの指導者のムッラー・オマールはある西洋のジャーナリストに語った。二〇〇四年三月十一日のマドリッドで起きた通勤列車爆破の後、これと同じ内容を持つ犯行声明が発見された。「お前たちは命を愛し、われわれは死を愛する。」ここに表現されているのは、西洋世界に対立する、広まりつつあるイスラム的なテロのイデオロギーであるが、それはまずイスラム世界そのものにおいて無数の犠牲を払ってきた。しかしながら、この「死への愛」はヨーロッパにおいてもすでに存在していた。「死よ万歳（Viva la muerte）」と古のファシスト的将軍はスペイン戦争において叫んだ。「死を与え、死を受け取る」というのは、ドイツのナチ親衛隊（SS）の標語だった。彼らのシンボルは髑髏《どくろ》だった。

b　威嚇

このようなテロリズムの表層の背後に、さらに大きな危険が潜んでいる。すべての平和条約や軍縮条約や核兵器削減条約は、ある自明の前提を持っている。それは、すべての条約署名者における生き延びようとする意志である。しかし、もしも誰かが生き延びようとは欲せず死に赴こうと欲するなら、そして、その人物がおそらく同時に、この堕落した世界全体を自分もろとも破滅の淵に引きずり込むことができるとするなら、その時何が起きるだろうか？　テロリストたちが、防ぎようがない壊滅的な生物兵器や化学兵器によって攻撃したらどうなるだろうか？　今日まで私たちは、自爆テロの大量殺人者たちの国際的ネットワークだけを問題にしている。しかし、ＡＢＣ兵器を保持するある国民全体が、生きようと欲するのではなく死のうと欲する時、それによってその国民が、この「悪しき世」やあの「不信仰な世」を破壊することができる時、何が起きるだろうか？　敵への威嚇が機能するのは、敵が生き延びようとしている時だけである。自分の命などどうでもよくなった者は、威嚇による脅しを乗り越えてしまっている。もはや彼を脅かすことはできない。こうした恐ろしい例を私たちは、一九三九年に第二次世界大戦を始めたナチ・ドイツにおいて経験している。ナチの作詞家ハンス・バウマンによる突撃隊（ＳＡ）の愛唱歌が、その姿勢を表現している。

この世の腐った骨が震えている、
大いなる戦争を前にして。
我らは恐れを打ち破ったが、
それは我らにとっては大いなる勝利だった。
さらに行進しよう、
すべてが粉々に砕け散るまで……

「腐って」堕落した世界、あるいは不信仰と見なす世界を破壊したいという誘惑は、自らの命を喜んで犠牲にするような普遍的な死の願望となる可能性がある。「死」は、魅惑し威嚇する神と化す。このような「死の宗教」こそ、生命への愛の真の敵である。死への愛は、どんな生命への愛にも伴う暗い随伴者なのだ。生命に対するあらゆる肯定には、生命に対する否定の可能性も与えられているのである。

c　核の自殺計画

地球上の諸国民の共生にとっての、こうした現実的で政治的な死の危険の背後には、さらに大きな危険が控えている。それは、原子爆弾が発明されて一九四五年八月に広島と長崎に投下された時、第二次世界大戦が終わっただけではなく、人間という種全体がその終末時代へと踏み込んだということである。(65)これは全く非宗教的な意味においてそうなのだ。終末の時とは、人類の終りがいつ何時でもあり得るという時代である。グローバルな核戦争の可能性によって、人類の全体が滅び得る存在となった。大きな核戦争の後に来る核の冬を、どんな人間も生き延びることはできない。なるほど一九八九年の「冷戦」終結以来、大きな核戦争の可能性は今のところ非常に低い。しかし今も変わらず、厖大な原子爆弾と水素爆弾の兵器庫が、アメリカ合衆国、ロシア、中国、イギリス、フランス、インド、パキスタン、イスラエルにおいて、人類の問題の「最終的解決」のために備えられているのである。「一番目に撃つ者は、二番目に殺される。」これは、潜在的ではあっても現に存在する人類の自殺計画である。このことは今日では忘れられて、世間の意識からは排除されている。だがそれは暗い運命のように、人類の上に垂れ込めている。

d　社会的な貧窮化の傾向

四十年以上にわたって、私たちは常に繰り返し至るところで、貧富の「社会的な格差」がどんどん広がっているという嘆きを聞く。ごく少数の富裕層が、貧困化する人々の群れを支配しているのは、「第三世界」――私は意識して今日もこの概念を用いる――の貧しい国々だけではない。第一世界の民主政体においても、経営者の莫大な収入とハルツ第Ⅳ法〔ドイツにおいてシュレーダー前首相の顧問でもあったペーター・ハルツ氏が提案し、二〇〇二年に開始された一連の労働市場改革が、ハルツ改革と呼ばれる。この改革は高い失業率と労働市場の硬直の克服を目指すが、改革の第四段階がハルツ第Ⅳ法である〕の該当者の乖離は、グロテスクな様相を呈している。だが民主主義は自由に基づくのみならず、正当と感じられる平等にも基づいている。生活における機会や環境の社会的公正がなければ、社会の福利と共にその社会の結合も死んでしまう。個々人と豊かな階層が「利益は私に、損失は社会に」をモットーに行動するなら、彼らの自由も共に危機に曝される。地球上の経済大国による経済と金融の規制緩和以来、自由と平等の間の不均衡は、多くの男女市民を貧窮に陥れて命の危険に晒すものとなった。政治的には、つまり公的機関にとってはもはや支配不可能な資本主義は、民主主義に敵対する働きを持つ。なぜなら、それは社会の協調精神を破壊するからである。私たちは社会的な絶壁に立っている。

　こうした現代社会の貧窮化をもたらす破壊的な駆動力は、どこに存するのだろうか？　ここでは社会心理学的な視点のみを選ぼう。「全員には十分でない。」意識的に広められたこのような印象によって、多くの人間を生存の不安へと突き落とす非常事態が主張される。あらゆる生活領域における欠乏の示唆によって、現代の進歩信仰のエンジンである成長イデオロギーが根拠づけられる。職と収入と勝利の機会を争う全員の競争によって、男女市民のエネルギーが動員される。いわく「各自は自分の場所を見つけなければならない」。こうして連帯は挫折する。現代社会の共同体は、勝者と敗者へと分裂する。「勝ち組が総取りし」、「負け組に犬どもが噛みつく」。「達成できない」という生の不安が、際限なき生の貪欲と満たされることのない力への渇望をもたらす。「貪欲こそお洒落だ」とか「欲望はクールだ」などと、ブランド服を手に入れねばならない若者たちに語りかけられている。生の根本欲求の充足は、現代社会の競争において重要ではなく、社会的な威信、自分の社会的階級における承認が重要なのだ。現代の生存不安が人間に向かって「おまえは無だ、おまえは何ももっていない――おまえは自分から何かを作り出せ、さもなければおまえは軽蔑され、名声を得られない」と語ることによって、社会的な闘争が起きる。各人が各人と競争する。それは万人の万人との闘争である。このような生の渇望と承認への飢餓は、没落と死に対する抑圧された不安の裏側である。「人生は一度きりだ」。「おまえはどこにいるのか見てみろ」。「何かを取り逃がしていないか」。現代の競争社会が基づいているものは、根本において死をもたらす不安との戯れである。連帯が挫折すれば、公益への関心は失われる。公共財産が、罰せられることなく独り占めできる主《あるじ》なき財産とだけ見なされれば、そこには「社会的な冷気」の世界がもたらされる。このような「肘で押しのけあう社会」において、各自は自分自身の隣人なのである。〔本来他者に向かうべき隣人愛が、自己自身へと向かっていることをあらわす、ドイツ語の表現〕

社会から協調精神が失われるなら、信頼も失われる。人はもはや説得しようとせず、ただ管理しようとする。「信頼は良いが、管理はもっと良い」とレーニンは言い、大半の資本家たちは今日も彼の言うことを信じている。しかし「誰が管理者を管理するのか」というローマ詩人ユウェナリスの古い問いに、カール・マルクスは答えられなかった。なぜなら、この問いに対する答えは実践的には無限後退するからである。かくして現代の監視された経済と監視国家は袋小路に入り込み、不信を拡大していくのである。

連帯と公益への参与の喪失、および信頼の喪失から、あのような貧富の社会的分裂、現在と未来の世代の相違、第三世界の国々における国民の窮乏が生じる。こうした結末は運命ではなく、避けられないものでもなく、現代世界が自ら招いた病である。それらは治すことができる。「ＡＴＴＡＣ」が正しく告げているように、「別な世界は可能だ」〔ＡＴＴＡＣはAssociation for the Taxation of Financial Transactions for the Aid of Citizensの略称であり、「市民を支援するために金融取引への課税を求めるアソシエーション」の意味〕。

e　生態系における世界滅亡の罠

核の破局とは異なって、気候の破局、それと共に全世界的な環境の破局は、もはや潜在的なものではないし、公衆の意識から排除することもできない。この破局はすでに一九七二年、デニス・メドウズとローマ・クラブの研究『成長の限界』によって予告されていた。(66) しかし公衆の意識は、現実の展開の後ろでぐずぐずすと進む。つまり「自分が行っていることを知っている」人々もいるが、「自分が知っていることを行わない」人々もいる。よりよい知識に反して、ほとんど何ごとも起きなかった。なぜなら、指摘された限界にもかかわらず、量的「成長」のイデオロギーが挫かれることなく支配し、そのため人間と動物と植物と大地は、絶えず犠牲にされるからである。「成長」しなければならない。「成長」しなければ「ゼロ成長」と呼ばれる。「成長」こそ希望であり、景気後退は意気消沈だからである。富裕化と成長への渇望に対してブレーキをかけてはならないから、今日ほとんど誰も公には「成長の限界」を語らない。しかし青い惑星「地球」の生命圏は、私たちの限りある生命空間である。世界を覆い尽くす成長と消費に基づく人類文明は、この限界にとっくに到達しており、地球という有機的統一体におけるこの生命空間の生存条件を継続的に破壊し始めている。年を追うごとに、動物と植物の種が絶滅していく。大気汚染がオゾン層を破壊し、気候を温暖化させる。両極の氷の帽子が溶解する。海水面が上昇する。砂漠が拡大し、悪天候は増加する。私たちはこれらのことをすべて知っている、もしくは知ることができるのに、麻痺状態に陥り、自らの経済成長イデオロギーも公私にわたる生活様式も変えようとしない。私たちは知っていることを行わない。

　私たちが成長の自然的限界を認めるのであれば、成長という偶像を倒して節度を保つことを自ら学ばなければならない。しかし私たちはまるで、喫煙という悪習が「健康を危険にさらし」、「致命的」であることを知りながら喫煙する人のように、成長が善いと信じるのをやめることができない。私たちは環境を危険にさらして生きているので、誰の目にも明らかな自殺の危険にさらされているのである。

　しかしこの成長危機には、あまり語られることのない他の側面がある。それは、地上の第三世界の国々における人口過剰である。これは、第一世界の住人の高齢化に驚くほど比例的に対応している。これによって生活空間が破壊され、厖大な人々の移民化がひき起こされる。この状況によって、貧しい人々や疎かにされた人々や早死にする人々が際限なく増大する。出生率から見て最も多産なのは、地上で最も貧しく最も危険な都市、つまりガザ市である。第三世界において人口の爆弾が生まれ、それが第一世界の多産ではない人々の富を脅かす。「ヨーロッパの要塞」は、大量の移民を長期にわたって遮断することはできないだろう。

だが人口増加が、活性化されて自覚的に利用されることもある。教皇たちは出生制限を拒否することによって、世界におけるカトリック教徒の数を増やそうとし、イスラム聖職者は同様の政策によってイスラム教徒の数を増やそうとする。これは以前、皮肉をこめて「ベッドルーム・ミッション」と呼ばれた。しかし、責任ある出生制限を拒否して撤廃することは無責任である。引き起こされた人口過剰は破局をもたらし、また多くの人間に死をもたらす。地域全体が貧しくなり、子どもたちは死に、若い人々は故郷を去らねばならない。「貧困は最悪の環境汚染である」とインディラ・ガンジーが言ったのは正しい。いかなる動物種も、人口過剰によって自らの生活空間を破壊することはないが、人間だけが生態系の知恵を持っていない。ティラノザウルスすら人間という種よりも賢かったし、人間という種がこれまでのように振る舞い続けるならばティラノザウルスは地球上で人間よりも長く存続したということになるだろう。

はたして人類が自分で作りだした運命を生き延び、自殺の罠から自らを解放できるかどうかを私たちは知らない。そして知らないことは良いことでもある。というのは、私たちが生き延びられないと知っていれば、自分の破滅に対してもはや何も企てたりしないだろう。また私たちがどのみち生き延びられると知っていれば、私たちは地球という生命空間との新しい付き合いを習得するために何もしないだろう。未来が両方に開かれている時にのみ、私たちは窮地を打開するべく、今ここで必要なことをせざるを得ない。私たちは人類が生き延びられるかどうか知ることができないがゆえに、今日の私たちに人類の未来がかかっているかのように、今日行為しなければならないのである。

f　人類の実存的問い――宇宙に「人間原理」はあるか？

これによって私たちは最終的に、人類全体の実存的問いの前に立つ。今日地上には六十億以上の人間がいる。しかし地球は人が住まない場所でもあり得る。地球は幾百万年前には人間なしに存在していたのだし、人類が地球から消滅しても、なお幾百万年存在することだろう。仮に自然が「人間原理」を持っているとすれば、そのために地球には知的生命の発展が一定の必然性をもって内在しているだろうし、S・カウフマンの本の表題が約束するように、人類も「宇宙を住処としている（At home in the Universe）」ように感じることだろう。[67]だが強い「人間原理」と弱い「人間原理」の区別によって、この確信は弱められる。

知的な人間生命の発展を見るならば、ただ三つの視点の可能性しかない。

1．人間生命は自然の偶然の産物であり、それどころかおそらく生命の発展し損ないである。

2．宇宙は人間生命においてその創造者の計画をあらわす。人間の知において、自然は自己自身の自覚に至る。そうだとすれば、これは「強い人間原理」である。
3．人間生命は、生命の自己組織化の結果である。そうだとすれば、これは「弱い人間原理」である。[68]

私の考えでは、生命現象はその形態の豊穣さと複合性の構築からすると、「ビッグバン」から必然的にもたらされたのではないが、純粋に偶然にもたらされたのでもない創発的な現象である。それはすなわち、宇宙と地上の自然史における普遍的で新たなるものである。[69] この現象をほかの何かに還元することはできないし、孤立させて観察することもできない。しかし、それを宇宙の新しい未来の先取りと解釈することはできる。

人間が存在すべきか否かという問いに対して、宇宙は何の答えも与えない。人間という種が生き残れるか滅亡するかという問いに対して、宇宙は私たちに語らない。人間が今日、自分の生きている地球に対してしでかしていることを顧みれば、人間が生き残る自然な理由を挙げることは困難である。人間という種の生き残りは、ハンス・ヨナスが認識したように、信仰の問いであり、その問いに対する答えは、どんな世界理性にも先立つ。[70]「人間は存在すべきか？」という問いに対してヨナスは「生存の義務」をもって答えた。

私たちが宇宙の中で答えを探すならば、スティーヴン・ワインバーグの悲しい主張に辿り着くだろう。「宇宙が理解可能に見えれば見えるほど、それはまた無意味にも見えてくる。[71]」ロマーノ・グァルディーニでさえ、人間に対する宇宙の沈黙と冷たさと無関心によって、「憂愁の最も内的な核心」へと導かれたのだった。[72]

g　脅かされる意識

私たちは最後に、ここまで叙述してきた現代の脅威のシナリオがもたらす精神的影響に目を転じよう。私はここで、公共意識についてのみ語り、個人の意識の多様性については語らない。とはいえ、すべての個人は公共意識に参与し、そこに積極的あるいは批判的に関わっている。

ある人々は、自分がしていることを知らず、自分の行いが他者に与える影響や、自分の行いが次の諸世代に与える影響について気にしない。また他の人々は、自分が知っていることを行わず、それゆえに自分が欲する善を行わず、その反対に自分が欲しない悪を許している。これが本当ならば、公衆の意識は非常に不安定なものとなる。方向づけの欠如が遍く広まり、状況を見通せなくなって、ストレスが生じる。このストレスに満ちた状況は、相反する反応を呼び起こす。つまり、一方ではパニックの発作が起き、他方では人々が無関心へと沈みこむ。一方ではあらゆる悪いニュースに世界の没落の到来を見てとる警告主義が公衆を興奮させ、ポップカルチャー的で黙示録風な本が人気を博し、他方では宿命論が広まり、人々は「精神的無感覚（*psychic numbing*）」と呼ばれる社会的冷淡さと忍び寄る無感情へと沈み込んでしまう。[73]

普遍的な死の脅威が存在し、それを感じ取ることもできるのだが、このような反応は生を危険にさらす。なぜなら、それは脅威を防ぐのではなく、むしろ脅威を引き起こすからである。それは、人質にとられている被害者が抵抗せず、協力して自らを犠牲にするようなものである。この種の典型的な反応が、子孫の生活を犠牲にして現在を享楽的に生活することだ。「食べて飲もう。明日には私たちは死んでいるのだから」——もちろんその時には、私たちの子どももそうなる。無制限に負債を作る者は、来たる世代を犠牲にして生きている。来たる世代は抗議できないので、彼らに負担をかけることは簡単だ。それゆえに、単身者として生きて、子どもに伴う負担をまったく負わないのが一番良いということになる。この快楽主義的な態度は、真相においては極度にニヒリズム的な黙示思想の表れである。私たちは終末を祝い、それを遂行する——しかも今！　二〇〇八年の金融危機は、今ここにおける刹那的な生の欲望に責任がある。

他の回避反応は「逃避主義（*Eskapismus*）」である。脅威が発生すると、そこから逃げ出し、死んだようになり、脅威が身に及ばないこと、あるいは少なくともそれを感じないことを望む。諦めて無関心になり、すべてがどうでもよくなり、命をもう愛さなくなる。そうすればもう死も心を動かすことはない。つまり参加することがなくなる。死を精神的に取り除けば、それがやって来ても、もはや肉体的に感じることもない。そのような態度では、私たちはもはや脅威に抗うこともせず、降伏し、そのためにかえって脅威をひき起こすことになる。

その際「宗教的な逃避主義」が、特に現代におけるグノーシス的な救済宗教の拡大に現れている。この宗教性に巻き込まれる者は、自分が彼岸において故郷にあり、地上においては客にすぎないと感じる。つまり地上の生の運命にただ副次的な関心しか示さない。自らの魂が天に到着することが大事であって、肉体において、また地上においては、彼の魂は客でしかなかった。つまり魂にとっては、この宿屋の運命などどうでもよいのである。宗教的な無関心の実践が、高貴に聞こえるたくさんの名目で提供される。西洋に伝えられた仏教はこの点で非常に成功しているが、その起源であるインド仏教とはほとんど関係がない。特に劇的な逃避主義をアメリカの「ポップカルチャー的黙示録」が提供している。それによれば、世界の終末の大きな苦難の前に、真の信仰者たちは天へと「取り去られ」、それから再臨するキリストと共に新しい世界を建設することになる。残念ながらすべての不信仰な人々は、世界の没落の中に『取り残される（Left behind）』人々である。これはアメリカで数えきれないほど読まれているシリーズのタイトルである。[74] 人間は脅威に抵抗しようとしないために、あるいは抵抗できないために、現在の享楽に陥るか、彼岸へと逃避するかのどちらかである。そのどちらにせよ、人間は命への愛を破壊し、テロと世界破壊の任務のために働くことになってしまう。命そのものが今日、最大の危険にさらされている。なぜなら命は、もはやどのような仕方でも愛されず、破壊の力に引き渡されてしまっているからである。

2　生命の福音

救いとは共観福音書によれば、イエスが先取りし、宣べ伝え、実践した神の国である。救いはパウロによれば、神の創造する義へと向かう悔い改めの中に存する。ヨハネ福音書とヨハネ書簡においては、救いはキリストにおいて現れた命の充溢である。この順番で私たちは、救いの徹底と、救いの認識の高まりを発見することができる。

a　共観福音書

イエスが共観福音書で告げ知らせることはすべて、同時代のユダヤ教の観念素材に由来するのだが、それにもかかわらず、ある人々にとっては悦ばしい新しさを持ち、他の人々にとっては腹立たしい新しさを持っている。彼が告げ知らせて行うことは、個々の点では新たなものではないが、その全体の形態においては、今日の創発性理論（Emergenztheorien）に従って語らねばならないように、新たなものである。イエスにおける新たなものは、「福音」という名称によって特徴づけられる。

どのような命が、地上のイエス、神の子によって啓示されるのだろうか？

「主の霊がわたしのところにおられる。
主がわたしに油を注がれたからである。
主がわたしを遣わされたのは、貧しい人々に福音を宣べ伝え、
粉々に砕かれた心を治癒し、
捕らわれている人に解放を告げ、
目の見えない人に視力の回復を告げ、
打ち砕かれた人々に完全な解放を告げ、
主の悦ばしい年を宣べ伝えるためである。」（ルカ四18～19）

イザヤ六一章によれば、「私たちの神による復讐の日」がそれからまだ続くのだが、ルカはそれを取り除いている。貧しい者たちに告げ知らされる福音は、神の国が貧しい者たちのものだと語る。ルターが「主の悦ばしい年（das angenehme Jahr des Herrn）」と訳したものは、負債が免除され、捕らわれた人々が解放されるメシア的な安息日である。メシアが来る時、地上から悪魔は消え、病人は癒される。目の見えない人々が見えるようになり、体の不自由な人々が動き、中風の人々が清められ、貧しい人々が彼らのための神の国の福音を聞く。その時メシアはここにおり、彼と共にメシアの時が始まる。イエスが行う奇跡、またその身辺で起きる治癒の奇跡は、イエスを神的で例外的な人間として描くものではなく、イエスと共に病める世界に突入してくる神の国の奇跡であり、メシア的未来の徴である。それらは、変化しない世界においてのみ「奇跡」である。神の国が現在において力を持つようになれば、治癒も解放もまったく「奇跡」ではなく、自明なこととなる。生ける神の国とは健康と命、充溢する生命である。神の国は、被造物全体を包摂し、被造物と同じように多彩である。それは義と平和という単に倫理的な理想ではない。確かに神の国はそのような倫理的な理想でもあるが、その充溢において、それは地上的、肉体的、感性的に経験されるものである。それはちょうど、病人があらゆる感覚をもって治癒を経験し、外的に内的に捕らわれた人々があらゆる感覚をもって自由を経験するようなものである。生きようと欲するが死なねばならないすべてのものは、神の国における生命の充溢へと憧れる。それゆえに地上における栄光の国とは、地上の全被造物の憧憬が満たされることであるべきだ。人間にとっては、神の国のこのような身体的次元が特に重要である。なぜなら人間は、肉体の死すべき定めを前にして、夢想される魂の不死へと逃避し、地上の壊れやすい生を放っておく傾向があるからである。しかしイエスがもたらして生き生きとさせる生とは、新たに創造される肉体的生命の先触れと開始である。

マルコはイエスのメッセージを次のように要約する。「時は満ちた。神の国は近い。悔い改めて、福音を信ぜよ。」（一15）彼のメッセージの中心には神の国がある。「近い」ということは、年代順の時間報告をしているのではなく、神の未来がここで今日現臨しているということを意味している。このメッセージが届く者は、自らを世界と生の既存の連関から解放し、そこに新たな生の始まりをもたらす。「悔い改めて信ぜよ」とこの呼びかけは語る。回心は、古い世界からの離反と新たな世界への向き直りである。この回心は語りかけられた者たちの生全体を捉える。彼らはすでに持っている自由へと呼びかけられるのではない。回心とは、世界を克服し未来を可能にする自由の新たな誕生である。「近くにある」神の国は、新たな生の始まりへと向かう自由を彼らに開示する。回心とは、古い世界の条件下における神の国の生の先取りである。それはこの世界と「同調」せず適応しない者たちの新たな生のあり方である。彼らは「この世の財産をあたかも持っていないかのように」持っている。

死の力に対する抵抗と、生に対する絶対的な愛は、この新しい自由な生のあり方の特徴である。信仰は、到来する神の国への信頼に満ちた献身と、この国の近さがもたらす自由の経験である。イエスによる神の国のメッセージの背後にある黙示録的な「アイオーン」の教えが明らかにすることは、古いシステムにおける改善が重要なのではなく、根本的な代案こそが重要だということである。このことはキリスト教的には、もう黙示録的な意味を持っていない。つまり神の国はキリストにおいてすでに「近く」来ており、人間はもはやそれを待つ必要はなく、キリストとの交わりにおいて、その国を「求めて」活動的になることができる。そして人間は、神の国の義と美を自らの世界と生を形成する目標とするべきであるし、またそうすることができる。これによって神の国が彼らの手中にあるわけではない。だが彼らの手は、神の到来のために道を備え、閉じられた扉と怠惰な心を神の到着に向かって開くことになるのである。

b　パウロ

パウロにとっての救いは、イエスの献身と復活において啓示される神の義に集約される。「私たちの罪のために死に渡され、私たちの義のために蘇らされた」（ローマ四25）とパウロは述べる。十字架における死からの、死人の中からの復活へと向かう移行によって、イエスの死が神なき者たちと神から見捨てられた罪人たちのための献身であるということが、復活の光の下で啓示される。またこの移行によって、復活の光の下で現れるイエスが、十字架につけられたイエスであると認識される。献身から復活への、卑下から高挙への、死から生へのこのような転換こそが決定的に重要である。なぜなら、キリストにおけるこの転換と共に、無常から不朽へと向かう、そして世界の夜から神のもたらす新しい日の朝と万物の新創造へと向かう、終末論的な世界転換が始まるからである。(75)

それゆえに、罪人の義認を彼らの罪の赦しに縮減することは間違っている。人間が最初に義とされるのは、キリストの復活をもたらす聖霊の力においてである。イースターの朝だけ復活を祝うことももちろん間違っている。過去の負債からの解放なしには義なる生命の未来はない。

パウロは彼のキリスト神秘主義において、キリストと信仰者の互換的な内在を知っている。すなわち、キリストの中にある私たち―私たちの中にあるキリスト、という互換的な内在である[76]。信仰者は、十字架につけられ復活したキリストと同じ姿にされる。「私たちは、いつも主イエスの死を体にまとっています。それは、主イエスの命がこの体にあらわれるためです」（Ⅱコリント四10）。キリストの苦難とキリストの復活の命は同時に、信仰者の実存を形成する。それも逆説的に「見よ、死にゆくものとして私たちは生きている」（Ⅱコリント六10）と言われる。

パウロは死人の中からのキリストの復活を前提するので、イスラエルのメシア的な未来への待望を超えて、創造の約束へと向かい、キリストの中にイスラエルのメシアだけではなく、新しい人類の頭《かしら》を見出す。「最初の人間は命ある魂となったが、最後の（新たな）人間は命をもたらす霊となりました」（Ⅰコリント一五45）。そして「アダムによってすべての人が死ぬように、キリストによってすべての人が生かされるでしょう」（一五22）。ユダヤの知恵の教えによれば、神は人間を永遠の生命へと創造した。それゆえに、キリストの蘇りによって死の運命が克服されると共に、創造の約束の成就が開始される。つまり、罪と死の可能性を持たない、新たな創造における永遠の生命が始まる。なぜなら、生ける神が万物に現臨するからである。

C　ヨハネ

ヨハネ福音書において初めて、救いは完全に生命として理解され、キリスト自身と同一のものとされる。永遠の神は、充溢する生命を自己自身の中に持っており、だからこそ「生ける神」と呼ばれるのが正しい。そのように神の子もまた、自己自身の中に生命をもっており、彼がこの世に到来することによって、世の生命の源泉となり、他の人々を生き生きとさせる生命となる（ヨハネ五26）。「言《ことば》のうちに命があった。命は人間を照らす光であった」とヨハネ福音書のプローグは語る（一4）。そしてこの福音書において、イエスは自分自身についてこう語る。私は命のパンである。私は世の光である。私は復活であり命である（一一25）。これによって、ここでイエスのどのような命を意味しているかが明らかになる。それは、復活のキリストが弟子たちに現れ、彼らがすべての感覚をもって知覚したところの、永遠の生命である。

初めからあったもの、わたしたちが聞いたもの、
目で見たもの、
よく見て、
手で触れたものを伝えます。
すなわち命の言について——
この命は現れました。
この永遠の命を、私たちは見て、あなたがたに証しし、伝えるのです。
（Ⅰヨハネ一1〜2）

これは生命の充溢であり、生気で完全に満たされた命である。それは、復活して神の現臨の中に現臨するキリストの力によって、テロと死と不安から解放された生命である。それは、神の生命に完全に参与する完全に人間の生命である。それは、神が住み、そして自らも神の中に住む完全に人間の生命である。どこにそのような生命があるのだろうか？

ヨハネ福音書における答えは明確である。それはイエス・キリストにおいて「現れ」、生き生きとさせる霊において「経験され」、そしていつか未来の世界全体の生命となるだろう。

この永遠の生命は、共観福音書やパウロやヨハネ福音書が語っている「神の愛」と同じ意味を持っている。なぜなら、神が自らの中に持っている永遠の生命は、愛において神から外へと押し出され、愛される世界の創造、この世界のテロと死からの救済、そしてこの世界創造の完成へと向かうからである。愛は生命の自己伝達である。これによって永遠の生命は、愛し愛される生命となる。命に敵対する諸々の力によって脅かされるだけでなく支配されているこの世界へと向かって、子が派遣されることにおいて、神の愛が現れ、それと共に真の生命が現れる（ローマ八38～39、Iヨハネ四9）。これによって、この愛され愛する生命は人間の可能性となる。

神は愛である。そして愛の中にとどまる者は、
神の中にとどまり、
神もその者の中にとどまる。（Iヨハネ四16）

希望のエートスは、共観福音書においては、神の国の福音に対する信仰の中での悔い改めである。それはパウロにおいては、十字架につけられたキリストの蘇りがもたらす神なき者の義認の効果である。またヨハネにおいては、愛の中にある永遠の生命である。未来への回心と、生命への復活と、愛において生きられた生命が、希望のキリスト教的エートスを形成するのである。

d　このことから、生命の神学にとって何が帰結するか？

このことから、生命の文化のために今日重要な生命の神学にとって、何が帰結するだろうか？私たちはまず、このように問う。「永遠の生命は、どの程度永遠なのか？」旧新約聖書においては、永遠とは生命の量的な規定ではなく、質的な規定である。永遠の生命においては、終りのない生命が重要なのではなく、神によって満たされた生命が重要である。[77] それゆえ永遠の生命は、延命の企てや退屈な長生きとは関係がない。また永遠の生命は、無時間的な生命でもない。プラトンの不死信仰には、多くのキリスト者や神学者が従っている。そのプラトンによれば、人間は流動的で復元できない生命の諸契機が動かされた結果として、時間を経験する。これは、ギリシャ語の「クロノス」概念によって示される時間である。ギリシャ的理解では、クロノスは死を意味する「タナトス」の兄弟である。時間は過ぎ去りゆくのものであり、過ぎ去りゆくものとは死の時間である。時間が過ぎ去りゆくものの権化であるならば、永遠はそれに対立するものとして、とどまるもの、無時間的なもの、過ぎ去らないものでなければならない。時間と永遠のこの対立を生命に応用するならば、無時間的なものを考えることができても、無時間的な生命というものを考えることはできない。無時間的な永遠の表象を神に応用するならば、神は生きておらず、関係を持たない存在になってしまう。しかし聖書的伝統の神は、己の時間的被造物との生き生きとした関係の中にいる「生ける」生命である。神の永遠の生命は、あらゆる時間的な命あるものにとって生命力の源泉である。それゆえに私たちは、生命概念を永遠の尺度としなければならないのであって、永遠概念を生命の尺度とするのではない。こうしたもうひとつの永遠概念をプラトンに対して提起したのは、ボエティウスである。

　永遠とは、限りない生命を一度に全体的かつ完全に所有することである。[78]

永遠とは、生命の限りなき、まったき、同時的で完全なる享受である。これを神に適用するならば、神の永遠とは、無尽蔵に創造的な生命が充溢する神の限りなき完全なる生命力である。人間に応用するならば、永遠の生命とは、神の生命への妨げられることなき参与における生命の完全な充溢である。

　永遠の生命とは、復活したキリストにおける神の現臨によって、また神の霊によって満たされた生命である。これは満たされた瞬間における、生きられた神経験である。満たされた各々の生命の瞬間は、キルケゴールが言うように「永遠の原子」であり[79]、来たる完全性を約束するものである。

これにふさわしい時間経験は、一過性ではなく未来性である。一日における夕べの時間経験ではなく、朝の時間経験が決定的に重要である。「クロノス」は消滅し、「カイロス」がそれに取って代わる。なぜなら、カイロスは生命を意味する「ゾーエー」の兄弟だからである。空虚で過ぎ去る時間は、満たされた時間へと変化し、満たされたどの瞬間も、生命の永遠かつ完全な享受を先取りして味わうことになる。

私たちはさらに問おう。永遠の生命は、どれくらい生き生きとしているのか？　命の生命力には何が属しているのか？

人間の生命は、肯定されることによって生きる。なぜならそれは否定される可能性もあるからだ。人間の生命が永遠の生命へと定められることは、生ける神が行う人間の生命に対する一義的で無条件の肯定である。神自身が人間となり、そしてこの地上の死にゆく人々の中でキリストにおいて永遠の生命が現れる時、人類は神から欲せられ、個々の人間は自らの生存を確かなものとすることができる。彼女と彼は、望まれ欲せられ、期待されている。地上の被造物共同体における人間の創造、私たちの下における永遠の言葉の受肉、そして生命をもたらす霊の「すべての肉」への降り注ぎは、地上の生命空間における生きとし生けるものの共同体において人間存在を肯定する。自分自身のためではなく、天のためでもなく、生命の共同体において、そしてこの地球のために、人間存在は神によってこのように肯定されるのである。

「なぜ君は生きているのか？」という問いに対しては、マイスター・エックハルトが言ったように「私は生きているから生きているのだ」という答えがあるのみである。「薔薇が咲いている。

なぜということなしに咲いている。咲いているから咲いている」という詩をアンゲルス・シレジウスは詠んでいる。生命は「自己目的」である、つまり益か無益かの彼岸にある。それは自己自身の中に意味を持っている。だからそれは生きられなくてはならない。それは「値（Wert）」を持っているのではない。つまりそれは「利用（verwertet）」できない。殺してもよいとか、自殺してもよいとかいうような「生きるに値しない生」など存在しない。各々の生命は、自らの中に永遠の生命の火花を宿している。「生きる権利」は侵すことのできない人権である。各々の生命は、その尊厳において、特許や認可による商品化から守られなくてはならない。

人間を苦しめる悪にもかかわらず、また人間が互いに、そして生命そのものに対して加える悪にもかかわらず、修復し義をもたらす神の義によって、人間は「善きもの、まったきもの、美しいもの（gut, ganz und schön）」となる。[80] 神はまた、自己自身や他の生命を破壊した人間の生命をも、それを正し癒すために肯定する。これがパウロ的な義認論の意味である。ただ恩恵によって、そしてただ信仰によって、罪の被害者と加害者は義とされる。パウロがローマ書七章で叙述するように、彼らは神の義によって悪から救済され、「罪の体」から解放される。神の義とは、裁いて報復する義ではなく、癒して修復し、万物を生命へと覚醒させる「義の太陽」である。悪の強制が破られれば死の力も取り去られる。悪がもたらすテロの夜を突き抜けて神による生命の肯定が目に見えるようになる。生命を否定してこの世界に絶望する、あるいは自分自身を諦めるいかなる理由も存在しない。咎を負って死に囚われた生命もまた、神に受け入れられ、神の被造物として承認され愛される。それゆえに、人間存在の最も短い定義は、人間は神によって義とされるということである。[81] このことから帰結するのは、人間の生命が肯定と承認へと向けられているということである。なぜなら、人間の生命はこの世界において多くの仕方で拒絶され、障がいを持っているからである。また人間の生命は他面において、咎の不安によって無意味へと断罪されるからである。

生命の福音は、神が愛する地上における、愛しかつ愛される生命、人格的かつ共同体的な生命、そして人間と自然の生命に対する神の「然り」である。それは同時に、テロと死、生命への不正と暴力、諦めと無関心と死の願望に対する神の「否」である。

真に生命を生きることを欲するのであれば、生命のただ中における死の諸力に対して闘わねばならない。怠惰な思いに身をゆだねてはならない。私的あるいは教会的な生活に引きこもってはならない。キリストの復活の希望は、至るところで、またいかなる時にも、生命のための愛の行動へと勇気づける。なぜならその希望は、死に対する生命の普遍的な勝利へと眼差しを向けさせるからだ。此岸における死に対抗して生命を愛することは、彼岸における永遠の生命の未来へのすばらしい共鳴である。復活の希望は、人類が生き延びる定めを開示する。その希望は、死の要求に抗う生命を義とする。だがそれによって、私たちはすでに「生命の文化」のただ中にいるのである。

3　生命への愛

a　それでは生命とは何か？　人間の生命とは何か？　生命の人間性はどこに存するか？

生命の概念には、生物学から集められたあらゆる知識が集約されなければならないだろう。(82) だがこれは実現困難である。というのも、境界的な諸領域が存在し、一つの概念では生命それ自体の創造的未来を制限してしまうからである。生命を否定するいくつかの限界を定めてしまうほうが容易である。つまり状態としての生命は、死や死せる事物に対立するものである。活動と運動のプロセスとしての生命は、活動しないものや運動しないものに対立するものである。また始まりと終りの間において時間的に限界づけられた存在である生命は、無制限な存在に対立するものである。そして有機的な生命は、無機的な物質とは異質のものである。しかしここにはとても多くの境界領域が存在するため、否定による生命の定義は、ただ暫定的なものにすぎず、探求を助けるものでしかない。また忘れてはならないのは、「生命」は単に生物学的概念ではなく、一般的な言語使用においてとても多くのことを含意し期待を喚起するため、それを生物学に還元すれば、生命の理解を短縮化し貧しくしてしまうということである。生命を完全に理解するためには、むしろ生物学的な生命の概念を社会的、政治的、哲学的、神学的な生命の諸概念へと統合しなければならない。それらの相互的な関係を観察して初めて、生命を促進するような生命の理解が可能になる。

人間の生命は、人間によってもうけられて誕生してくる生命である。それはその種に特有な生命性を持ち、誕生と死の間に挟まれ、有機体の諸段階に緊密に結びついている。それは自己言及的な生命の諸形態に属する。つまりそれは、人間的共同体の空間において、人間的諸世代の時間において、社会的に生きられる。また環境とのエネルギー交換や、生命圏との食物交換において存在し、肉体と魂から成る全体において地球有機体の一部分である。人間の生命はとりわけ超越へと向けられており、生きている限り超越しつつある。それは現存在であると同時に存在可能性であり、自己自身の現実性であると同時に可能性である。

近代の人間学は、支配者としての人間の役割を根拠づけるために、特別な関心をもって、生命界における人間の特殊な地位を強調し、動物との違いを特殊人間的なものと評価した。[83] ここから、近代の人間を特徴づける、あの自然に敵対する人間解釈が生じた。つまり、動物は環境に縛りつけられているが、人間は世界に開かれているとか、動物は精神を持たないが、人間は精神的存在であるとか、動物には魂がないが、人間には魂があるといった解釈のことである。この背後には、市民社会の産業時代における人間の支配を正当化する大きな分断がある。それは、主体―客体、歴史―自然、精神―物質、必然―自由、文化―自然といった分断だ。これらに対して、心身を一体化して人間を捉える新たな視点や、自然と文化の共同性への生態学的な視点は、両側面にとって致命的なこうした分断を克服する歩みである。

私たちは、キリストに現れた生命にふさわしい人間の生命とは何かを問おう。

聖書的理解によれば、人間の生命は、生きとし生けるもの、動物や植物との連関においてのみ経験され生きられる。なぜなら人間は地上の被造物（創世記二章）であり、洪水物語によれば動物と共に救われたからである。ノアの契約は、人間や「あらゆる生き物」との生の契約である（創世記一〇10〜11）。聖書の「肉」という言葉（kol' basar）は、「あらゆる生き物」を意味し、人間的な生を地上のあらゆる生き物と結び合わせる。「言の受肉」（ヨハネ一14）と神の霊の「すべての肉への」降り注ぎは、人間中心的な意味を持ってはいない。

新たな心身一体的で生態学的で神学的な人間学は、包括的な生命の概念を指針としており、西洋の人間中心主義を克服するのに適している。人間が地球の中心にいるのではなく、生命が中心にある。人間の生命は、普遍的な生命の特別な部分ではあっても、その普遍的な生命の一つの部分にすぎない。人間は「神の像」として、己の特殊な課題にふさわしく被造物共同体を承認して初めて、その共同体の中で、その共同体によって、その共同体と共に、生きるのである。

人間の生命は、生命の課題としての生命の人間性とはまだ完全に一致していない。それぞれの人間は人間であるが、また人間であらねばならない。彼は人間的に生きて行為すべきである。というのも、彼は非人間的に生きて行為する可能性もあるからである。私たちは、人間の生命の人間性にとって不可欠ないくつかの要因をまとめてみよう。

１．生命の肯定　人間の生命は肯定されねばならない。なぜならそれは否定される可能性もあるからだ。成長する子どもは、母胎においてすでに肯定されなければならない。なぜなら、子どもは肯定の雰囲気においてのみ成長し、才能を伸ばし、健康に生きることができるからである。

子どもが「望まれない子ども」として拒否の雰囲気の中にいれば、精神的に歪み、肉体的に傷ついてしまう。子どもは自らの生の肯定を経験するところでのみ自己を肯定することを学ぶのであり、これが生に必要なことなのである。

2．同じことが、意識的な生命の受容にもあてはまる。人間の生命は、肯定され積極的に受容されなければならない。ただそうすることによってのみ、人間の生命は生きられて経験される生命となる。積極的な受容と尊敬によって初めて、肉体と魂におけるモチベーション・システムが活性化される。(84) 子どもが自らの生存を否定される経験をすれば、内奥において病んで荒廃してしまう。成人が否定と軽蔑を経験すれば、引きこもり、防御するようになるか、あるいは自己を軽蔑し始め、生命力を失ってしまうかである。信頼がなければ自己への信頼も発展させられない。生命がもはや人間的に経験されなければ硬直化してしまう。これはかつて「魂の死」と名づけられた。

3．人間の生命は、参加と参与（*Teilnahme und Anteilnahme*）である。参加を経験できるところで、他の生命に参加できる限り、その生命は生き生きとする。私たちは再び、逆のことを簡単に試すことができる。不参加は無関心をもたらすものであり、病んだ状態である。完全な不参加は、生きられていない生命、「死せる生命」である。人間の生存（Dasein）とは、社会的に存在するということである。人間的にここに存在する（da zu sein）ということは、関心を持っているということである。つまりあなたは関心を持っている限り、生き生きとしているのである。人間の生命は諸々の関係において存在する限り、生き生きとしている。生命にとって重要な諸関係の喪失は「社会的な死」をもたらす。それはたいてい、人間全体の本当の死の前段階である。

4．人間の生命は、充足への努力によって特徴づけられる。この努力から、人間の生命は原動力を得る。充足への努力は「生存競争（Kampf ums Dasein）」に属する。これは、アメリカ憲法で人権について言われているところの「幸福の達成」である[85]。私たちはまた「満たされた人生」、「良い人生」、「成功した人生」、「幸福な人生」、あるいは「有意義な人生」について語る。とはいえ私たちはいつもほとんど同じことを語っている。人間の生命の潜在能力は　その生命を完全に肯定し満足させられるような仕方で実現されるべきである。有意義な人生を送るための二つの道が形成されてきた。それは、世界における人間の責任への参加による道か、あるいは自己実現による道である。だが両者は根本において互いに属しており、互いに切り離すことができないものである。なぜなら、人間の自己は世界へと属し、世界は人間の自己へと属しているからである。

要約しよう。「人間の生命は肯定され、受け入れられ、関心を持たれ、満たされた生命である。」それは生きられ、経験され、受け入れられ、愛されなければならない。

このことから第二の根本命題が帰結する。意識的に生きられた生命は、それによって自己の内に矛盾を保ち、この矛盾に耐え、それを克服する生命である。「死をはばかり荒廃から純粋に守

られる生命ではなく、死を耐え、その中で維持される生命が、精神の生命である」。(86)
私たちが前節で語った「永遠の生命」は、この生において地上で「経験できる」のだろうか、それとも死の彼岸において初めて期待すべきものなのなのだろうか？　その答えは、以下のようなものである。永遠の生命は、愛され愛する生命において、いかなる瞬間にも感覚的に経験され得る。なぜなら、愛――ヘーゲルはそれを「精神」と呼ぶ――は死と同じほど強く、しかも死を乗り越える生命の、真の始まりだからだ。

b　共同の生命のための政治

1．最初の手引き。

一九四五年の広島への原爆投下は、人間の歴史の質を根底から変えた。つまり私たちの時代は、期限つきの時間となったのである。「核兵器のない世界」という夢は、なるほど美しい夢ではあるが、希望的観測でしかない。人間がいつの日か、今の破壊能力を再び手放すだろうなどと、誰も真剣に当てにはしない。一度覚えた公式は忘れることができない。人類は広島以来「核の無垢」を失い、それを二度と獲得することはできないだろう。

核時代が人類の最後の時代だとするなら、今日において人間の生き残りのための闘争は時間との闘争を意味する。人類の生き残りのための闘争は、核の終末に対する闘争である。生命のための闘争は、核の終末に抗う闘争である。私たちは、この地上で脅かされている生命に繰り返し新たに時間的猶予を与えることによって、自らの終りの時（Endzeit）をできる限り「終らなく（end-los）」しようと試みる。この終末の延期をめぐる闘争は、生き残りをめぐる永遠の闘争である。それはうまくいってもせいぜい勝利なき闘争、終りなき闘争である。私たちはこの核の終末時を延長することはできるが、私たちと後に続くすべての世代は、この終末時において核爆弾というダモクレスの剣の下で生命に「猶予を与え」なければならない。人間という種の生存時間は、もはやこれまでのように自然によって保証されるのではなく、人間が自覚的な生き残りの政治によって作り出さねばならない。これまでは、疫病や世界戦争の後に自然が人類を再生してきた。これまでは自然が、個々の人間のもたらす破滅から人類を守ってきた。だがもうこのことは今後にはあてはまらない。「生命」は広島以来、人間の文化にとって避けられない第一の課題となった。政治的文化にとっても同様である。それは、今日のあらゆる決断を来たる諸世代を視野に入れて考えなければならないということを意味する。これはすべての人間にとっての新たな、これまで知られてこなかった責任である。

2．核時代は、あらゆる国民とあらゆる人間にとって初めての共通の時代である。この地上の諸国民の多くの異なる歴史から、広島以来、唯一の人類共通の世界史が生まれたのである――但し、さしあたりただ否定的に、相互の威嚇と破滅の共通の危険の中でではあるが。

諸国民は今日、人類史上初めて共通の時代に入った。なぜなら全員が核によって破滅させられるかもしれないからである。この状況下で人類の生き残りを考え得るのは、諸国民が生き残るために集合的な行為主体へと組織化される時だけである。人類の生き残りは、広島以来この致命的な危険を共に防ぐための諸国民の団結と不可分に結びついている。人類の一致だけが生き残りを保証し、各個人の生き残りは人類の団結を前提する。核の脅威の時代から救う人類の団結とは、諸国民の個別利害を相対化すること、葛藤をはらむ諸々のイデオロギーを民主化すること、様々な宗教を承認すること、そして万人を共通利害の下におくことを要求する。

c　治安ではなく、正義が平和をつくる

今日威嚇によって平和を確保することはもうできない。なぜなら自爆テロリストを威嚇することはもはやできないし、生物化学の毒を用いた攻撃に対して安全を確保することは困難だからである。聖書的な伝統とキリスト教の信仰経験は、ただ義（die Gerechtigkeit）のみが持続的な平和（シャローム）をもたらすと語る。それゆえに、義なる行為と世界全体の義への配慮の他に、平和に至るいかなる道も存在しない。あらゆるキリスト教の報告文書がこのテーゼを主張してきたのは正当である。だが「義」とは何だろうか?

ユダヤ教徒とキリスト教徒は、世に正義をもたらそうと欲する時、神の義に関する自らの経験から出発する。神の義は彼らにとって、創造的な、正義をもたらす（gerechtmachende)、権利をもたらす (rechtsschaffende) 義として経験される。神とは義である。なぜなら神は、権利を失った人間に権利をもたらし、正しくない人間を正すからである。神の義は救いをもたらす義である。神はこの義によってあの永続する平和、すなわちシャロームをもたらす。

ここから結論されるのは、不正と暴力が支配するところでは、たとえそこで「平穏と秩序」が強いられていようと、いかなる平和も存在しないということである。治安と威嚇ではなく、義が

平和をもたらすのだ。不正は常に不平等をもたらし均衡を破壊する。ただ暴力によってのみ不正のシステムは生き永らえることができる。暴力が支配するところではいかなる平和も存在しない。暴力が支配するところでは、生命ではなく死が支配するからである。

聖書的な伝統およびユダヤ的、キリスト教的な信仰経験は、ある包括的な平和について述べる。なぜならそれらは神の平和を語るからである。シャロームとは、神が創造した生全体のあらゆる諸関係が聖化されることを意味する。それは生を与える神、他の人間たち、そして他のすべての被造物との共同体における、祝福された生である。それはすなわち、神との平和、人間同士の平和、自然との平和である。神のゆえに、人間はシャロームを宗教的なものや個人的なものへと縮小することはできない。シャロームは、普遍的で持続的たらんとする傾向を持つ。ユダヤ教徒とキリスト教徒がシャロームについて歴史の中で経験することは、彼らの理解に従えば、やがてあらゆる被造物を永遠の命へと導く神のあの平和の、始まりと先取りなのである。ユダヤ教とキリスト教はその最良の局面においては、あらゆる国民とあらゆる被造物のための、具体的な平和の希望の運動である。

このことから、歴史における平和が状態ではなく過程であり、個人的な所有物ではなく共同の道であることが結論される。平和とは暴力の不在ではなく、義の存在である。

持続的な平和は歴史の中で、現在の世代のためだけに存在するのでは決してなく、世代間の正義に対する責任からもたらされる。人間性は諸世代の連続として創られている。それゆえに各世代は過去の世代のつけを負っており、各世代は来たる世代の生に対して責任を負っている。人類のこの書かれざる世代間契約における正義だけが、持続的な平和に奉仕する。歴史における平和とは、安穏としていることができる状態なのではない。その平和は常に、人類のために生きる時間をつくり、来たる諸世代の生命を可能にするべく歩んで行かなければならないような道なのである。

d　無力から共同体へ

貧困と富裕に対する質的な代案は、共同体である。連帯的共同体においては、あらゆる成員が諸々の関係、兄弟姉妹、友人と隣人、同胞と同僚を豊かに持っており、信頼を豊かに持っている。そのような共同体において、私たちはたいてい助け合うことができる。人間が互いのために存在するのと同じように、人間の観念と力と手段もまた、すべての人々のために存在する。連帯的共同体において、私たちは己の生そのものを手中にしており、私たちを支配し掠奪しようとする人々の手から免れている。あらゆる支援的な行動は、上から指示されるのではなく、底辺において生まれた。幼稚園、隣人どうしの助け合い、協同組合、労働組合、多くの市民運動は、見渡せる範囲内での人間の自然な団結に起源を持っている。これらは発展の過程において初めて、専門化され組織化されていった。社会における大きな官僚組織では、常に欠乏が支配的であり、その欠乏を管理しなければならない。相互扶助を目的とする自発的な結びつきにおいては豊かな生がもたらされる。人間が「私たちは民だ」と言う勇気を発見すれば、一九八九年の旧東ドイツのように独裁者は倒れる。キリスト者の会衆が「私たちは教会だ」と言えば、それは成熟したものとなる。

「分割し支配せよ」という古代ローマにおける支配のモットーに従って、現代社会の人間を無力で操作可能なものにするのは、共同体の個人化である。これに対立して、底辺における共同の生のための連合から民の力が生じ、そこですべての人々が公正に参与できる公益がもたらされる。これは世界市場の次元にもあてはまる。諸々の民が、世界市場のために生産するよりも前にまず自己自身を養う自由を獲得すれば、すべての人々が満ち足りることができる。そのために彼らは、外国の権力とグローバルなコンツェルンによって彼らから取り上げられてしまった自らの土地の権利を要求しなければならない。

人間は貧困においても、その貧困が共に担われ公正に分かち合われるなら、幸福に生きることができる。不正が初めて貧困を苦痛に変える。共同体の解体が初めて正当な怒りをひき起こす。すべての人々が同じ状況にあれば、人間は互いに助け合う。平等でなくなれば、助け合いはしばしば終わってしまう。共に生きる生活の諸形式については後ほど立ち返ることにしよう。

e　支配から共同体への方向転換

人間社会を周囲の自然と結びつける生のシステムにおいて、自然の死の中で危機が訪れれば、その危機は当然、システム全体の危機、生活の態度や生活の営み方の危機、とりわけ基本的価値と信念の危機となる。森の死には精神的ノイローゼが対応し、水の汚染には大都市における多くの住民のニヒリズム的な生活感情が対応する。私たちが経験している危機は、単に「生態系の危機」なのではなく、単に技術的に解決することもできない。信念と基本的価値における方向転換が、生活の態度や営み方における方向転換と全く同じように必要なのである。どのような関心やどのような価値が、私たちの科学技術的文明を支配しているのだろうか？　それを簡単に言えばこうなる。現代の人間を大地の自然に対する権力掌握へと駆り立ててきた、そしてさらに駆り立てているのは、支配への際限なき意志である。現代西洋文明は成長と拡大と征服を一面的に目指す最初のものだった。権力の獲得と権力の確保が、事実上価値を持ち一切を規制する私たちの社会の基本的価値である。なぜそうなったのだろうか？

どうやらそれは、現代人の宗教に最も深い理由がある。ルネッサンス以来の西欧において、神はますます一面的に「全能者」と理解されるようになった。万能は、全能者の神性が有する卓越した属性と見なされた。神は主であり、世界はその財産であり、神はそれを用いて自分が欲するものを作ることができる。神は絶対的な主体であり、世界はその支配の受動的な客体である。西洋の伝統において、神はますます超越の領域へと移され、世界は純粋に内在的で此岸的なものと理解された。神は世界を持たないものと考えられ、それに従って世界は神なきものと理解された。世界は神的な創造の秘義を失い、学問的に「脱魔術化」することができた。マックス・ウェーバーがこの過程を適切に叙述した通りである。近代西洋的キリスト教の厳格な一神教は、世界と自然を世俗化する本質的な要因の一つとなった。

人間は地上における神の似姿として、それに完全にふさわしい支配者として、すなわち認識と意志の主体として、自己を理解しなければならなかった。そして受動的な客体である世界に対峙し、その世界を服従させなければならなかった。なぜなら、地球に対する支配によってのみ、人間は世界の支配者である神にふさわしくなることができるからである。神が世界全体の主であり所有者であるように、人間も自分が神の似姿であるということを証明すべく、地球の主と所有者となるように努力しなければならない。慈しみと真実によってではなく、忍耐と愛によってでもなく、権力と支配によって、人間は自らの神に似るものとなる。

私たちが地球の自然の中で、他のあらゆる生き物と共に同じ家族に属しているということを知るために実行しなければならない方向転換は、私たちが指針とする神像において開始されなければならない。それは、一方的な支配から相互的な共同体への方向転換となる。

三位一体の神は――すでにその名が表現しているとおり――すべてのものを自らに服従させる天における孤独で無関心な支配者ではない。この神は、関係に富み、関係の能力を持った、共同体的な神である。「神は愛である。」古代の三位一体論は、この経験の解釈であった。これが真実であれば、人間は支配と征服によってではなく、共同体と生を促進する相互性によってのみ、この三位一体の神にふさわしくあることができる。孤独な主体である人間ではなく、真に人間的な共同体が、地上における神の似姿なのである。個々の部分ではなく、被造物共同体が全体として神の知恵と美を反映する。

万物における神の霊に気づくことから、新たな世界の展望が生ずる。神の霊があらゆる被造物に注がれているのであれば、神の霊はあらゆる被造物の相互の統一と共同体をもたらし、そしてあらゆる被造物の神との統一と共同体をもたらす。生とはコミュニケーションである。被造物の生は、コミュニケーションを行う被造物共同体である。こうした相互的な生の関係の網目は神の霊によってもたらされるが、この点で神の霊を「宇宙的な霊」と呼ぶこともできる。

被造物共同体における神の霊の知覚は、私たちが探し求める新しい生態学的な自然理解にふさわしい。技術的世界像の時代は、人間の自然に対する主体性と専制の時代でもあった。人間存在の主体性と自然的存在の物象化は、互いに影響し合っていた。共同の世界のこうした分裂によって自然と人間の相互破壊がひき起こされてはならないのであれば、私たちはそのような分裂を、文化と自然のコミュニケーション的で相互性に基づく共同体の新たなパラダイムに取りかえなければならない。

f　私たちは星屑だ

宇宙に「強い人間中心主義的原理」が見つからない時、なぜそれが私たちを憂鬱にするのだろうか？　宇宙の沈黙のせいで、私たちは自己賛美的な感情を害されるのだろうか？　私たちはいったい宇宙の「頭《かしら》」なのか、あるいは少なくとも、有機体の物質や段階の仕組みにおいて頂点をなしているのだろうか？　あるいは私たちは間違って問いを立てたのだろうか？　宇宙にいかなる人間中心主義的原理も存在しないというのであれば、人間学における宇宙的原理は存在しないのだろうか？　宇宙は地球という惑星上に人類が出現することを目指す必要はないが、私たち人間は宇宙を目指し宇宙に依存している。私たちは「星屑」だ。人間生命の基礎的分子は、超新星の爆発に由来し、宇宙全体に散らばっている。宇宙の諸要素が私たちの肉体の構成に現存している。私たちは宇宙の一部なのだ。この事実から、人間的ミクロコスモスが宇宙的マクロコスモスに対応するという宇宙的人間学がもたらされる。宇宙が人間の認識において、そして一般的に人間の意志において宇宙自身を意識するに至るというのは、古くからある魅力的な観念である。

私たちの宇宙論的知識がたとえ断片的なものであっても、あるものが私たちにとって何を意味するかと問うだけでなく、あるものが宇宙にとって何を意味するかと私たちが問う時、宇宙論的な人間学に対応して人間学的な宇宙論が成立する。

人間の意識の未来は、宇宙の未来へと収斂するのかもしれない。宇宙をめぐるキリスト教的な終末論においては、エフェソ書やコロサイ書が叙述するような宇宙論的キリスト論が、新たな創造のヴィジョンにおいて、人類の運命を宇宙の運命と結びつける。宇宙の熱死あるいは凍死の可能性に関する推測が、宇宙の無意味さによってたとえどれほど私たちを恐怖させようと、私たちはキリストのゆえに、永遠に生ける神が将来万物に住まうことによって宇宙が神化されるということを信ずるのである。

第2節　医療の倫理

1　判断形成のためのいくつかの基準

現代のバイオエシックスのいくつかの問題領域にたどり着く前に、判断形成のための本質的な基準をいくつか明らかにしなければならない。

1．生命のプロセスを支配する科学的・技術的な力が大きくなればなるほど、そこに参加するあらゆる人間の責任はより広い範囲へと及ぶ。[87] かつては誕生と死、健康と病気は、自然と運命によってかなり制御されてきた。人間はそこでさほど事態を変えることができないことを甘受してきた。彼らは自らの身体における自然の経過を神の意志として受け入れるか、自らを運命に委ねるかしてきた。ヒポクラテスの誓いは、生命を保護し促進することを命じたが、それは、自然と運命の限界の中にある生命のことだった。生命発生の研究と生殖医学の大いなる発展は、自然に対する人間の依存をますます後退させ、人間の可能性の領域をますます拡大させつつある。何事ももはや運命ではなく、すべてが可能となることが目標であるように見える。人間は自らの体躯の主人となり、自己自身の可能性となる。しかし、可能だからといってすべてを行う必要はない。賢明な仕方で生命を促進するべく、獲得された力と関わるためには、社会は学者や医師が守るべき倫理的な基本原則や規則を確立しなければならない。ヒポクラテスの誓いは医学的実践にとってだけではなく、諸学問そのものにも当てはまる。使用する際に倫理的に責任を負うことができず、法的に規制することもできず、しかもその使用結果を予測できないというような力を作り出すのは、愚かなことである。これまでの自然的な規制システムは、社会的システムに取って代わられる。それゆえに私たちは健康「政策」、人口「政策」、科学「政策」について語るのである。私たちは、かつて自然と運命が支配していたまさにその場所で、倫理的な規則について問わなければならないのである。偶然や運命といったあの諸々の力は、いつも盲目なものとして描かれていた。しかし人間の力は、それが人間生命、および人間生命の人間性を保護し促進すべき力なのであれば、目で見ることができる力でなければならない。自然と運命を「神の意志」として受け入れる代わりに、今日では人間的倫理における神の意志が問われなければならない。

2．人間の本性は、自由という本性である。なるほど各人の具体的な自由は、その身体的で精神的な素質によって限定されている。自らの誕生の場所や時間も、それゆえ生の場所や時間も、さしあたり人間の手中にはない。しかし、自らの本性や運命からは、いかなる行為の指示も与えられることはない。人間が「特異な地位」において自分自身の本性（Natur）と対峙しているのであれば、「本性に忠実であること」への要求が、なぜカトリック教会にとって不可欠の教説でなければならないのか私には理解できない。人間は肉体であり、身体を持っており、それゆえに自然（Natur）であると同時に、自然を持っている。[88] 存在と所有の両義性に、自由であるという人間の本性が現れている。生命の倫理は、存在と所有のあいだで保ち得るバランスを探し求めるだろう。人間は自らの行為と無為に対する責任を負わねばならない。人間は自らの責任を「自然」へと転嫁することはできない。生命を危険に晒さないあらゆる手段を用いた産児制限は、親としての責任に属している。ピルやコンドームを使用するか否かが問題なのではなく、それらをいかに使用するかが倫理的な問題である。クナウス・オギノ式は、確かにより自然に任せた方法だが、だから倫理的により良いものだということにはならない。生物学主義的な自然概念は、人間生命の誕生に対する人間の責任にはふさわしくない。精子と卵子の融合のたびに新たな人間生命が生じるという事実だけでなく、責任を正しく負うべき母と父が生じるという事実を強調するほうがより重要だと私は思う。また、出産をコントロールする領域で議論されていることが、死をコントロールする領域で沈黙させられてはならない。この領域においても、生物学主義的な自然概念は、死の尊厳と人間性とを無視している。

3．キリスト教的な見解によれば、各々の人間生命は地上における神の似姿として創られたものであり、そのようなものとして尊重されねばならない。この神の似姿性には、二つの次元がある。それは第一に神の人間関係であり、第二に人間の神関係である。[89] 神は、そのような人間生命に対する関係の中へと身を置くので、人間生命は、神の神性を鏡のように反映するのである。

神の人間関係は普遍的なものであり、破壊しえず、譲渡しえない。これに対して、人間の神関係は潜在的であり、神に対応する責任ある生によって実現できるか、あるいはそれに矛盾して実現できないかのどちらかである。神の人間関係は、神が人間となることにおいて目に見える姿となり、具体的な形となる。このようにイエス・キリストにおいて人となることはまた、永遠の神の言葉の受肉でもある。「神のあらゆる業は、肉体性において終る」と、十八世紀のフリードリヒ・エッティンガーはラ・メトリの「人間機械」に反対して言った。人間の肉体性の中に神的なものを見出して尊重することは、今日においては、人間の肉体性のコンピューター化に反対するために必要な対抗計画である。これは、ディートリヒ・ボンヘッファーが言った「死と復活の認識が常に現在的である」ような、「キリスト教の深いこの世性」である。[90] 生命に対する愛は、生命の肉体性と感覚性に魂を与える。そして復活の希望は、生命が死ぬという定めを受容することに人を備えさせるのである。

４．厳密な学問的認識に至るためには、研究対象は客体化されねばならない。その対象は研究関心に従属させられるために、他の諸連関から孤立させられ、その対象の生成過程の一つの要因へと還元されねばならない。「理性は、それ自身が自らの構想に従ってもたらすものだけを洞察するのであり、理性は永続的な法則に従う自らの判断の諸原則をもって先導しなければならず、また自然を自らの問いに答えるように強要しなければならない」とカントは言った。[91]「構想（Entwurf）」は、問題設定を行って、それによって自然に対して答えを要求し、他の問題設定を重要でないものとして排除する。「構想」は、問われている自然が理解され、また人が適切な判断に至る意味の地平を確定する。知覚と判断は、自然が観察に引き入れられるパースペクティヴに依存する。実験においてはその都度、提示された問いに対して自然が答えを要求されるところの局面だけが取り出される。これは作為的であり、切り離された抽象的な状況である。出来事の正しさの基準は、その出来事の反復可能性である。

そのような客体化と孤立化と還元は、学問的に実証可能な出来事へと辿り着くために方法上は必要なものである。しかしそれらの出来事を単に確定するだけではなく理解するためには、私たちはそれらの出来事を、それらが取り出されてきたより大きな連関の中へと統合しなければならない。諸部分の研究はまだ、全体の理解へと導くものではない。学問的な方法は、イデオロギー的な還元主義へと向かってはならない。私たちがこの還元主義を避けたいのであれば、専門化した諸学問を結び合わせ、統合的な学問を構築しなければならない。例えば、地球科学や脳研究において、そうしたことが起きている。もう少し普遍的に語れば、私たちは、専門的に分析された身体部分を、人間学的に人間の身体の有機体全体へと統合し、身体の有機体全体を人格の生命の歴史へと統合し、諸人格をその社会へと統合し、その社会を人類の共同体へ、また生態学的に地球の生命共同体へと統合し、すべてを一緒に、私たちが生きて判断するところの価値と確信のシステムへと統合するだろう。人はまたこのことを自らの病気体験において明らかにすることもできる。つまり病気は病人によって客体化されるが、重病の場合には病人は彼の生活世界から取り出され、病院へと運ばれ、もしかすると隔離病棟へと入れられることになる。治癒すれば逆のプロセスが起きる。つまり人は通常の状態へと移され、解放され、自分の生活世界へと回帰することになる。再統合のプロセスは孤立化のプロセスに対応するが、前者は後者と同じ程度に必要なことであり、場合によってはいっそう困難なことでさえある。

このことは倫理学にとって何を意味するのだろうか？　個々の部分をそれだけで見てはならず、それらの諸部分が相対的な全体にとって持っている意味を理解しなければならないということである。

5．「誰であれ、できること以上の義務は負わない（Utra posse nemo tenetur）」。キリスト教的エートスは抽象的でも厳格でもあってならず、人間が「力に応じて」できることと、人間にとって客観的に可能なことに配慮しなければならない。カントの「汝為すべきであるが故に為し能う（Du kannst, denn du sollt）」というモットーは幻想である。なぜなら当為（Sollen）は可能性（Können）のエネルギーを何も供給しないからである。神の名において人間が満たし得ない要求をする者は、神を冒瀆している。満たし得ない要求をする者は、自分のその要求が実現されることなど全く欲してはおらず、たいていは自分自身の正当化と他の人間の格下げに懸命なのだ。実行不可能な過剰要求は、無責任であるのと同様に、道徳的な無関心でもある。右の中世の根本原則は、倫理的要求と人間の自己叱責の限界をとてもよく言い表している。人はできることやあり得ることを行うべきではあるが、自らの限界をもまた知るべきである。いかなる人間も、自分自身を解体する義務を負ってはいない。そんなことをすれば倫理の主体を破壊してしまうからである。あり得ないことは要求することも期待することもできない。生命の倫理は生命に仕えるべきであるが、行為者の生命にも仕えるべきである。人は自己自身を愛するように隣人を愛すべきである。これは健全な自己愛を前提している。自己自身を軽蔑する者は、自らの隣人を愛することもできないだろう。自己自身を疑う者は、自らの隣人をも疑うだろう。前提されている自己愛は、自己自身を求めるあのエゴイズムとは無縁である。なぜなら、そのようなエゴイズムは、自己自身をなくしたか、あるいは自己実現を欲するくせに自己を知らないか、そのどちらかだからである。神の純粋な愛によって受容されているがゆえに自己自身を受容することは、キルケゴールが「自己であることに絶望しているか、または自己でないことに絶望している」と描いた状態からの解放をもたらすのである。(92)

6．治療法が完璧になればなるほど、医師たちは生と死について決断しなければならない境界例に出くわし、以下のような倫理的ジレンマに直面する。医師は外的な基準に従って、患者の「価値」を評価すべきだろうか？　そうであれば、臨床的に見て生存のチャンスが大きい者が生き延びなければならない。それとも、社会的「価値」のより高い者が生き延びるべきだろうか？　生き延びる人々に対する肯定的な判断は、助からない人々への否定的な判断を意味するのだろうか？　人間を財産のように互いに比較して選定することができるだろうか？　そのような判断を下す者は、自分自身の不可侵性も破壊してしまうのではないだろうか？　そのような境界例において、簡単な解決は存在しない。ある生命のために他の生命を犠牲にするどのような決断の後にも、形而上学的悲しみとでも言い表したい感情が残る。これは道徳的な罪悪感ではない。なぜなら、たとえ他に選択肢がなくとも歴史の悲劇性の感情があるからである。この悲劇性を意識することは良いことである。なぜならこの意識は、救われた命は救えなかった命よりも価値が勝っているという誘惑的思考に対して抵抗力をつけるからである。ひとはそのような避けがたい決断が良くないものだと意識し続けている時だけ、それらの決断に満足することはない。生と死の境界例における医師の決断は、危機的状況における政治的決断に似ている。ひとは悪しき条件下で少しでも良いことを行わねばならないが、それが良くないということを知っていなければならない。歴史におけるそのような悲劇的行為は、道徳を超える仕方で、和解へと向けられている。このような意識は、エートスを健康に保つ。なぜならそれは、不活動をもたらす厳格な倫理の誘惑から身を守り、いかなる人間にも、他の人間の生と死に対して神の役割を演じさせることがないからである。

生と死の境界における決断のための、倫理的な常識基準は存在するのだろうか？　医療倫理に関するゼミナールの席で、ある経験豊富な医師が私に「疑わしきは命のために（In dubio pro vita）」と語った。生命を救う可能性がわずかでもあれば可能なことを試みよ。そして可能なことがもう何もなければ避けがたい結末を受け入れよ。

2　生命の誕生

私たちが受けとった生命を次世代に手渡し、自らを世代連鎖の中に組み入れるということは、本来自明なことである。今日しばしば宣言される、未来世代と現世代の同等な生存機会に関する世代間契約は、世代の継続を前提する。生命の受け渡しは、自己の生命に対する感謝と、未来の生命に対する希望とを表現する。誰も十分な理由なしに、生命の受け渡しから逃れるべきではない。

それでは子どもは、結婚もしくは人生のパートナーシップの目的なのだろうか？

否、私たちはキリスト教の領域では、イエスの誕生によってイスラエルのメシアと諸国民の救世主が生まれ、イエスによって「約束の子」がすでにこの世界に到来したのだということを前提している。それゆえに私たちは、私たちの男の子孫からメシアを待ち望むことはもはやない。したがって、父親たちや息子たちの宗教的で法的な特権はなくなる。妻たちや娘たちも、同等に霊の賜物を受けており、また同じ洗礼を受ける（ガラテヤ三28）。神の国の相続権は、神の娘たちにも息子たちにも同等に当てはまる。それゆえに両方の性の子どもたちが人類の希望の担い手なのである。平和の国がイエスと共にすでにこの世界に現臨しているのであれば、子作りや出産の宗教的義務はもはや存在しない。婚姻は目的共同体ではなく、愛と友情と相互の尊敬において生きられる。性は相互的で共にある喜びのひとつの領域である。

子どもたちが神の贈り物だというのは正しいことであり、その両親あるいは関係者によって、

「天の国に属する」（マルコ一〇14及びその並行箇所）「神の子どもたち」として尊重される。これによって、どの新生児に対しても、希望の特別な光が当てられる。どの子どもも、世界に新たな生の始まりをもたらし、神のもたらす新たなる日の朝焼けに向かって成長していく。子どもたちはこのように、自らを自主的に発展させることができる超越的な次元において受け入れられ尊重されなければならない。子どもたちを大人の世界の伝統的な生活の型へと押し込める社会は、自らの未来を失うのである。各々の子どもと共に、新しい何かが世界へともたらされる。私たちは子どもの誕生において、こうした生命の新しい始まりの魅力を認識する。だからこそ、どの子どもに対しても、その子自身の未来を開いておかなければならない。大人たちに対する子どもたちのメッセージは、「あなたがたは子どものようにならなければ、神の国に入ることはできない」（マタイ一八3）ということである。これに加えてハンナ・アーレントは次のように言う。「どの人間も生まれてきたということに基づいて、世界における一つの起源（ein initium）、一つの始まり、一人の新人であるから、人間は主導権を握ることができ、初学者となることができ、新たなものを動かすことができるのである」。アーレントがこう言うのは、始めることができる自由を、自律としての自由から区別するためである。(90)

a　不妊手術による人工授精による妊娠調節(91)

妊娠調節とは、性的な禁欲、性交を女性の妊娠不可能な日に限定すること、または物理的生化学的な手段や不妊手術によって、子作りや妊娠を意図的に制限することだと理解しておこう。

また逆に妊娠調節とは、人工授精、体外受精、代理母、遺伝子操作による、意図的な不妊の克服でもあると理解しておこう。

私たちはまず、人間による自然へのこうした二つの介入を考察し、その責任可能性について問うことにしよう。私たちが前提するのは、人間が前述のように定義された自由を本性とし、それゆえに自分自身の肉体の欠陥を修復する権利があるということである。

不妊手術に関する倫理的な議論はいつも、一般的な問題と特殊な問題をめぐるものだった。人間は、生命を孕んで産む権利を持っており、また生命を病気から守る権利を持っているのだが、生命を妨げる権利も持っているのだろうか？　不妊手術は、生命を妨げる究極の行為だから自然に逆らうものであり、それゆえに神の意志にも逆らうものだろうか？　これは長い間、カトリックの道徳理論の問題だった。今日キリスト教においては、妊娠調節の権利は一般的に承認されているが、この権利は責任ある両親だけが行使することを要求される。人間の自然な多産性の中に神の創造者としての意志が明らかであるとしても、両親はできる限り多くの子どもをもうけなくてもよい。

不妊手術も避妊行為と同じ問題である。ただし、後者では一時的なことが前者では恒久的になる。それは、生殖と妊娠の能力を回復不可能な仕方で終らせるから、人間の肉体の不可侵性への介入である。私たちはここで、遺伝病患者や障がい者に対して強制不妊手術を行ったナチの犯罪、あるいは性犯罪者への不妊手術のことを考えるのではなく、結婚か生活における双方のパートナーの願いに基づく、およそ四人目以降の子どもに関する、あるいは四十歳以降の年齢での、自発的な不妊手術のことを考えることにしよう。そのような例が五十年前、ドイツの新聞によって報じられた。ドールン博士という人物が、ある女性の希望に基づいて卵管結紮を行った。人間には自分の身体をいつでも意のままにできる自由な権利があるのかどうかについて、またその当時「良俗」と呼ばれた、この身体という所有物への社会的義務づけがどこで始まるかについて、議論が戦わされた。

基本法の条項２・２が述べているように五体は不可侵であるが、しかしそれは社会的コミュニケーションの連関の中にある。そして、身体的生命が持つこうした社会的側面は、自分だけでは決定できない。なぜなら肉体が衰弱する際は、社会が援助するために介入すべきだからである。誰も、他人に自分を世話させるために自分の体を切断したりしてはならない。また、ひとが薬物依存によって社会福祉の受給者となることは、たとえ意図的ではなくとも無責任である。それでは、自発的な不妊手術は社会的な義務を傷つけるだろうか？　それは社会的義務を負う身体器官に関わることだろうか？　否、自発的な不妊手術は非道徳的ではなく、また当事者を非社会的にすることもない。妊娠能力の保持や行使を社会的あるいは政治的な義務にすることはできない。

結婚生活において子どもの数を制限することは、女性の尊厳も男性の尊厳も傷つけない責任ある決断である。「誰であれ、できること以上の義務は負わない。」現代社会は、絶えざる奨励や試行錯誤にもかかわらず「子どもにやさしい」社会とは全く言えない。多くの子どもを持つことは、多くの家族にとって依然として社会的な下降を意味する。かつてしばしば主張されたように、結婚生活において自発的な不妊手術が性的な享楽欲をもたらすということはないし、またナショナリストが嘆くように、家族における子どもの数の制限が国民の滅亡をもたらすということもない。ドールン博士は当時、女性の自発的不妊手術によって恐ろしい中絶を減らしたかったのだと言って弁解した。これは正しいけれども、男性の不妊手術が女性のそれよりはるかに安全であるにもかかわらず、男性はそのような手術へと動かされにくいという恥ずべき事実がある。そのような手術を受け入れやすくするのは、以下のような証拠が明らかにされる時である。家族がすでに三人か四人の子どもを持っており、さらに子どもを育てることができないという社会的な証拠、また夫婦が所与の原因から大きな障がいや重病を持った子どもを産むことを恐れなければならないという優生学的な証拠である。手術は医師が行わなければならないので、すべての関係者に十分な理由が明らかにされることが重要である。

現代の産業社会では男性の生殖力が急激に低下しているため、人工授精は今日ますます求められるようになっている。ここでも問題となったのが、両親が自らの体質を「神の意志」として受け入れるべきか、あるいは神の名においてその体質を修正する権利を要求してもよいかということだった。人工授精が可能となった時、それは法的にも倫理的にも新たな事態であった。女性の夫か生活パートナーではない男性の精子を用いた人工授精、すなわち非相同的な授精は法的に排除された。これに対して相同的な授精は、心配ないものとされている。そうこうするうちに西洋社会においては、非相同的な授精もかなり広がり、夫婦や独身女性が精子バンクで精子を注文できるようになった。アメリカにおいて私はある大学新聞で、どのように無報酬で精子が提供されたかを読んだ。どこに倫理的な問題があり、どこに法的な問題があるだろうか？

「優生学プロジェクト」と称して、一九六二年にロンドンで「人類の優生学的な未来」について有名なＣＩＢＡ会議が行われた。私はこれに続く一九七二年にバーゼルでホフマン・ラロシュ会議に参加して講演を行い、かのプロジェクトの最も重要な代表者たちに会った。(95) このプロジェクトの基本理念を以下において説明しよう。

――自然淘汰は人類の未来を脅かす。なぜなら能力のない者たちが増え、能力の高い者たちが減るからである。その結果、文明的な諸国民において人類の遺伝的素質が悪化する。それゆえに私たちは、先進諸国民における人間の遺伝的資質を改善する必要がある。能力がある者たちや教養がある者たちに対して、税制の促しによってより多くの子どもをつくるように仕向けても十分ではない。ＡＩＤ、つまり「ドナーからの人工授精（artificial insemination from a donor）」による人工的選抜へと移行しなければならない。それは一方では遺伝病を排除するためであり、他方では「健康と知性と才能」を促進するためである。

――そのためには「心と精神と肉体の卓越した能力」といった、価値ある遺伝的素質を備えた精子バンクを設置すべきである。それに対応して、遺伝的に選抜された卵細胞を保存すべきである。ナノテクノロジーや遺伝子工学によって遺伝的素質を改良することは可能である。

「人類の理想的な前衛は、健康で遺伝的な進歩を導入するだろう」と言って、ヘルマン・ミュラーは一九六二年に「優生学プロジェクト」を称賛した。彼はまた「ダーウィンの精子を受けることを誇りに思わない女性がいるだろうか？」とも言った。スタンフォード大のノーベル賞受賞者ジョシュア・レダーバーグは、誕生前の遺伝子への介入によって人間の脳を大きくしようとした。人々のＩＱを１・５パーセント高めることができれば、50パーセント多くの天才人間が生まれるが、これは必要なことだ。なぜなら、人類は世界全体の滅亡を止めるにはまだ十分知的ではないからである。優生学は人類の一般的道徳教育と同じ価値を持つ生物学であり、人類のさらなる進化に利用されるべきだという点で、会議の多数派が一致していた。

これに対する批判は以下の通りである。

―人間の遺伝的資質の改善（強化）ということで何を理解すべきか不明である。なぜなら、遺伝学の概念では善悪について判断できないからである。

―今日に至るまで、人間の知能のような才能に対する遺伝の影響は過大評価されてきた。有名な知能研究家が証明しているように、ＩＱに対しては社会環境がより決定的な影響を及ぼし、遺伝的資質の影響はより少ないものである。神経生物学者が示すように、動機システムは才能の発展にとって決定的であるが、遺伝子そのものは決定的ではない。また動機システムは社会的コミュニケーションによって刺激されたり抑圧されたりするものである。

―人工授精において、法的には以下のような問題が生じる。誰が責任を引き受けるのか？　精子バンクの精子あるいは卵子貯蔵庫の卵子によってもたらされた損害を誰が補償するのか？　両親は生まれてきた「デザイナーベビー」が気に入らなければ返品できるのか？　子どもたちは、遺伝的最適化が中止されたことや、間違った遺伝的決定を理由として、そのようなことを許可したり促進したりする自らの両親や責任者や社会に対して、訴えを起こすことができるのか？　人間は遺伝子の産物であるという生物科学的な説明も、責任を負いうる主体としての人格の承認を排除できない。逆にそのような説明こそが、この主体を要請するのである！

――これによって私たちは最終的に、父なき精子を母なき卵細胞と結合することに責任をとれるのかという倫理問題へと向かい合う。女性の卵子が受精すると、新たな人間生命が生じるだけではなく、父子関係と母子関係が生じるのであり、それを人間の人格が受け入れて責任を取らなければならない。代理母であってもそのことは変らない。代理母は貸し与えられているだけで、受け入れられてはいない。ついでに言えば、代理母は見知らぬ女性に対する非人間的で無理な要求である。

これまで説明してきた「優生学プロジェクト」は、生物学的、法的、倫理的理由から、人類の「改善」に役立つことはできない。人間の遺伝的状況よりもむしろ、人間の社会的状況が改善されなければならないのである。

b　受容と中絶

これによって私たちは最後に、生殖能力を持つ人間の最も難しい問題へと向かい合う。というのも、ここでは自己の生命の権利や義務ではなく、生まれざる子どもたちの肉体や生命が問題となるからである。[96] 刑法典においては「生まれてくる生命に対する」犯罪行為は「生命に対する」犯罪行為から区別されるが、ここではまとめて扱う。

　まず最初に問おう。誰がここで語っているのか？　妊娠中の女性か、それとも男性か、父親か、それとも独身の司教か？　なぜならこの問いにおいて、判断する者の実存的条件が大きく影響するからである。妊娠中の女性にとっては、昔の言い方では自分の「お腹の子（Leibesfrucht）」が重要であり、父親にとっては彼がもうけた生命が重要であり、自分の子どもを持たない司教にとっては道徳問題が重要である。

　その次に問わねばならないのは、いったい何が問題なのかということだ。なぜなら、事例を定義すれば、その解決に対する関心も同時に規定されるからである。「妊娠中絶」が問題であれば、妊婦の肉体しか視野に入らない。刑法典の言う「殺処分（Abtötung）」〔Abtötungは微生物や細胞を殺すことを意味する〕が問題であれば、「生まれてくる生命」は質の劣った生命ということになる。「殺害という不法行為（Tötungsdelikt）」が問題であれば、生まれてくる者の生命が強調される。「殺人（Mord）」が問題であれば、生まれてくる生命は、すでに生まれた生命と同等なものとみなされる。同じ問題が、生まれてくる生命を生命科学的・医学的に定義する際にも存在する。まず受精した卵細胞、次に細胞の群れ、その次に胚、そして最後に胎児が問題なのか、それとも初めから子どもが問題なのか？　もちろんこのような客観的な諸定義と、生まれてくる生命の人間性に対する評価もまた結びついている。胚の段階でまだ人間生命が問題とならないなら、それを研究目的か幹細胞の抽出のために生産することができるが、すでに胚が人間生命なら、それをすることはできない。

私はカール・バルトと共に、以下のことを前提とする。「妊娠中絶は、どんな事情があろうと人間生命の時期尚早な殺害であって、単なる苦痛を伴う手術ではない。だがそれにもかかわらず、胚胎する生命を殺すことが殺人には当たらず、むしろそうすることを命ぜられるような状況が存在する。」[94] バルトはこれによって、生命が生命に対立するがゆえに生命の保護のために選択を行わなければならない状況のことを表現した。私たちがこれから調べようとする様々な事例においては、そのような状況が問題となる。

医学的事例

― 生命が生命に対立する時、両親の希望と医師の診断的管理の下で、胎児を殺すことによって妊娠を中絶することが許される。より厳密に定義するならば、問題となるのは「死の危険、または身体や健康に対して要求できない障がいの危険」である。「そのような重い障がいとは、負傷者がひどく体を損ない、長期にわたって容姿を著しく損ない、身体や感覚の使用や生殖能力や労働能力をひどく弱める、あるいは命を脅かす病を患うことである。」このような条文によれば、妊娠を中絶できる医学的事例は「生命が生命に対立する」限界状況において示されるだけではなく、すでに「生命が健康に対立する」時に示される。「要求できないこと」という概念によって、個々の事例において引くことが難しい限界が定められる。なぜなら、それによって社会的事例への移行が示されるからである。

出生前と着床前の診断の可能性が、誕生前の選別を可能にする場合、特別な問題が投げかけられる。中国とインドでは、息子だけが家族の伝統を継ぐことができるので、多くの女児の胚が堕胎させられ、男性人口の余剰がもたらされている。伝統的儒教が韓国に人口減少をもたらしていると韓国のフェミニストたちは言う。[98] 私たちの国では、障がいを持つ子どもが生まれることは困難である。ダウン症を持つ胚は、たいてい堕胎させられる。そのような障がいを持つ子どもとの生活は、「妊婦の精神的健康」（二一八項a）にとって要求できないとされるからである。そこでは、個人的な側面を別とすれば、障がい者に対する公衆の否定的な判断があらわれている。[96] そこでは、胚の欠損遺伝子は、着床前診断によって、母胎に着床させる前に発見し、これらの遺伝子を「除去」することができる。そのためにはもちろん、複数の胚が人工的に作られ、その中の一つだけが生き延びることになる。ここで私が主張したいことはただ、両親はこれによって自分の子どもの誕生に対する責任だけではなく、その子どもの体質や遺伝子の配備に対しても責任を負わされるということである。何ひとつ偶然に委ねないのであれば、新たな命は生まれることはできない。人間はますます同じものになってしまうだろう。

倫理学的あるいは犯罪学的な事例

――これはもともと強姦の事例であった。ここでは見解が分かれる。第一の見解によれば、問題となるのは女性の身体、精神、健康、とりわけ自由に対して加えられる、要求できないような重い損害である。社会はいかなる女性に対しても、強姦による妊娠に耐えて、「望まれず」押しつけられた子どもと一生共に生きることを強制することはできない。母胎の中の生まれていない子どもは、まだ母親の一部分であって、それゆえにこの母親は産むか産まないかを決定する権利を持っていることが前提となる。第二の見解は、生きることへの脅威ではなく自由の剥奪が問題であり、それゆえに押しつけられた子どもが持つ生きる権利を、強姦された母親が持つ生きる権利と調和させなければならないということを前提する。残酷な強制という事実があろうとも、それによって生まれた生命の人格の質を何も変えないと言う人々もいる。他方、そのような子どもを受け入れる能力には限界があり、その限界は尊重されなければならないと言う人々もいる。子どもが受け入れられて肯定されるということは、この子どもにとって受胎とまったく同様に重要なことである。しかしこうした自覚的な愛情は、国家が当事者の女性に対して、法律によって強制することはできない。なぜなら国家がそうした精神の力を提供することはできないからである。この行きづまり状態は緊急の打開策へと向かう。つまり押し付けられた妊娠に耐えることを刑法上は強制してはならないため、堕胎は倫理的事例においては罰せられない。だが罪に対する非難が残る。もっとも、こうした事柄において、罰せられないという見込みだけで罪を犯す医師はめったにいないだろう。こうして女性の決断だけが残される。彼女がそのような子どもを自分の子どもとして受け入れる力を見出すならば、それは良いことである。彼女がそうした力を見出せないならば、それもまた所与の悪しき状況下において良いことである。養子縁組がおそらく最良の解決である。女性を強姦して子どもをつくらせる者には、終身の扶養を言い渡さねばならない。強姦者が三年か五年の後に自由の身となり、強姦された女性が生涯にわたって彼の暴力行為に苦しむことは、正当ではない。

この論争が新たな次元に達するのは、個人による強姦ではなく、「現代世界」と称する世界において起きる、女性や女児に対する組織的な大量強姦や多重強姦が問題となる時である。一九四五年に東ドイツで起きたことや、最近のバルカン戦争で起きたことは、あらゆる倫理的概念を打ち壊す。こうした女性たちが、強いられた子どもを堕胎することによってあのような屈辱のトラウマへと対応する時、誰が彼女たちに倫理的忠告を与えようとしたり、道徳的非難を浴びせようとしたりするだろうか？

死、つまり自分自身の死または胎児の死が地獄からの唯一の逃げ道である時、他のすべての人々には、それを深く尊重することしか残されていない。神は呪わず、支えるのである。

社会的な事例

――これは社会的窮状を根拠とする介入である。つまり両親の失業、大勢の子ども、狭い居住空間、社会的地位の喪失、未婚で生活保証のない母親が未成年であるために子どもを養育することが不可能だ、といったことである。このような社会的窮状の客観的な尺度はほとんど存在しない。妊娠調節の手段としての堕胎は、生まれてくる命に対しては無責任である。だが私の考えでは、堕胎に反対することも妊娠調節に反対することも無責任だ。

だが他の側面にも注意しなければならない。つまり子どもの誕生に属するのは、子作り、受精、懐胎、出産だけではなく、母親や父親や家族や友人たちの全人格的愛情でもある。ここには子どもに対する肯定、子どもに対する喜び、愛をもって子どもを受容することが含まれる。拒絶され望まれず、負担と感じられる子どもは、病気になり重い精神的障がいをもって成長する。とはいえ、そのように子どもを受容する力は、各人において限られたものである。それゆえ、ここでもまた「誰であれ、できること以上の義務は負わない」という規則があてはまる。他面において、この洞察から子どもの養子縁組の自由がもたらされる。養子縁組の行為は、このように受容、慈しみ、肯定、愛といった価値を含んでいるので、子どもの誕生に当然ふさわしいことであり、他の人々によっても実行できるものである。実子であれ養子であれ、いかなる子どもも、受け入れられ肯定されるということを経験しなければならない。それゆえに、最善を尽くしても肯定されず受け入れられない子どもたちを養子縁組に出すこと、ドイツにおける養子縁組の権利を容易なものにすることが望ましい。

ここまで紹介した事例は刑法に由来する。それらは個人倫理にとってはもちろん拘束力がない。母親が子どもの命のために自らの命を犠牲にしようと決断することは可能である。強姦によって強いられた子どもは何もできないがゆえに、母親がその子どもを受け入れて愛することは可能である。当初は望まれなかった子どもを、両親が後になって心から愛することは可能である。しかし、この決断は自由に由来し、愛において下されるものであって、罪への非難や処罰の脅しをもって強制されてはならない。キリスト教倫理は、当事者である人間の現実の力と可能性から出発して、「疑わしきは生命のために（Im Zweifel für das Leben）」と言うであろう。

残念ながら原理主義者と現代人は、しばしば兵士道徳の水準で一致する。つまり、罰せられないことは許可されるというわけである。それゆえ、ある人々は自分が同意しないすべてのことを罰しようとし、他の人々は自分が欲するすべてのことを許可しようとする。両方とも誤りだ。すなわち倫理は刑法典ではなく、刑法はいかなる倫理にも代わることができない。

c　胚は人間か？

胚を試験管内で作ること、つまり卵細胞を母胎の外で人工的に受精させることが簡単になればなるほど、この問いは倫理的かつ法的に切迫したものになる。人工的な着床においては、複数の胚が作られるが、そのうち最良の場合でもただ一人だけが生き延びる。幹細胞の研究にとって、胚は幹細胞を取り出すためだけに作られる。つまり「使用される」のである。胚がもうすでに、生まれた命と同一の尊厳と同一の保護されるべき権利を備えた人間の人格であれば、これらの胚は「使用される」か「選別される」のではなく、「殺される」のである。胚がまだ人間的な人格でないのであれば、その胚はどのような地位を持ち、どのような保護を与えられなければならないだろうか？

ひとは、ものごとの全体を命の物語として見て、「私たちは子どもを待ち望んでいる」とは言うが、「細胞群」を待ち望んでいるなどとは言わない。しかし学問的には、ひとは生まれてくる生命の個別的状況に視野を限定し、対象をその自然的諸関係から孤立させ、受精した卵細胞だけを、または四つの細胞から成る胚だけを認識する。これは学問的な認識にとっては欠かせないが、全体像ではなく、限定された一断片にすぎない。
胚は、現在の状態だけではなく、自分自身の未来を持っている。胚は目下の現状だけではなく、自分自身の潜在力を持っている。胚は本質的な諸関係を持っており、物自体ではない。胚は、母の卵細胞と父の精子の融合から生じた。母の卵細胞と父の精子を切り離して、胚を一つの物自体として扱うことは抽象的である。誰の精子と誰の卵子がここに現存しているのか？　とりわけ抽象的なのは、胚を一つの疎遠な客体として扱うことである。というのも、どんな研究者も医師も、わたしたちの誰もが、かつてまさに一つの胚だったからである。それゆえに胚を研究する者は、自分と同じものを研究するのである。胚を「細胞群」と呼ぶ者は、自分自身もそれと異ならないのである。生まれた命であれ生まれていない命であれ、着床した命であれまだ試験管の中にある命であれ、人間の命の確認が中止される時、非人間性が始まる。

胚は「人間の素材」あるいは人間生命の前段階と呼ばれ、動物の生命と比較される。だがこのような胚の定義は、それを使用する目的の定義であって、その命のための定義ではない。ことはさほど容易ではない。命を救うために命を殺さねばならないということも十分あり得る。だがその時には、殺害行為を弁明すべきであって、あたかも殺害が問題ではないかのように対象を見下すべきではない。私たちは無傷の世界ではなく、欠陥のある世界で生きている。その逃れられない悪条件の下で、より善いことをしようと試みなければならない。生命は他の生命をしばしば犠牲にするということは、取り上げてきた事例に限ったことではない。これは、道徳的な厳格主義者の「人殺し！」という叫びも、自由主義者の「自由」への要求も、資本家の利潤追求も、克服できないような悲劇的状況である。

十字架につけられたキリストの蘇りに基づく希望は、現実の中で始まるものであって、幻想から始まるものではない。論じてきた諸状況における行為の悲劇的状況を受け入れる時にのみ、胚の中絶や殺害がもう必要なくなり、もう起きることがないように、そうした諸状況を変革しようと努めるだろう。

免疫力低下の病であるエイズに対する闘いにおいては、あらゆる予防手段を用いるべきである。バチカンのように、公にこれに反対を表明する者は、無責任に振る舞っているだけではなく、貧しい人々の大量死の共犯者でもある。これは命に敵対するものである。

d　生まれてくる人間生命はどのような尊厳と権利を持つのか？

私は、どんな倫理も防衛的であると同時に進歩的でなければならないと考える。なぜなら、どんな倫理も生命を保持し促進すべきだからである。しかし科学技術的な文明のエートスは、進歩的であることに偏っているばかりか、攻撃的になっており、自然の出来事に対する人間の力の掌握と、この力の高揚および確保を目指している。そのため、そのあとにやってくる倫理的反省はしばしば防衛的な性格を帯びることになる。なぜならそうした倫理的反省は、科学技術的な力の進歩がもたらす負担と犠牲の名において語らなければならないからである。

自然に対して、また第三世界や将来の世代に対して、進歩のための負担が押しつけられる時、技術的進歩のあとにやってくる倫理的反省は、必然的に防衛的なものにならざるを得ない。つまり倫理的反省は生命の保持を迫り、人間の能力と生命の保持とのあいだの均衡を探し求めねばならないのである。

これらの問題の倫理的含意について熟考し始める時、状況を全体的に把握するために採り入れた諸々の還元を当面は再び破棄しなければならない。人間存在は諸関係の中にある人格的存在である。「個人」は抽象であり「類」もまたそうだ。私は個人ではないし、私が属する類の一例でもないが、私は私の両親の息子であり、私の子どもたちの父親である。これは、私が始めからそのような諸関係の中にいるということである。私が自分を個人として理解する時、それはこのような諸関係から抽象化されたものである。だから個人的な人間の尊厳と人間的な類の尊厳とのあいだに、具体的で社会的な諸関係の尊厳が存するのである。その諸関係によって私はある。そして私たちはそれぞれ、彼あるいは彼女がそうであるところのものである。私はこのことが重要だと思う。なぜならこうした諸関係において、人間生命の健康にとって欠かすことのできない何ごとかが起きるからである。それはつまり、人間の子どもの受容である。

この受容は、拒絶とは相いれない。受容と肯定は生命にとって必要なものである。人間存在をつくり、身ごもり、産むだけでは十分ではない。人間存在は受け入れられることにかかっている。なぜなら、そうしなければ自己意識を発展させることができないからだ。

人間となることは明らかに、依存の中で生成することである。このことを認識するために、諸々の抽象を再び破棄しなければならない。精子や卵子について、また精子と卵子の融合による卵細胞については多く語られてきた。私は精子には精子提供者が属していることを前提し、彼を父親と呼ぶ。これがいささか古いヨーロッパ的な言い方に聞こえることを私は承知している。だがそれは同時に、関係と責任を表現しているのである。全く同じことが卵細胞にもあてはまる。卵細胞は卵細胞提供者に属している、つまり母親である。では胚はいったい誰に属するのか？　誰が胚に対して責任を持つのか？

あたかも「主なき財産」である余分な胚たちが存在していて、それらを自分のものにすることができるかのように議論されることがしばしばある。だが諸々の責任を明らかにするためにも、法的な諸条件が明らかにされねばならない。提供された精子が卵細胞において、その卵細胞と共に働いて生じさせるものに対して、誰が父としての責任を負うのだろうか？　精子を売ることができる時、この精子細胞の提供結果に対する責任は失われ、この「主なき財産」が生じる。私たちが胚をさらにその根源的な諸関係において見る時、この胚は、その誕生に対して責任を負っている人間的環境においてのみ成長するのだと言わなければならない。胚をそれ自身において、またそれ自身のために観察することは、抽象化して孤立化させることである。その胚は特定の人間によって、自然にあるいは人工的にもうけられ身ごもられた人間の生命である。そこから帰結するのは、精子提供者と卵子提供者の責任、つまり父と母の子どもに対する責任と、父と母に対する子どもの権利である。これは生まれてくる命にとって本質的な諸関係である。なぜならそれらの諸関係は、この人間存在の受容にとって本質的なものだからである。

人間の尊厳はその人個人の私的なものだけではなく、また人間という類のものだけではなく、人間がその中で生成していく諸関係のものでもある。それは近年、人間の尊厳をめぐる国際的合意が形成されたということでもある。アングロサクソンの諸伝統はこの点で全く同様に見える。アメリカ合衆国もまた世界人権宣言に同意した。その第一条においては、万人の人間としての尊厳と人権が保護される。つまりひとが前提することが可能でありまた前提しなければならないような国際的合意が生まれたのである。人間の尊厳は、人間ができていくこのような諸関係に属している。人間の尊厳を保って胎児が扱われることもあれば、人間の尊厳を保つことなく胎児が扱われることもある。人間の尊厳とは質であって、値段のように量化することはできない。人間の尊厳は多かったり少なかったりするのではなく、ただ「あるかないか」である。人間の尊厳の解釈はすでに旧約聖書において述べられている。西洋文明の宗教的背景に責任があるアブラハム宗教――ユダヤ教とキリスト教とイスラム教――は、この人間の尊厳を常に神の似姿性の中に見てきた。西洋においては長い間、神の似姿性は人間の魂の中に見出されてきたが、肉体の中に見出されることはなかった。そのため肉体は神の似姿性から脱落し、魂の素材にされた。つまり魂は物体としての肉体に対峙し、そこで肉体と共に何かをすることができる。後になって、神の似姿性とは意志と認識の自覚的主体性だと見なされるようになった。神の似姿性が魂または主体性であるとすれば、それは性別を持たないだろう。だがこのようなことは、これら三つの宗教の起源の歴史には即していない。神の似姿性とは、肉体と魂による、また男性と女性による人間の全体性であって、男性と女性の魂だけではなく、男性と女性の実存および男性と女性の相互関係を伴っているのである。

神学的議論においては、以下のことについて同意が成立している。この神の似姿性を人間の特定の状態と同一視しないこと。また意識が目覚めれば神の似姿性も目覚めるとは言わないこと。そうではなく、神の似姿性はひとつの関係、すなわち神が人間へと向かう関係だと言うべきこと。これによってこの神の似姿性は、人間が健康であっても病気であっても、老人であっても若者であっても、障がい者であってもそうでなくても、生まれていても生まれていなくても、人間のあらゆる状態に対して当てはまるものとなる。神の似姿性のこうした関係は、神の側から理解されれば、肉体と魂を持つ人間全体に当てはまり、人間全体のあらゆる時の形態に当てはまる。したがって、胚にも当てはまるのである。それゆえに、受精した卵細胞、胚、生まれていない子ども、成人した人間、障がいを持つ人間、死にゆく人間に、それらに応じた異なる価値があるとみなすことは不可能だと私は考える。人間の尊厳は、値段とは異なる何ものかである。また人間の尊厳が、神の人間に対するこうした超越的関係の中に存するのであれば、その尊厳は人間にとって、あらゆる状態の中に存するのである。

今やすでに胚に対して、このような意味で人間の尊厳と神の似姿性と生命の権利があることを認めなければならないのであれば、生命と生命の葛藤、正当防衛の状況が確実に存在することになる。だがこのような状況は、より弱い生命に対して人間の尊厳を原則的に否認することを正当化しない。生存権と人間の尊厳の尊重に対するどのような制限も釈明を必要とする。胚が生きる権利に対するどのような否定も釈明されねばならないが、胚が生きる権利が釈明されねばならないのではない。

人間は人格と自然の統一である。私たちは様々な自然概念を議論の中で扱ってきた。人間の人格と自然が存在することを前提すれば、自然とはこの人格が対象化し自己を対置するものである。そうすれば当然、非人格的な自然と――胚は「人間であるが人格ではない（human, but not person）」――自然なき人格との分裂が起きる。だがこの分裂は、人間が自己自身をその本性において同一化することを不可能にする。それは人格と自然の分裂であり、主体と生物学的物質の分裂である。そこから興味深い問いが生じる。いったい人間の構造のどこに人格が住んでいるのか？　心臓か――それは移植できる――それとも脳か？　今や心臓も移植できるならば、人間は移植後も移植前と同一なのだろうか？

私の考えでは、この二重の自然概念の組み合わせを前提すべきである。まず人間は自然であり、かつ自然を持っている。それはヘルムート・プレスナーによれば、肉体（Leib）でありかつ身体（Körper）を持っているという両義性に反映されている。だが人間はその生命において、在ること（Sein）と持つこと（Haben）との間で均衡を見出さなければならない。さもなければ、人間は自分自身のドッペルゲンガーになってしまうからである。ここで私は、人間存在は人格において表された自然であるがゆえに、周囲の自然との連続性と調和にも依存しているのだ、と言っておこう。

人間存在は歴史の中にある人格存在である。人間存在は自らの時間的形態を持っている。私たちはそれらの時間的形態を区別することができるし区別しなければならないが、その人間的同一性を守らなければならない。それは胚、子ども、成人、病人、老人、死にゆく人といった諸形態である。人格存在は本来、これらの諸々の時間とこれらの時間的な諸形態の変化における人間存在の連続性である。「これは私であったし、これに私はなるだろう」という同一化が可能でなければならないしまた可能であり続けなければならない。この同一化が保ち続けられる限り連続性が存在するが、そうでなければ人間は解消されてしまう。私たちはしばしばある理想的な人格概念を前提しているように思われる。それは、健康で幸福で成功した、自信に満ちた三十歳の男性である。こんな人格概念を、生まれたばかりの子どもや生まれていない子どもや胚に適用することはもちろんできない。この三十歳の男性がひとたび痴呆になるか昏睡状態に陥れば、もはやこの人格概念は適当でなくなる。それゆえ人格については、多様な複数の同一性か、あるいは根本的な変化の中にある一つの同一性を考えなければならないし、その都度の状況において人格が様々な保護を受けることのできる権利、人格の様々な自由の権利を定式化しなければならない。それは、人間がそこで自らを特定できるような定式化でなければならない。これは連続的な超越関係を前提している。さもなければ人間は自らの時間的な諸形態の中へと解消されてしまう。

第3節　健康と病気における生命力

a　生命の人間性のための医学

「病気それ自体というものはない。ただ病気の人間だけを私たちは知っている」と、ルドルフ・フォン・クレールはその著書『病理学的生理学』に記した。[100] 確かに患者にとってはその通りだが、今日の健康保険システムにとっては逆の印象を受ける。つまり、病気しか知らないのだ。だが病気の人間を除外することなどできない。私たちはこの章において、健康と病気における生命の経験について問おう。

現代における医学の成果は、確かに自然科学的かつ応用技術的な方法の適用によってもたらされた。十九世紀半ばまでは、医学はまだ精神科学に属しており、後になって初めて自然科学に入れられたのである。しかし医学は本来、医師の技芸である。医学を応用自然科学として理解するなら代償を払わねばならない。つまり、多様な人間関係にある患者の生命の全体性が見えなくなるということである。それによって病気の人間の人格的次元もほとんど顧みられなくなってしまう。

あらゆる主体的なものが消え失せる時にのみ、病気の経過に関する明瞭な観念をつくることができる。多くの患者もまた、自らの病気は修理して直さねばならない肉体的欠陥だと理解している。「厳密な自然科学の時代における病気は、その病気が現れる器官と同様に無言である。」[101]

　あまりに厳密に実証可能な成果を得ようとするすべての自然科学と同様に、対応する医学もまた、病気の客観化、病人の生活世界からの分離、そして他の諸々の視野の排除という手段を用いて働く。病気を病人から分離して、病原体からその典型的影響に至る病気のプロセスにおける因果連鎖を把握することに成功すればするほど、目標とされる治療は可能となっていった。病気の人間はその病気の典型像をあてがわれ、「症例」として扱われる。このような手順は必要であると同時に自明である。しかしそれは、人間の自己理解における労苦に満ちた歴史の中で初めて可能になったことである。西洋における人間像は、プラトンによる肉体と魂の二元論と共に始まり、ひとりの人間である肉体の存在が引き離されて人間が持つ物体と見なされ、さらに身体機械として表象され扱われるようになる。魂は悟性と意志の主体となり、肉体は自己規制に従属する。このことは、病気が進行すると病人との交流において言葉が断念されることに示される。医師と患者とのあいだの人間的な会話は、測定データの情報提供に取って代わられる。医師の「診察室」においてはもう多くは語られず、「病院は本質的に無言である。」[102]どんな医師が患者に耳を傾ける時間をとることができるだろうか？　どんな病院で病床の会話があるだろうか？　医師がこのような会話を行うことができるのは、彼がごくわずかな患者のためにいる場合である。また彼が多くの人々のためにいるのであれば、彼はこのような会話をほとんどできない。どんな健康保険が、より長い患者の会話に金を支払うだろうか？

私たちは病気と健康の中にある生命をどのように経験するだろうか？　ある朝病気の状態で目覚めれば、私たちは「気分が良くない、私は病気だ」と言う。目覚めた反省が初めて痛みを位置づけ、私たちに向かって「お前は胃痛か熱があるか気管支炎だ」と言う。私たちは病気の経験をし始め、そしてこの経験を所有へと変える。それは距離を保つため、あるいは「私と病気は同一ではなく、私は病気を超えて、それに対して態度を取ることができる」と言うためである。これと異なるのは、病気が治癒した後である。私たちはその時「私は健康である」と言うが、「私は健康を持っている」とは言わない。健康な状態では私たちは自分自身と一致しているが、病気の状態ではそうではない。

経験され生きられた生命においては、肉体的機能と精神的機能が人格全体の一体性をなして調和する。経験のごく自然な印象において、また生命のごく自然な表現において、私たちは肉体的にあらゆる感覚と共に存在している。自己意識の反省において、私たちは自分自身に対して距離をおく。また私たちが身体性の中で客体と見なして自らに対立させるものが、その時に所有する肉体である。最近の哲学的人間学はこれを人間の「脱自的な地位」と名づけた。つまり人間は自己自身の中に生きながら、同時に自己自身を超越する。これは、在ることと持つことという人間の二重の役割において表現される。(103) そこでは肉体であることが根源的な生命経験であり、肉体を持つことは二次的な生命経験である。

このことが正しければ、私たちの自己が、自己に対する隔たりのために分裂症的な二重化へと陥らぬように、隔たりの経験のあとには同一性の経験がもたらされねばならない。身体（Körper）

を持つという経験は、肉体（Leib）であるという経験へと統合される。反省は新たな自然さへと止揚される。これは病気と健康に関しては、以下のようなことを意味する。肉体を自覚的に身体へと客体化し、病気の人間を自覚的に病気の「症例」へと客体化するという困難なプロセスには、身体を人格の肉体へと主体化し、病気体験を人間的主体によって健康化のプロセスへと統合するという、勝るとも劣らず困難なプロセスが属している。

分離から統合への道において重要なことは、身体の秩序を再び人格の秩序へと統合すること、そして病気において再び病人をその主体性において認識することである。医師の診療所において、診療する医師も診療される患者もはっきり知らなければならないことは、患者が人格であるということ、さらにまた単なる「顧客」なのではないということである。人間は自らの肉体的精神的な影響、最もよく言えば人間的な影響を自らの病気の経過に及ぼすことによって、その病気の経過を形成することができる。つまり患者は単なる客体ではなく、常に同時に主体なのである。(104)しかしこのことは、病理学への「主体の導入」を要求する。(105)そうすると私たちは、病気というものを、生きられた生命の意味への問いが燃え上がるものと理解することを学ぶだろうし、再び機能する生命だけではなく、意義深い生命へと治療を向けるようになるだろう。そうすれば医学は単に応用自然科学ではなく、応用歴史学となるだろう。そして病気の歴史をより大きな生命の歴史の枠組みの中で認識し、この生命の歴史を文化の歴史の枠組み条件において注視するだろう。そうすれば医学は病気の個々人を前提して、その個々人に病気をもたらす社会環境の中で彼らを見つめる批判的な学問となる。社会医学はこのような途上にある。しかしそれはまた逆に、社会の保健システムを批判的に観察するだろう。つまり、その保健システムが病気を作り出す社会経済システムの改修作業なのか、それとも社会を治療する取り組みでもあるのかと問うのである。

これによって私たちは次のような問いの前に立つ。健康とは何か？　個人の生命において何を「健康」と呼ぶべきか？　共同体の文化的経済的社会的な尺度によれば何が「健康」なのか？　健康な生命の尺度は様々な文化において非常に多様なものではないのか？　現代の業績主義社会の健康の尺度は人間的な意味で「健康」と呼べるのだろうか？[106]

b　健康とは何か？

ジグムント・フロイトやその他の人々は、健康を「労働と享受の能力」と定義した。人間が労働能力を低下させ、享受の能力に障がいが出れば、彼は「病気」と見なされる。両方の能力が再び元に戻れば、彼は「健康」と見なされて退院させられる。この簡単ではあるが慣例となっている健康の定義は、生産と消費に中心的価値を置く産業的業績社会に厳密にふさわしいものである。前近代的社会やヨーロッパ以外の文化は別の価値を育み、それゆえに健康に関する別の概念を持っている。このことは、アジアとアフリカにおける西洋医学の拡大において、とりわけ顕著に表れている。西洋世界においても、この健康の定義が多くの人間を病ませ、彼らに烙印を押し、彼らを老年において「価値がない」「無駄な人間」にしてしまう。

国際的な世界保健機関は、拡大した定義を行った。「健康とは、完全なる、肉体的精神的社会的な健全さの状態であって、単に病気や障がいがないということだけではない。」[107]これは、否定に関しては良いが、肯定に関しては人間にとって可能なことを遥かに超えてしまった。最大級の定義である。完全で全面的な健全さの状態にいる者だけが「健康」にあてはまるのならば、すべての人間は多かれ少なかれ病気である。彼らは楽園に住んでいるわけではないからだ。社会的健全さの理想で計るならば、そのようなものを保証できる健康な社会など存在しない。この理想に基づけば、保健システムに対する要求は無限に高まる。全面的な健全さの理想は一つのユートピアであるが、特別に人道的なユートピアですらない。それは、苦痛も幸福も痛みも交わりも葛藤もない生命のユートピアである。それは死のない生命のユートピアである。なぜなら、不死の生命だけが「完全な健全さ」を与えることができるだろうから。

健康で、肉体的精神的に無傷であることは、実際、人間なら誰もが要求する人権である。しかし「状態」という言葉は、人間であるための健康な生命力を説明していない。健康が達成可能な状態として説明されれば、それは——現代の豊かな国々のフィットネスブーム、ダイエット熱、アンチエイジング対策などの流行が示すように——人間の自分自身に対する満たされない要求を呼び覚まし、また保健システムに対する満たされない要求を呼び覚まし、自分の状態に対する自己責任を免れさせることになる。健康と病気を再び人間化し、老化と死を人生の一部として受け入れることができるようになるために、人間性を救う逆の運動が始まらなくてよいのだろうか？この提案は、健康の異なる諸次元へと向かうものである。

病気をただ単に特定の肉体器官の機能障害と見なすならば、健康とは障害のない状態である。しかし、重く長い病気は人間の全体にかかわる。健康とはこの観点から見れば「障害の不在ではなく、障害と共に生きる力」である。[108] ここにおいて健康は状態ではなく、健康な状態と病気の状態において「人間であろうとする力」である。この魂の力は、かってそう言われていたように、幸福と苦難、喜びと悲しみの能力において現れ、全体としてみれば、生命を受容し生命を献げる力において現れる。神学的に語れば、それは神の大いなる「然り」における生と死であり、神が現臨する広い空間における生と死の受容である。

これとは反対に、健康が一般的な健全さの状態、通常の人間的態度として広められれば、人間は自らの健康または病気の状態に対して度を超えた態度をとるようになる可能性がある。なぜなら、その際に人間存在は健康であることと同一視されるからである。人はそこで「健康が肝心」と言って、病気は存在すべきではないと見なす。これでは病人が公共生活から排除され、病気は人間から自信と自尊感情を奪いとる災禍だと見なされかねない。そこで現代の健康崇拝は、それが克服しようとするもの、すなわち病気をすることへの不安を生産する。この健康崇拝は病気や障害を克服する代わりに、病人や虚弱な人々を締め出す一般的な健全さの理想を構想する。健康な人々が虚弱な人々や障がい者や老人や働けない人々から離れ去る時、これらの人々に対して「社会的な死」の判決を下す。関係が断ち切られ、無価値が糾弾される。生命の健康さに仕えるはずのものが、排除された人々を病気にする。世界保健機関による健康の定義が誤解を招くものであるのは、何よりも死について語っていないからである。人間の死について考えなければ、どんな健康の定義も幻想である。

重い病気はしばしば生命の危機をもたらす。そのような生命の危機の下で、私たちは意味の危機を経験する。病人は自らの生命をもはや理解しない。なぜなら病気であることは病人から、これまで彼が身を委ねてきた自らの生命の信頼基盤を取り去ってしまうからである。そうなると彼あるいは彼女は己自身に対する憤りと他者に対する攻撃性をもって反応し、最後に深い諦めと無関心へと陥る。自分の健康や有能さや美しさにもはや信頼を置くことができず、自らの業績や意欲から自尊の感情を得ることができない時、人は崩れ落ちるか、あるいはより大きな信頼とより深い自尊から生きる力を得るかのどちらかである。この種の人生の危機は、脅かされ奪われてしまった財産から心の信頼を引き離し、その信頼を、支えとなり得る土台に置き直す機会を提供する。虚栄的な善き業と自らの業績への誇りによって作られたあの自己義認は、自らの有能さへの信頼によって生まれ、自らの健康への不安だらけの崇拝をもたらす自己義認においても現れる。人間的生命は目的のための手段ではなく、それが生きられるから生きている。それは、永遠に愛され肯定され義とされているから、それ自身善いものなのだ。自己をめぐる大きな不安を抱かなくてもよいのだから、人間的生命はいかなる自己正当化も必要としないのである。私たちが語ってきた「人間存在への力」とは、人間がそこへと向かって生き、そして死ぬことができるような、神の大いなる肯定である。人間的生命とは受容され、肯定され、愛された生命である。それゆえに、人はそのような人間的生命それ自体を有限性の中で受容し、その壊れやすさの中で愛することができる。この信仰において、人間は人生の浮き沈みに対する大いなる自由を経験する。これが『ハイデルベルク信仰問答』が語る「生きる時と死ぬ時における唯一の慰め」である。このことから、死において慰めをもたらさないものは生にも仕えることはないと結論できる。

第４節　死にゆくことと死ぬことの中にある生命力

〔Sterbenを死に至るまでの過程、Todを死ぬ時点と解釈して、前者を「死にゆくこと」、後者を「死ぬこと」等と、適宜訳し分けることにする〕

「あなたは殺してはならない」と十戒にある。これは自己の生命をも含んでいるのだろうか？　私の隣人であるカトリックの哲学者は、ある時散歩しながら「人はそもそもできる限り長生きしなければならないのだろうか？」と質問して、私を唖然とさせた。私を苛立たせたのは「しなければならない」という言葉だった。生命はその可能性が終るまで満たさねばならない義務なのだろうか？　それとも生命は、人がそれを保つ力が尽きる時に返却する賜物なのだろうか？　人は死を自然に委ねなければならないのだろうか？　それとも死を、あるいは少なくとも死がもたらされる状況を、自分でも決定することができるのだろうか？

この一節では自殺、能動的・受動的な安楽死および患者の自己決定の問題だけを扱うことにしよう。[109]その背景には、死と永遠の生命に関するキリスト教的な理解がある。

人間の死はどこで定められるのだろうか？　私たちの文化史が展開する中で、人間の中心に関する観念はおおきく変遷してきた。人間の生命力を呼吸に見出していた間は、人格の中心は横隔膜に特定されていた。息をするリズムの中で人間は生きている。最後の吐息と共に、「人間は自らの命をはき」出す。後になって、生命力は大きな情動と心の信頼と心からの愛の中に見出されるようになった。私たちの最大の願いは、今日もまだ「心《ヘルツ》から」やって来る。つまり生命の中心は心臓《ヘルツ》に特定されたのである。心臓の鼓動が止まれば人格は死ぬ。しかし今日では、人間は悟性と意志の主体であると見なされる。つまり生命の中心に関する観念は、心臓から脳へと移り、両眼の観測孔の後ろに定住させられる。たとえ心臓がなおも機能し、さらに肺呼吸が可能であっても、脳死は今日では人格全体の死の現実的兆候と見なされる。

生命の中心は、肉体の中心から頭部へと移動した。もはや呼吸器官ではなく脳が人間の代表的器官と見なされるようになると、自然的環境世界と共にある呼吸する人間の共同体もまた、もはや人間的な環境世界とは見なされず、人間の支配的な思考や意志の対象とすることができる「世界」と見なされるようになる。精神の優越と共に、科学技術文明の住民の脱感性化が始まった。それゆえに、多くの治療の端緒は、置き去りにされた生命の中心を再び目覚めさせるべく、深呼吸を再び習得するということである。日本とアフリカの医師たちは、彼らの国民が現代の脳死理論を容易には受け容れられないことを私たちに説明する。

私が四十年前にこの問題に取り組み始めた時、脳死理論にすぐ納得できた。つまり、脳波が六～十分間確認できなければ、脳の死は不可逆的に起きたことになる。その後には、身体を生かしておく医師の義務は、たとえそれが可能であってももはや存在しない。蘇生の可能性がなくなれば人間は死んでいる。だが私は当時、その他の利害関心も議論の中に含まれていたことを見逃がしていた。つまり、いつから死者の臓器を摘出できるのかということだ。臓器移植においては、高貴な動機のみならず商業的な動機も働いている。私はそれゆえに脳死論争においては慎重に意見を表明したのである。

自殺か、それとも自由死か？

聖書の殺人禁止は生命への畏敬に役立つ。それは、自らの生命に手をかけないよう保護することにも役立つだろうか？　キリスト教はその初めから、自死（Selbsttötung）を生命への畏敬に対する違反と見なしてきた。その生命は、何人も自分自身に与えたものではないがゆえに、何人も自分自身から取り去ってはならないのである。しかしキリスト教は、迫害や殉教における例外も尊重してきた。キリスト教の教会は自死を「自殺（Selbstmord）」と見なして非難し、自殺者には教会での葬儀を行わず、墓地の片隅に埋葬した。「自殺」の場合、当の「殺人者」は自らの死によって処罰を免れるが、にもかかわらずこの名称によってその人物への弔辞は傷つけられかねない。だがそうこうするうちに、カトリック教会もまた、自死は「殺人」だと厳格に判断することを止めた。私たちはプロテスタントの詩人ヨッヘン・クレッパーを「殺人者」とは呼ばない。彼はユダヤ人である妻と娘と共に命を絶った。なぜなら、娘が死の強制収容所へと移送される危険がさし迫ったからである。私たちは、不治の光アレルギーのために命を絶ったコール首相の妻ハンネローレ・コールを「殺人者」とは呼ばない。私はブレーメンで学生のための若い牧師として、命を絶った二人の学生の葬儀をしなければならなかった。しかし彼らの動機を詮索しなかった。私たちは、そうした決断の個人的な謎の前に佇み、彼らがおそらく墓の中へと持ち込もうと願った謎を尊重しなければならない。だが、彼らがしばしば助けを求める無意識の声や前兆に、私たちはもっと注意深くなければならない。

私たちが自「殺」という呼び名を断念するならば——実際断念しなければならない——それは、自死を普通のことと見なすということではない。自死もあらゆる殺しと同様に生命に反するものであり、生命はいずれにしても保護する価値がある。自死はまた、カントが言ったように、人間の尊厳に反している。人は、他者の人格の中にも自己の人格の中にも存在する神の似姿を尊重するがゆえに、人間を殺さないのである。それゆえに「自由死（Freitod）」という言い方も正しくない。いかなる人間も、自らの自由の頂点において自分自身を殺すことはない。自死はたいてい出口のない不自由さの結果である。自死が独立した人格の自由がもたらす最高の行為であるという思想は、古代に由来する。プラトン主義者は、死に際して神的な魂が労苦に満ちた地上の身体から分離すると見なして、死を「自由の祝祭」として祝った。ポスト・キリスト教〔「キリスト教の後の」の意味〕世界において、この自死を「自由死」と呼ぶ言い方が再び登場して、人間の自己決定の最高の行為として評価された。しかし自律的な個人は現代世界において、自己への関係においてのみならず、多くの社会的関係の中で生きており、それゆえに自分自身だけのものではない。自死によって深い悲しみに突き落とされる両親、伴侶、子ども、友人が存在するのである。

私たちは死をいったいどこで経験するのだろうか？　マーシャ・カレコは「ひとは自らの死を死ぬだけだ／しかし他者の死をひとは生きなければならない」という詩を詠んだが、これは真実である。つまり私たちは私たち自身において死んでいくこと（Sterben）を経験するが、死（Tod）

を経験するのではない。なぜなら私たちは生きて死を経験することはないからだ。しかし私たちは、愛する人々において死を経験する。[110]彼らの死は私たちを、喪失と折り合いをつけねばならない生き残りへと変える。生命は良いものだが、生き残りであることはつらいことだ。私たちは愛から自らの生命を受けとり、悲しみの中へと死んでいく。人間の真の社会的関係において死を見つめるならば、自死は「自由死」だろうか？　私は自殺行為において直ちに自由を失うのに、「自由死」は果たして自由の獲得だろうか？

人が自己を殺すことを自「殺」とも「自由死」とも理解できない時、おそらく多くの場合は「緊急防衛（Notwehr）」と捉えることができる。ヘニング・フォン・トレスコウ将軍は一九四四年七月二十日のヒトラー暗殺失敗の後、迫り来る家族の危機を外側から防ぐために命を絶った。鬱病患者は耐え難い精神的危機を内側から防ぐために命を絶つ。しかしたいていの場合、私たちは「個人的な最終決断の不可解さ」[111]を考慮しなければならないし、一人の人間が自己を殺すという決断を、誹謗も非難もせずに尊重しなければならない。それが「決断」であって、たいていの場合のように単に人生の深刻な病の終りだけでなかったのであれば。

要望による死

殺してほしいという要望は、己の死を求める主体から生ずることもあるが、他者によってそのような主体へと押し付けられることもある。人は通常前者だけを見ている。自らの死を要望する人は、しばしば自分で実行できないので、他者にその幇助を請い求める。自分で実行できない時は代わりにこの殺しを行うことを他者に約束させる人々もいる。ジグムント・フロイトの死は、要望され取り決められた死の古典的な一例である。要望される殺しが自己決定や自由と多少なりとも関係するということはめったになく、たいていの場合は、人間が陥っている耐え難い、あるいは価値がないと見なされるか感じられた状態を避けるための緊急防衛である。人間は不治の病によって、あるいは生命の延期が期待できないことによって、そのような状態に陥る可能性がある。

殺人の援助は、行為においても無為においても成立し得る。例えば集中治療室で延命措置だけに依存している死にゆく生命を終らせることは、殺人というよりむしろ自然死の援助である。だが例えば薬物による積極的な援助であれば、殺人の援助である。第一の場合は、私見では生命への奉仕であり、死はその生命にただ一回だけ属している。第二の場合は、私見ではむしろ死への奉仕である。私は第一の事例を倫理的によしと見なすが、第二の事例をそうは見なさない。しかし大事なのは「事例」ではない。それぞれの生命の状況は異なっている。そして人は自らが死の陰に置かれる将来の生命の状態について前もって多くのことを知らない。

以上と異なるのが、今日老人たちを死へと駆り立てる、他者が欲する殺しである。(112)「あいつらは老いぼれで、障害者で、見ばえがせず、手間がかかるだけで、耄碌しており、死ぬのに時間がかかる。あいつらは余計だ。どうして他人に負担をかけるのか?」最後の出口は自殺である。ドイツでは六十歳以上の自殺率が最も高い。「他者が死を願う者は誰も自殺しない」とクリスティーネ・スヴィエンテクは著書の中で言っているが、自らを余計者と見なし、家族の負担になっているとしか感じられない心理的圧迫は、他人に由来するだけではなく、また業績や消費を求める社会の大衆的利害関心に由来するだけではなく、老人自身にも由来する。老人たちは、退職以前には同じように考えていたのであり、自らの老齢から来る脆さに直面して、この尺度を自分自身にあてはめるのである。老いた人間が隣人にこれ以上負担をかけないために自分自身を殺す時、それは哲学者ダグマー・フェンナーが「称賛すべき動機」と呼ぶ「利他的な自殺」などではない。なぜなら、仮にそうだとすれば、利益より費用がかかるすべての人間に、この「称賛すべき」自殺を勧めなければならなくなるからだ。障がい者や不治の患者や老人に自殺要望を押し付けることは非難すべきである。なぜならそれは冷笑主義だからだ。自殺要望は「健康で有能な人々」から連帯と共苦と積極的な隣人愛を奪い去ってしまう。

積極的・消極的な安楽死

安楽死の倫理的問題は「要望による死」に直接つながる。死は「善い死」であり得るだろうか？　誰がそれを決断すべきだろうか？　ドイツにおいて私たちは、国家命令による障がい者や精神病者に対して行われる積極的安楽死という恐るべき経験をした。それはすでに第一次大戦後、重傷を負ったり神経を患ったりして戦場から帰還した兵士たちをどう扱うべきか医師たちが考えた時に始まった。少なからぬ医師たちは、そのような兵士たちの苦しみを終らせるために、国家が「恩恵死（Gnadentod）」を指示することを勧めた。その後、障がいを持つ人間に安楽死を勧めるために、彼らを「白痴」と呼び、彼らの障がいをドイツ国民に害をなす遺伝病と見なす社会医学の意見表明がつけ加わった。[113]とりわけ社会ダーウィニズムによって、強者の権利と弱者の無権利が、ニーチェの有名な箴言を用いて要求された。だが一九四〇年から障がい者と精神病者を「生きるに値しない命」と判定し、「安楽死」という合言葉のもとに大量殺害したのはナチのイデオロギーが初めてである。ミュンスターのガレン伯爵司教とヴュルテンベルクのヴルム監督が傷痍軍人たちの存在を引き合いに出したことによって、ようやく安楽死作戦は終わった。ナチといえども国民の不安を敢えて呼びさますことはできなかったのだ。国家によって命ぜられる積極的安楽死は大量殺人であり、人類に対する犯罪である。

六十年前に政治的な理由で行われたことが、今日商業的な理由で試みられている。言うなれば「供給される死」である。[114]それは要望された「積極的安楽死」のことだが、安楽死を供給する組織にとっての顧客のためだけのものだ。ここには「称賛すべき動機」はないから特に警戒しなければならない。確かに、どんな供給も何らかの需要に応えているのは事実である。だが、どんな供給も需要を呼び覚ます。これは現代の商売において当てはまる。さもなければ商売を拡大できない。供給される積極的安楽死では、「要望による死」と同様の両義性が生じる。つまりそれが自らの要求に基づく安楽死であれば尊重されるべきだが、他者の要望する積極的安楽死であれば無理強いに手を貸すことになる。他者に私を殺させることは無責任で不当な要求だと思う。なぜなら他者は私の命にではなく死に仕えなければならないからだ。いかなる人間も他者を死なせる務めに就くべきではないし、また就かされるべきではない。例えば戦争のような非常事態においてそれを行わねばならない者は、耐え難い重荷を負わされる。商業的に供給される積極的安楽死は非難すべきものだと私は考える。

もう一度、死なせること（Tun）と死んでいかせること（Lassen）を区別するならば、「消極的」または「間接的」な死の援助に人は責任を負うことができる。見込みのない人工的延命を中断する、あるいは死を受け入れる人々に鎮痛剤（例えば肺炎を引き起こしやすいモルヒネ）を投与するという、死んで「いかせる」こと（Sterben ›lassen‹）は無責任なことではない。また、死にゆく患者が慰められて、あるいは肯定されて自らの人生を去ることができるようにするために、最期をよく看取ることも、死んでいかせることの一つである。

患者のリビングウィル[115]

「医学的治療にもかかわらず不可逆的に死へと至る経過」の中で自らの人生を終らせることを、私は前もって決定できるだろうか？　そのように患者が自己決定することがもはやできなくなる致命的な病気として、植物状態や認知症がある。私は個人的には定かではないと白状しておく。そのような未来の状況における自分自身について、私はいま決断を下すことができるだろうか？未来の状態のために立場を決めることが私にできるだろうか？　私が今日そのような状態にある他者を目の前にする時には、私は準備ができている。だがそのような状態において、かつて放棄した自由裁量に自らが拘束されていることを承知したいかどうか私にはわからない。また誰に自分の「リヴィングウィル（生前の意思）」を委ねるかということも私にとっては問題である。私は親密で絶対的に信頼する人だけに委ねこそすれ、非人格的な組織に委ねたりはしないだろう。私自身は、患者のリヴィングウィルが私の信頼する人物から告げられた時、それを実行する備えがあるだけである。ベルギーやオランダのような国家は患者のリヴィングウィルの枠組み条件を定めようとしている。生においても死においても信頼と親密さが重要である。私個人は今八十四歳になってようやく、そのような最終決定的なリヴィングウィルを決めることができた。

第5節　肉体の復活？

倫理学において、肉体の復活を論じる章に出会うのは不思議かもしれない。しかし「希望の倫理」においては、肉体的生命にとっての希望をも問わなければならない。

よく目にする答えはこう言う。肉体は死んで腐敗すると。墓地では「土は土に、塵は塵に」という言葉を聞く。通俗化されたプラトン主義的理解によれば、身体とは不死の魂にとっての死すべき殻である。デカルトにとっては、思考するが「延長」を持たない魂は、「延長」を持つが思考しない身体と、しばらくの間結びついているにすぎない。現代人は、身体とは何かができるものだと認識している。つまり、好記録を求めるスポーツからボディビルに至るまで、フィットネスからウェルネスまで、人間はだれもが自分の身体から何かを作り、自分のために何かをすることができる。しかし死は彼の終りである。私たちが肉体的生命の終りを想定する場合と、肉体の復活における再生を想定する場合とでは、生き方に違いが出てくるだろうか？[116]

古代教会は、使徒信条に「肉体の復活」という言葉を挿入した。この「肉体の復活」の観念はすでに当時、ヘレニズム・ローマ的な文化の一般的な精神化の傾向に対立していた。ではなぜ、「肉体の復活」はキリスト教的希望の地平の中へと、そして信仰告白の中へと入ってきたのだろうか？

「肉体の復活（*resurrectio carnis*）」をいかに翻訳すべきかという問題に困難を感じた人々もいくらか存在した。「肉体（Fleisch）」という訳語は多くの人々にとってきまり悪いものだった。なぜならそこからは「肉と血」の匂いがしたからである。それゆえにドイツ語ではLeib（身体）、英語ではbody（身体）と訳された。このほうが人格的に聞こえるからである。カトリック教会とプロテスタント教会は、最終的に「死者の復活」という統一訳で合意した。なぜならこれは、使徒信条の第二項の「生ける者と死ねる者」のように人格的に聞こえるからである。私たちは今日、信仰告白においてそのような訳を用いているのだが、これは「肉体」と同じことを意味しているのだろうか？　「すべての肉なるもの」をもとのヘブライ語「コル・バザル（kol' basar）」まで遡れば、それが人間生命の脆さと儚さだけでなく、あらゆる生き物を意味していることがわかる。イザヤ書四〇章5節によれば、最後に「主の栄光が啓示され、すべての肉なるものは共にそれを見る。」私たちが個人的身体性を持つ人間の人格だけを視野に入れるならば、生命のこうした普遍的な次元は失われてしまう。「肉体の復活」において、人間は生けるものの織りなす網の目と地球の生命空間もろとも救贖されるだろう。まだパウロはこのことを知っていた。それは彼が、肉体の救贖を待っている「私たちと共に」切なる願いを抱く「被造物の溜息」を聞いた時のことである（ロマ八19〜22）。

生命の復活

私は、死者の復活や、身体や肉体の復活について語る代わりに、「生命の復活」について語ることを提案する。生きた肉体ということで、私たちは魂を抜き取った客体としての身体のことを指しているのではなく、私が主体的にそれと同一であるような、経験される肉体のことを指しているのである。つまり私は肉体であり、この肉体は私である。これが私の肉体的な姿であり、私の生命の歴史である。このような観点において生命とは、生きられ、肯定され、愛され、受け入れられた生命を意味する。真の生命とは、私がそれであるところの肉体性である。私たちが信仰告白において、生きられた生命の復活を語るとすればどうだろうか？　そうすれば私たちは死んでいくこともまた生命の一部分として受け入れ、死に対する生命の勝利を信ずるだろう。そうすれば私たちは、変容された肉体性において永遠の生命が生きられるということを理解できるだろう。「肉体は復活するだろう。肉体のすべて、同一の肉体、肉体全体が」と、テルトゥリアヌスは有名な文章「肉体の復活について」（二一二年以後）で印象深く書いている。そして彼は「肉体」が救済の鍵であると説明した。なぜなら神は「肉体に現れた」のであり、私たちは生きられた生命において生ける神と出会うからである。それならば死において、蘇りをもたらす神と出会わないはずがあろうか?!

しかしこのような主張と共に、私たちは性の差異に出会う。男性と女性は自らの肉体をどのように経験するのだろうか？　出産する能力と己のリズムを持つ女性の肉体は、それが時々汚れたものとなり、概して誘惑されやすく、男性の肉体よりも弱く、信頼できないものだという古代の観念によって、圧迫されてきた。中世全体を通して、人間が神の似姿たることは、身体の彼岸においての、魂の上側にある頂点の「性が存在しないところにおいて（ubi sexux nullus est）」初めて始まるという観念が存続している。だが創造の物語によれば、私たちは男性および女性としてまったき肉体性において、神の似姿たることを受容すべきであり、肉体と魂をもって生ける神を喜ぶべきなのである（詩編八四3）。

身体の霊性

こうして私たちはここで、肉体的生命にとっての復活の希望の重要性に至る。つまり、復活の希望の光の下で生命を愛する者は、幸せになることができる。あらゆる感覚が目覚め、理性と心がこの生命の美しさへと開かれる。しかし私たちはこのような生命への愛と共に、苦しむこともできるようになり、この死すべき生命の痛みと失望と苦悩を感受する。究極的には、愛する者の生命は内側から外側へと向かって生き生きとするが、外側からは傷つきやすくなる。生命と死が本来何であるかを私たちは愛において経験する。なぜなら、愛において私たちは自らの外側へと出て行き、幸せになることができると同時に傷つきやすくなるからである。これと反対の試みも簡単にできる。つまり生命に対する愛を失う者は、参加しなくなり、無関心になる。彼にとってはすべてのことがどうでもよい。彼は喜ばず、また涙も流さない。まるで世界が無であるかのように、彼は世界を通り過ぎる。これは以前には魂の死と名づけられたが、今日ではゾンビ、さまよう遺体、魂が硬直した人間と言われるかもしれない。

承認されず、愛されず、拒否された生命は、無駄にされた死せる生命である。そこで私たちが経験するのは、「生前の死」である。これは聖書の比喩では、芥子種《からし》によってよく表現されていは枯れて生命力を失ってしまう。これは拒否されて、生きられず、実を結ばない生命であり、絶望的な死である。

それは「一粒のままである」（ヨハネ一二24）。

私たちは今日、新しい「身体と感覚の霊性」を学んでいる。[117] 魂の神秘主義の後に、今や身体の神秘主義がやって来る。感覚世界からの神秘的離脱の後に、今日では感覚の新たな目覚め、そして注意深い生命の新たな目覚めがやって来る。イエスと私たちを生き生きとさせる霊は、魂を悲しみから解放するだけではなく、身体を硬直から解放し、トラウマとなっている記憶を癒すだけではなく、心身の病気を癒す。大きな悲しみの中で、またとても愛していた人間を喪失した後で、私たちは自分のあらゆる感覚が消え去るように感じる。私たちはもはや色を認識せず、自分の周囲の世界は灰色になる。私たちはもはやメロディーを聞かず、すべてが単調になる。私たちはもはや何も味わわず、すべてが味気なくなる。私たちの感覚は死に絶えてしまったかのようである。私たちと周辺世界との間にガラスの壁のような分離が生じる。私たちは参加することがなくなり、生きた肉体を持ったまま硬直する。これはスペインの神秘主義者たちが「魂の暗い夜」と名づけたものである。その時、もしも私たちが神の霊において、他の人間を通して、あるいは自然の中で咲いている花を通して――私は一九四五年に戦争捕虜となった時の自分自身の経験を語っているのだが――生命への無条件の愛を再び経験するなら、私たちの中に生命の意欲が目覚めるのである。私たちは再び色鮮やかな世界の美を認識し、再び生命のメロディーを聴き、味覚を取り戻し、感情が再び私たちを世界の中へと引き込む。私たちは自らの魂の殻を去る。私たちの感覚は目覚め、私たちは命を生きる。これが新たな「身体の霊性」に属する新たな感覚性である。この両方において、私たちは被造物の来たるべき春を知覚する。そのようにして「肉の復活」の希望は、私たちの肉体的で感性的な生命に対して、今ここで働きかけるのである。

身体の演出

「体つき」はきわめて可塑的なものである。それは経験によって刻印され、また意識的に形成することができる。私たちの身体言語は、私たちの人生の歴史や人生に対する態度をとてもよく表す。体つきにとっては、単に生き永らえることだけでなく、常に「演技すること」が大切なのだ。なぜなら私たちの体つきは、「私は誰か」「私たちはどうありたいのか」という問いに答えるからである。人間は生まれながらにして俳優であり、自分を隠したり露わにしたりする。「いかなる深い精神も仮面を必要とする」とフリードリヒ・ニーチェは言った。だがこの言葉も二義的である。いかなる精神も仮面をつけたままで己を見せようとするのである。だから身体を演出することや外見を繕うことが重要となる。それらを適切に表現できて初めて、私たちは人生経験を本当に「した」ことになる。いずれの経験にとってもその経験の表現が必要であり、いずれの人生にとってもその人生の形成が必要なのだ。

人間の身体は、持って生まれた素質と生活史によって形成される。病気や精神的な影響や決定的な体験は身体に痕跡を残す。労働や苦難は私たちの身体を受動的に形成する。職業は体つきを際立たせる。路上で通りすがりの人の職業を当てることは魅力的な遊びである。労働者、農民、役人、秘書、教師、管理職、どれも歩き方や姿勢や表情で見分けられる。社会的な地位はしばしば典型的なポーズで見分けがつく。例えば経営者は腕組みをして「状況に正しく対処できる」ことを示し、銀行家はうまくいっているという表情を浮かべる。人気のある政治家、難問に取り組む教授、人目をひく魅力たっぷりな美人……。

意識的に演出された身体の演技を少しばかり見てみよう。

1．古代教会の修道院の生活様式においては、禁欲的な「身体の振る舞い」が存在した。断食と祈り、禁欲と苦行によって、また砂漠の孤独と永遠の沈黙へと入っていくことによって、パウロがガラテヤ書五章14節やローマ書六章６節で書いたように身体は「情欲や渇望もろとも十字架につけられ」、「罪深い肉体は死に、私たちは今や罪には仕えることがない」。パウロが、過ぎ去りゆくこの世における悪の力にとり憑かれた身体と未来の世における救済によって変容する身体との間の葛藤として黙示録的に描いたことがらは、古代世界の禁欲主義者によって肉体と魂の二元論において保たれた。その二元論によれば、魂が身体という牢獄の軛《くびき》から自由になるために身体が殺されねばならない。キリスト教の禁欲主義者たちは、キリストと共に復活するためにキリストと共に死のうと努めた。彼らは禁欲においてキリスト教の殉教者たちを模倣し、己を犠牲とすることに備えた。キリストの模倣（イミタツィオ・クリスティ）は、彼らをキリストと同じ姿にすべきものだった。それゆえに彼らにとって、キリスト信仰の肉体的表現はかくも重要だったのである。キリスト教的な殉教とキリスト教的な禁欲は、目に見える世界において「キリストの姿

となること」の様式であったし、今もそうである。(118)

2．軍事的な身体は、プロイセン軍の行進において驚異的な光景だった。だがそれは万国の兵隊に見られるものであり、アメリカ合衆国の「ウェストポイント・ボディ」にも見られる。「顎を引け、胸を張れ、腹を引け、両手をズボンの縫い目にあわせて、気をつけ！」というように、ドイツの軍隊では「直立不動」の練習が行われた。命令に対して自動装置のように反応することを叩き込まれたのである。軍事的な身体の目標は、自己支配から自己犠牲にまで至るものだった。プロイセンではさらに加えて、各々の我意や自立的な思考を排除するために、意志を折られた。軍事的な身体においては、あらゆる筋肉が引き締められ、兵士は「直立不動の姿勢をとる」。これに比べると、中国の仏像は全くリラックスしたものである。

3．現代世界の手段を用いた「身体の演出」は、人間の身体の形に対する禁欲的で軍事的な自己決定を前提している。彼あるいは彼女は、誰であれ、自分が欲するものになることができる。業績と享楽を目指して鍛え上げられた身体は、「元気に働き、元気に楽しむ（fit for work, fit for fun）」ことができるのでなければならない。身体は、期待されるものをもたらすことができなければ、もはや何の価値もなく、お払い箱にされる。身体をいつでも自由に使えるよう保つために、鍛練し、ジョギングし、フィットネスセンターを探さなくてはならない。昔のドイツの言い方では、肉体を「鍛える」のだが、今日では「強化」とか改善とか言われる。

「現代の」スポーツは「現代社会の舞台」となった。高度な業績を競うスポーツは、通常の職業生活において業績を高めるための手本と見なされる。頂点にいるスポーツ選手たちは、ライフスタイルのアイコン、広告の担い手にされる。「より高く、より速く、より強く」が褒賞を与えられて、労働の強度を高める励ましとなる。身体はそれが求める業績に適応させられる。スキージャンプの選手は軽くなければならず、相撲の力士は重くなければならない。どうやらドーピングなしに好記録を競う現代スポーツは存在しないらしい。バイオテクノロジカルな可能性や神経系のドーピングを取り締まることは、ほとんど不可能である。オリンピックはもはや遊戯ではないし、十分の一秒を争う闘いはもはやスポーツではない。

それと同じくらい発展させられて広まったのは、身体を美しくする可能性である。個人の時間的な身体は、永続的で理想的な身体に適合しなければならない。いくつもの領域において、美を求める狂気と身体への崇拝は、すでに現代人にとって大切な宗教と化した。美容外科や整形外科は、自分に納得して他者から認められるために、欲しい身体を約束する。「美しくあろうと欲する者は苦しまねばならない」と言われるが、承認されるためならばどんなことでもするというのだろうか！　美を求める現代的な狂気の本質的な部分は、アンチエイジングのプログラムである。若くあり続ける者だけが美しく、美しくあり続ける者だけが若いとされる。彼あるいは彼女は自分のやり方で「不死」になる。鍛えられて美しい肉体は老化の痕跡を示すことがあってはならない。だが理想に従って整えられた身体は、奇妙なほど硬直して生気がなく、非人格的で、個性を欠いていないだろうか？

業績向上と美容術は本当に、自分の人生の正当かつ自由な自己決定の責任範囲なのだろうか？否、そうではない。人間に対して、業績を上げよ、成功せよ、美しく魅力的であれと強いるのは「現代社会の強制」である。現代スポーツの舞台においては、この強制はまだ優雅に「競技」と呼ばれるが、日常的市民社会においては、それはもっと厳しく冷たい生存競争である。好記録を競うスポーツにおいて、ドーピングは組織ぐるみの強制となった。一緒にやらない者は締め出される。これによって稼ぐ製薬会社もまたそう言う。期待される業績を上げることができないのではないかという不安のために、有名なドイツのゴールキーパーのロベルト・エンケは、二〇〇九年に列車の前に身を投じてしまった。燃え尽き症候群への不安から、教師たちは神経系のドーピングに手を出す。一緒に手を出して勝利者に加わろうとしない者は、いずれにせよ自己責任で犠牲を負わねばならない。同じことが美についてもあてはまる。「より美しくなることができる」は、とっくに「美しくあらねばならない」に屈してしまった。だから美しい人々はしばしば、あれほど硬直していて喜びを欠いているのである。身体に対する彼らの愛は、もはや身体に対する憎悪と区別がつかない。現代世界において、高い業績をあげて美しく整えられた身体はしばしば軍事的身体の変型であり、禁欲的身体の継承者である。マックス・ウェーバーは「世俗内禁欲」について語ったが、それは、このようなはかない世俗内目標のための禁欲のことであった。

4．真正のキリスト教的な身体経験は、神的な愛の信仰経験に含まれる。(119) 受け入れられ愛されていることを経験する者は、自分自身にも納得し、自らの身体をあるがままに、また時と共に変化することを受け入れる。神の愛の経験は信仰者を義とするだけではなく美しくもする。「罪人は愛されるがゆえに美しい。彼らは美しいがゆえに愛されるのでない」とルターは一五一八年のハイデルベルク討論で書いた。[120] 人間的な愛もまた、それが無償で先立つものである時、愛される者を美しくする。その愛は、喜びを目覚めさせるがゆえに、醜くなった顔にも美の輝きを呼び起こす。「愛の肉体」は、神的な生命によって満たされた人間の生命である。[121]

実際すでに、神が人となることによって、現代の「機械人間」に対する、また人為的産物である「業績」と「美」に対する反対像がもたらされる。私たちが高慢で不幸な神々から真の人間へとなるために神は人となったのである。[122] そのような人間とは、自らの若さも老いも受け入れることができて、自らの身体の移ろいやすさに納得している人間である。そのような人間とは、生命が業績以上のものであり、人間を美しくするものが愛であることを知っている人間である。

第Ⅲ章　地球の倫理

生態学的倫理の諸問題に至る前に、生態学の諸問題において私たちがいったい何について語っているのかを明らかにしなければならない。私たちが対峙している自然へと向かうのか、それとも私たちが属している私たちの環境世界へと向かうのか、それとも私たちと共に生きている人々の世界へと向かうのか、それとも私たちが存在している地球へと向かうのか？

「地球」〔die Erde は大地、地とも訳し得る〕は私たちにとって二つの意味を持つ。ひとつは、私たちが立っている大地のことであり、もうひとつは、私たちが生きている、大気圏と生物圏を持った「青い星」のことである。衛星からの写真は、生命を発展させる大気の薄い覆いに包まれた、私たちの星である「地球」を映し出している。この点で私たちは、自らをあらゆる側面から取り巻く地球において生きている。わたしたちがその「中で」生きている地球を、全体としてはどのように理解すべきだろう？　私たちはまずガイア理論を取り上げ、それから聖書の視点を検討することにしよう。[123]

第1節　地球の空間において――地球とは何か？

1　ガイア理論

天文諸科学は、この星の生命領域と非生命領域のあいだの相互的影響を指摘してきた。このことから地球の生命圏が、大気圏や海や地殻と共に相関的で複合的なシステムを成しているという考えが形成されてきた。またこのシステムを唯一無比の「有機体」に喩えて理解することもできる。なぜならそのシステムは、この星を生命にふさわしい場所として保持する能力を持っているからである。太陽エネルギーを絶えず受容することによって、生命は光合成において発展させられ保持される。これが、大いに議論されてきたジェームズ・ラブロックの理論である。(124) もともと彼は、前述のような地球システムを「ホメオスタシスを持つ普遍的でバイオ・サイバネティックなシステム」と呼ぼうとした。しかし彼の隣人である詩人のウィリアム・ゴールディングが古代ギリシャの大地の女神ガイアの名前を与えたのである。私たちは自分たちの地球を、そこで生存している生物が理想的な環境条件を創ろうとしている自己調節的なシステムであると理解する。生命を促進するような比較的安定した諸条件を積極的な管理によって維持することを、私たちはホメオスタシスと名づける。こうしてこの理論は「ガイア仮説」として知られるようになり、今では、さらに大きくガイア理論と呼ばれる。それは、保守的キリスト教徒が危惧するような、地球の再神秘化や神格化を意味しているわけではない。[125]だが地球は、単に多くの生命種にとっての生命空間としてのみならず、それ自体が「生きていて」実りをもたらすものとして理解されるのである。

ラヴロック自身が言うように、ガイア理論は、自然は支配され搾取されるべき物質や力を提供するにすぎないというような現代の意見に対して、ひとつの代替案を提供する。ガイアは盲目ではないし沈黙もしない。この理論は、地球という惑星がいつか燃え尽きるか冷え切るまで太陽の周りを意味も目的もなく回転する精神無き宇宙船であるという、意気消沈させる観念に対して、ひとつの代替案を提供する。ガイア理論はとりわけ、地球をただ単に人間の環境と見なすだけの現代の人間中心主義に対してひとつの代替案を提供し、逆に、地球を基準にして人間を考えるように導くのである。

他の生物と並んで人類もまた広がっている地球システムは、ちょうどマクロ分子と細胞から複雑な生命形態を形成しその生命を保つことができる惑星有機体のようにして働いている。生命に敵対する遺伝子結合を排除する一定の安全システムが存在する。一種のガイア言語が存在するのである。遺伝子コードは、あらゆる生物によってコミュニケーション的に利用される。数百万年を経て地球の生命世界には「自然の記憶」が蓄積され、その記憶によって自然はまた未来へと向かっていく。[126]

一つ一つの細胞や一つ一つの器官が一つの身体の一部であるように、ガイアが生み出す諸生物もまた、生態系システムの一部である。その生態系システムの中で諸生物は生きており、またそのシステムによって生きている。「全体は部分の総和以上のものである」ということは正しい。なぜなら、全体はそのつど新しい有機体原理であり、それによって、諸部分とは異なる性質を持ち、それらの部分が新たな全体性へと統合される時、再び変化させられるからである。地球の生命世界において、私たちはますます複雑になる全体性の構造を観察し、そこに惑星的有機体の傾向と地球の未来を認識するのである。

意識と理性に恵まれた人間について、ラヴロックは次のように言う。「それ（ガイア）は、私たちの驚きと喜び、思考する能力と推測する能力、そして倦むことなき好奇心を、私たちと共有せねばならない。」[127]彼はこれによって、ガイアが私たち人間によって目覚めさせられて、自己自身を意識するようになるということを言っている。だがこれは、人間を被造物の中心とみなす、古い人間中心主義的な観念である。[128]ただし彼は同時に、地球が生き延びるだろうと予言している。ドイツ語訳の表題が約束している「楽観的な生態学」は、人類も生き延びるだろうとまでは言っていないのだが。

世界の解釈にとって、またそれと同時に生態学的な倫理にとって、ガイア理論が持っている意義はどれほど評価しても評価しすぎることはない。

1．ガイア理論は、地域や地方の生態系システムをそのグローバルな機能において認識することを可能にするが、そのシステムをただ人間生命だけに関係づけることを可能にするのではない。生態系は人間世界の拡張ではない。

2．ガイア理論は、従来の自然科学の方法を逆転させる。ますます細分化していく専門家の知識に代わって、様々な学問の協力と、それらの学問の地球学への統合が行われる。自然諸科学と文化諸科学は、地球有機体における人間の連関が問題となる時に互いに交錯する。

3．統合する知識は、孤立をもたらす細部知識に劣らず学問的なものである。むしろ部分に関する知識は、全体の直観へと止揚されねばならない。統合する知識は究極において、「分割し統治せよ（divide et impera）」という方法に基づく支配の知識ではなく、共に生きること、また共に生き延びることへの関心に由来する。

4．ガイア理論は、現代人の人間中心主義的な自己理解と、地球の自然に対する現代人の自己中心的な振る舞いをやめるように命ずる。この理論はラヴロックが言うように、人類が地球システムの生命全体に対して「民主主義的に順応すること」に寄与する。[129] もちろん地球もまた、孤立的に見ることはできない。惑星としての地球は太陽系の一部分であり、太陽系はさらに大きな銀河の部分であり……というように。だからこそ教会教父たちがすでに、聖書の「天と地」を「見えないコスモスと見えるコスモス」と翻訳したのである。

5．カール・フリードリヒ・フォン・ヴァイツゼッカーによれば、核の恐るべき破局は、国家の対外的政治を共同の「世界内政治」の一部分として把握し、人類の世界共同体の政治的構成体を建設すべきことを私たちに教えた。エルンスト・フォン・ヴァイツゼッカーが正しく結論したように、生態系の恐るべき破局は、既存の共同の世界内政治を「地球政治」として把握することを私たちに命ずる。[130] 私たちは今日、自分たちの「世界」を「地球」と把握することなしに「世界政治」を行っている。なぜなら、私たちは人間世界のことしか考えないからである。私たちは、地球システムを尊重することなく、グローバル化した「世界経済」を営んでいる。地球システムに対して背を向けて負担をかけながらこのような経済を営んでいる。私たちは「グローバル化」を誇るが、そのグローバル化のどこにグローブ（地球）が残っているのだろうか？　私たちは地球にどんな発言権を認めているのだろうか？　言い換えれば、人間世界がその一部分をなし、それに保護されて私たち全員が生きているところの生態系システムに対して、どんな発言権を認めているのだろうか？　私たちはいつになれば、人類のことを地球におけるその他多くの生命形態のひとつとして、またそれらと共にある一生命形態として、理解するのだろうか？

2　聖書的視点

すでに創造に関する最初の報告が示すように、聖書的な言語使用において、「地球」は二つの関係の中に現れる。

a　天と地

b　地と海と大気

「天と地」によって、被造世界の二重の形態が表現されている。それはニカイア信条が「見えない世界と見える世界」と言っているのと同様である。[131]「天」という言葉によって、神へと開かれた被造物の側面が示される。それゆえに、「天」は複数宇宙（Pluriversum）として表現されるが、他方で「地」は常に単数形で語られる。つまり地は単一宇宙（ein Universum）なのである。多くの天も有限の被造物であるがゆえに無限の神を把握することはできないのだが、それにもかかわらず神の住まう場所として言い表される。「天は私の王座、地は私の足台。お前たちはいったい、私にどんな家を建てようとするのか。どこが私の憩う場所か。主はそう言われる」と、使徒言行録七章49節は、イザヤ書六六章1節から引用して語っている。創造的な生ける神の住まいとして用いるために天と地が創造されたというのは広く受け容れられた見解である。比喩なしに言えば、これは、現代の人間中心主義とは対立する神中心主義的な創造解釈である。人間が「創造の頂点」なのではなく、人間を他のあらゆる被造物と共に祝福する神の安息が頂点なのだ。天は、神がすでにそこに住んでいる限り神にふさわしい世界である。そして地は、まだ悪と死、すなわち被造物に対する破壊が悪行を働いている限り神に反する世界である。だからこそ、あらゆる神的なものが「天になるごとく、地にも」なるようにと、祈りがささげられるのである。未来に対する聖書的な希望は、多くの苦難を経た大地もまた神にふさわしい世界となるようにと、天と地に向かっている。このような「大地に対する誠実」が、彼岸待望を大地への軽蔑と結びつけるグノーシス的な救済宗教から、イスラエルとキリスト教の信仰を区別するのである。

a　肥沃な大地

祭司資料の創造物語は「地と海と空」という言葉で、生き物が存在すべき生命空間のことを言いあらわしている。(132) 生き物について語られる前に、まず生命空間が創造されるというのは、古代の知恵である。なぜなら、このような生命空間それ自体は、空虚で受動的なものではなく、肥沃でエネルギーに満たされており、生産的なものだからである。創世記一章20節にはこう書かれている。「そして神は言われた。『生き物が水の中に群がるようになれ。』……そして神は水に群がるもの、すなわち大きな怪物、うごめく生き物を創造された。」海と海の動物は、「群がり」によって結びつけられる。創世記一章24節にはこう書かれている。「そして神は言われた。『地は生き物を産み出せ』……そして神は地上に生き物を創られた。」ここで地（エレッ）は、「産み出す生命力」を与えられる。この力と共に、神は動物を「創る」のである。地以外のいかなる被造物に対しても、そのような創造的な力は与えられない。地は生命の進化のための力を持っている。ダーウィンは正しい。もちろん25節によれば、神はまた種を「それぞれの仕方で創った。」だがこれは、ダーウィンの進化論に対する聖書的反論ではない。なぜなら「種」は、新しい生命形態への創造の跳躍を意味するのであって、不変の創造秩序を意味するのではないからである。

b　大地との神の契約

祭司資料によれば、洪水という生態系の破局の後で、神は生き残った者たちと「命の契約」を結ぶ。その契約は「あなたたち並びにあなたたちと共にいる地上のすべての生き物と」（創世記九9～11）結ばれる。この契約は、より大きな「大地の契約」の中にはめ込まれている。すなわち「私は雲の中に私のアーチ（Bogen）を置く。これは私と大地の間に立てた契約の徴となる。」（創世記九13）神が大地と結ぶ契約は、人間を通してではなく、大地自身を神に対する直接的な関係の中へと取り入れる。「アーチ（Bogen）」――しばしば美しく「虹（Regenbogen）として描かれる――は、人間にとってではなく、神にとっての記憶の徴である。人間にとって、神と大地との契約を知ることは、大地の神的な秘義を尊重しその神的な契約の権利を守ることを意味する。このような大地の権利は、イスラエルの安息日の律法制定において表現される。

c　大地の安息日

旧約聖書によれば、大地の安息日は、神の生態系の一部分をなしている。現代人は、大地とその固有の身体を、主として労働と消費のために認識する。[133] 彼らは、大地の肉体性の道具的側面と自然の有用な側面しか見ない。だが、自然と自己自身を神の被造物として理解するための、古くて簡素なユダヤの知恵が存在するのである。それが安息日の祝いである。この日、人間は自分の子どもや奴隷や動物、そして自分の領域内にいる異邦人をも休息させて、彼らが存在することの奇跡を褒め称えねばならない。[134] 彼らが休むだけではなく自然をも休ませねばならない。彼らは目的と利益を忘れねばならない。そうすれば彼らは自分自身のことを自らが創造されているがままに認識するだろう。また彼らは、自然がそれ自身のためにあるがままに自然を見るだろう。この休むことと休ませることに、再生の力が存するのである。

安息年の戒めは、大地に向けられている。なぜなら、大地は肥沃で生産的であり続けるべきだからである。「七年目には、土地は主のために、大いなる安息を祝わねばならない」とレビ記二五章４節は言う。その社会的根拠づけは、出エジプト記二三章11節によれば「あなたの民の乏しい者が食べられるように」ということである。またレビ記二五章１節は、その生態系的な根拠づけを「土地がまったき安息を得るために」と述べている。レビ記（二五章）によれば、大地の安息の憩いは、最も大きな意義を持っている。神のあらゆる祝福は、従順な者たちに与えられるが、不従順な者たちは神によって罰せられる。レビ記二六章33節にはこう書かれている。「わたしはあなたたちを異国に追い散らし……あなたたちの国は荒れ果て、町々は廃虚と化す……国が打ち捨てられ、あなたたちが敵の国にいる間、土地は安息し、その安息を楽しむ。」これは、イスラエルのバビロン捕囚に関する注目すべき生態学的解釈である。神は、自らの民によって略奪されて不毛になりそうな自らの土地を救おうと欲する。神の土地が休息をとり、与えられてこなかった安息を祝った時、民は帰還することができる――「七十年」の後にである。

古代のあらゆる農耕文化は、土地の肥沃さを保つための休閑地の原則を知っていた。巨大帝国だけが、大都市や軍隊を養うために、その肥沃な地域を土地が砂漠になるまで休みなく略奪したのである。そのように、生態系をめぐる今日のたいていの紛争もまた、その土地のものではないアグリビジネスやよそから来る権力と、その土地に生まれて故郷に根ざしている民衆との間において起きる。土地において土地と共に住んでいる人々は、世界市場のために生産する前に自らを養う権利を得なければならない。彼らは自立して生計を立てる権利を持っている。ただそのようにしてのみ大地の肥沃さも大切にされるだろう。そして、そのような大地の肥沃さがなければ、かつてイスラエルが神の土地から消え去ったように、人類も近いうちに、荒れ果てた大地から消え去ることだろう。

d　大地の霊

大地の霊は、そこにいるあらゆる被造物にとっての創造的な生命力である。神の霊が「注がれる」と、その霊は「あらゆる肉の上に」――これは「あらゆる生き物」をあらわすヘブライ語の表現である――やって来て、それを永遠に生かそうとする。イザヤ書三二章15～18節によれば、「霊は高みから」、砂漠にも畑にも「注がれる」という。その時「荒れ野は園となり、畑は森と見なされる。荒れ野に公平が宿り、園に正義が住まう。正義の実は平和であり……」。「高みから来る霊」は、大地を生き生きとさせるだろう。春のように、それまで沈んでいたあらゆるものが花開くだろう。ロマン主義者が言った「凍りついた自然」は割れ、人間の乱獲によって拡大した荒れ野は、天国の庭となるだろう。これが自然の復活である。(135) それはロマン主義的な奇跡の世界ではなく、法と正義に関する現実的な問いである。

神が来る時、神は「地上の国を裁くため」に来る。その時「義の太陽」が昇る。それは衰えたものを助け起こし、沈んでいたものを目覚めさせる。(136) このような義によって、神の審判は罰をもたらす審判ではなく、大地を癒し、修復し、助け起こし、大地に実りをもたらす喜びである。それは、諸国民にとっては神の真理であり、大地にとっては神の義である。神の到来への期待は、あらゆるものを包括するものであり、地上的なものである。神は自らの義と共に、自らの大地とあらゆる地上の被造物のところへとやって来る。このことには人間の諸国民も含まれるが、特に彼らにあてはまるわけではなく、彼らが生きている「大地の国」にあてはまるのである。大地と共にある神にとっては、おそらく人間が重要なのではなく、人間と共に、神の愛する大地が重要なのだ。実際に「天になるごとく地にも」という祈りは、大地の国を意味する。そして実際に、クリスマスのメッセージのもたらす平和は「大地の平和」を意味する。

イザヤ書においてはそれどころか、大地に対する救いの効果が見出される。

天よ、露を滴らせよ
雲よ、義を注げ
地が開いて、救いが実を結ぶように
義が私に伴うように。
私は主、それを創造する。（イザヤ四五章８節）

イザヤ書四章２節において、メシアはさらに「大地の実」と呼ばれる。このような大地の救済の秘義は、キリスト教のクリスマスの歌においても、「おお救い主、大地より跳び出よ」と表現されている。大地はあらゆる生き物の母であるだけではない。この視点においては、大地は「神の母胎」、すなわち救い主と救いにとっての母でもある。正教のイコンでは、イエスの誕生は人間の作った家畜小屋の中にではなく、自然の大地の洞窟の中に描かれている。

e　大地の輝き

旧約聖書の諸観念において、神が大地に対して特別な関係を持っていることは明らかである。創造物語（創世記一31）によれば、「神は自らが創ったすべてのものを見て」、「たいへん良い」とした。被造物に向けられた神の「光り輝く面」に、神の満足が現される。創造者の満足の中に存在することは、被造物の生存の喜びにとって必要なことである。各々の被造物は、自らが祝福されていることを感じる。「あなたは御自分の息を送って彼らを創造し、地の面を新たにされる。」（詩編一〇四30）

あらゆる被造物は、神の創造的な霊による形象である。創造者の輝く面の光の中で、大地の全体があらゆる被造物と共に光り輝く。用いられる比喩は、春の日の出である。「あなたは光を衣として身を被っておられる」（一〇四2）。

創造者は「知恵によって大地の基を据えた」（箴言三19）がゆえに、大地は存続する。形作る神の知恵は、大地の存続および大地における諸々の連関から認識できる。それゆえに「大地は主の知識に満ちている」（ハバクク二14〔これはモルトマンの誤りで、正しくは二14〕）。このことはいつも、天が「喜び歌い」、大地が「喜び踊る」（歴代誌上一七31〔これはモルトマンの誤りで、正しくは一六31〕）、イザヤ四九13）理由として挙げられる。

始めにおいては、神の被造物に対する満足があり、現在においては、大地が神の知恵と知識に満ちている。それと同じように、最終的な未来においては、神の「栄光」があらゆる国々を満たすだろう（イザヤ六章三節）。この言葉によって、創造者自身が被造物の中に「住み」、万物をその永遠の生命力で満たすために到来するあの未来が表現されている。[137]「神が到来する。」このことを告げるのは、すでに大地を満たしている満足と知恵と神認識である。このような観念は、神殿の比喩をもって描かれる。全宇宙、すなわち天と地がその神殿となるだろう。存在の根拠は、あらゆる存在者に対して超越的なままではおらず、あらゆる存在者の中へと入り、そこに内在する。この宇宙的な希望は非常に大胆なものであって、宇宙が始まった「ビッグバン」に対する反対像のようなものだと見ることができる。

新約聖書において、この大地の終末論はさらに続けられる。万物は神の言葉と知恵であるキリストを通して創造された。キリストの死は、大地に落ちて多くの実りをもたらす麦粒に喩えられる。彼の復活によって、「大地のものも天のものも、すべて和解させられる」（コロサイ一20）。このような「万物」の和解によって、万物が栄光化されるあの未来が先取りされ、その未来は「新しい天と新しい地」（黙示録二一2、Ⅱペテロ三13）の比喩をもって表現される。宇宙的なキリストはこれによって大地の救贖者ともなる。大地は、自らの起源を遥かに超えた栄光と対峙する。大地は神自身を受け入れて、神の永遠の住まいとなることへと解放される。

キリスト教的な大地の霊性において、この大地はいつも栄光の国に対して特別な関係を持ってきた。恩恵の国がすでに大地の国の期待を満たすのではなくて、創造者が住まう栄光の国が初めてその期待を満たすのである。カルヴァンにとって、神は「世界の構造全体において、人間が目を見開く限り神を認識せざるを得ないような仕方で自らを啓示し、今日もなおそうしている。神の本質は確かに把握し難く、その神聖さは人間のいかなる理解をもってしても到達できない。しかし神は、その個々の業に、自らの栄光の信頼できる徴を刻印した。……人間がどこに目を向けようが、神の栄光の少なくとも何らかの火花が見えないような世界の部分は、周囲のどこにもない」。「しかし」とカルヴァンは嘆く。「世界という建物のあらゆる燃える灯は、創造者の栄光化のためにありながら、私たちを無駄に照らしている。それらはあらゆる側面から光によって私たちを煌々と照らしているのだが、私たちには目が欠けており、私たちは盲目なのである。」(132)

このような観点から見れば、自然神学とは先取りされた栄光の神学である。自然神学は「神の栄光の徴」を自然の形態と経過の中で判読して解釈する。それはどのようにして可能だろうか？超越的な神の内在は、あらゆる被造物を自己超越へともたらす。それゆえに私たちは、あらゆる自然的な形態と経過を、到来する神の未来の徴として解釈することができる。「自然の書物」は「約束の書物」と共に、栄光の普遍的な国を指し示すのである。

「大地の輝き」は、その自然的な形態と経過の美であり、その「夢見る無垢」（P・ティリッヒ）である。それは創造者の到来する美を指し示している。

f　大地にどのような未来があるか？

自然科学的な予測に従えば、地球の終りが予見可能である。つまり地球は、太陽系が崩壊する中で、燃え尽きるか冷却化するのである。それは、人類がすでにそれより数百万年も前に、地球が居住不可能になったために死に絶えた後のことである。聖書の預言者的な約束によれば、この世界に代わって、新しい天と新しい地をもった新しい被造世界が現れる。

見よ、わたしは新しい天と新しい地を創造する。
初めからのことを思い起こす者はない。
心にも上ることもない。
彼らは永遠に、私が創造するものを喜び楽しむだろう。（イザヤ六五17、18）

新しい地を古い地から区別するものは、何だろうか？　それは、その地に持続的に住まう義である。天が過ぎ去り、地が燃え尽きても、この希望は存続する。

わたしたちは、義の宿る新しい天と新しい地とを、神の約束に従って待ち望んでいるのです。（Ⅱペテロ三13）

なぜなら、この希望は、神の持つ自らの創造の決定に対する誠実さに基づくものであり、いかなるカオスもいかなる破壊の力も神にその決定を思いとどまらせることはできないからである。神は「その約束に基づいて」大地の未来を形成する。それゆえに、ヨハネ黙示録の最後の幻において「新しい天と新しい地」が現れる（黙示録二一2）。「始まりの」創造に対して、何が「新しい」のだろうか？「神は彼らのもとに住み、彼らは神の民となるだろう。」天と大地を新しくするのは神のシェキナー（Schechina）である。永遠の生ける神が住まうことによって、天と大地とそこにいるあらゆる被造物は、永遠に生けるものとなる。新たな創造は永遠の創造、「終りなき世界（World without end）」となるのである。

3　「兄弟よ、大地に忠実であれ」

「私はあなたがたに懇願する。私の兄弟よ、大地に忠実であれ。そしてあなたがたに対して大地を超える希望について語る者を信じるな。彼らは毒殺者であり、……生を軽蔑する者である！……かつて神に対する冒瀆は、最大の冒瀆だった。……今や大地を冒瀆することが、最も恐るべきことなのだ。」フリードリヒ・ニーチェは『ツァラトゥストラはかく語りき』においてこのように書いた。(139)

ドイツの近年の神学の中では、実際にはクリストフ・ブルームハルトとディートリヒ・ボンヘッファーだけが、大地を神学的思考の対象とした。両者は神の国を「地上における復活の国」と理解し、観念論的で個人主義的であることが一般的なプロテスタント神学の中へ、肉体性の現実主義と大地への誠実を取り入れたのである。ブルームハルトはこう書いている。「目標は、まず地上的なものだった。私たちキリスト者が考えるような天上のものではなく、地上における天上的なものだった。……地上において神の名が崇められるように、地上において神の国があり、地上においてその御心がなるように、……大地は神の国の舞台である。……なぜなら、神の国は大地に直接関係しており、いま大地と共に生きているからである。[141]」「自然は神のふところである。大地から私たちのところへと神はやって来るだろう。[141]」新敬虔主義的な標語である「ただ浄福に（Nur selig）」や、救済を魂の救済へと還元することとは反対に、メットリンゲンとバート・ボルにおけるブルームハルト運動は「まず神の国と神の義を求めよ」というイエスの言葉を掲げた。この運動は、病人の癒しと共にシュヴァルツヴァルトの村メットリンゲンで始まった。そして息子のクリストフ・ブルームハルトは、疲れた人々や権利を奪われた人々の側に立つために、一八九九年にゲッピンゲンにおいて社会民主党に入党した。そのために教会は、彼を牧師職から追放した。

一九三二年に青年ディートリヒ・ボンヘッファーは、バルセロナの牧師補として「御国を来たらせたまえ」という言葉について講演を行い、ブルームハルトに従ってこう言った。「神の国を信ずることができるのは、大地と神をひとつのものとして愛する者だけである。」「キリストは、……人間を宗教的世界逃避の背後世界へと導き入れるのではない。彼は人間を大地の忠実な息子として、大地へと返すのである」。「教会が今日神の国を求めて祈る時、大地と悲惨と飢えと死に対する忠誠のために、教会はその身を捧げるのである。」その根拠をボンヘッファーはキリストの復活に見出した。「ここで死の法則が破られ、ここで神の国自身が、大地の私たちのもとへとやって来る。[142]」クリストフ・ブルームハルトが新敬虔主義的な浄福の個人主義に反対したように、ボンヘッファーはキリスト教をグノーシス的「救済宗教」へと自由主義的に転化することに反対した。両者は、旧約聖書のメッセージに立ち返ることによって聖書的な大地の現実主義へと至ったのである。「いったい旧約聖書には魂の救済があるのだろうか？　神の義と国が何よりも中心点ではないのか？」とボンヘッファーは牢獄で問うた。[143]マリア・フォン・ヴェーデマイヤーとの婚約の後、彼はフィアンセに次のように書いた。「神が私たちにそれ（信仰を指す）を日ごとに与えられますように。それは世界から逃避する信仰のことではありません。そうではなく世界の中で持ちこたえ、世界が私たちにもたらすあらゆる危急にもかかわらず、大地を愛し、大地に忠実であり続ける信仰のことです。私たちの結婚は、神のものである大地に対する『然り』であるはずであり、私たちが地上で何ごとかをなして働く勇気を強めるはずです。」[137]ボンヘッファーがこのような大地への然りを告白したのは、彼がナチ独裁に対する抵抗のため告訴され、確実な死を目前にしていた時であり、またドイツの諸都市が一九四四年にすでに焦土と化し、殺されたユダヤ人たちの血が天に向かって叫んでいた時であった。

人間によってもたらされる大地の破局が予感される危機の中で、このような忠実さを生きることが今日では大切である。大地の有機的統一体の破壊を知りながらそれを容認し、生態系の死を促している多くの人々のあの無関心とシニシズムに抗って、このような忠実さを実証することこそが大切なのだ。

第2節　地球の時間の中で――創造論と進化論

私は本章で、創造信仰あるいは「インテリジェント・デザイン」理論のような、進化論に批判的な構想をまとも論ずることはしない。どちらも重要でないと考えるからだ。私は神学的な自然解釈学に従って、永遠の相の下で（sub specie eternis）自然現象を解釈することを問うことにする。そのために必要なのは、伝統的な創造論を修正し、自然史における神の創造過程を見ることである。[145] 私たちが大地を創造的空間として叙述してきた後、ここで問題となるのは、生命をもたらす大地の歴史と大地における生命の進化である。人間の歴史は大地の歴史の小さな一部にすぎない。私たちの文明をもたらした新石器革命は一万二千年前に初めて起きたものである。

神の創造に関する聖書的な観念は、イスラエルの歴史的な神経験によって形成された。それは、囚われから脱して、砂漠を経て約束の地へと入った、出エジプトの経験である。それゆえに、始めにおける創造という観念は事実上、神的創造の始まりの観念である。なるほどヘルマン・ヘッセによれば、どのような始まりにおいても「魔力が中に」棲んでいる。しかし始めにおける創造には、すでに目標の約束と神的創造の完成が内在している。創造における安息は、目標を指し示している。すなわち神が完成された被造物の中に住まうこと、宇宙的なシェキナーである。始まりにおける創造と共に、神の創造過程が開始されるが、その過程は新たなる永遠的創造において終るだろう。それゆえに私たちは、神の創造過程における三つの段階を区別する。
1. 始まりを創ること。「始めに神は天と地を創造した」（創世記一1）。
2. 新たなものを継続的に創ること。「古いことを思い出すな。以前のことを思いめぐらすな。見よ、新しいことをわたしは行う。今や、それは芽生え、あなたたちはそれを経験するだろう」（イザヤ四三18、19）。
3. 神の創造の完成。「見よ、私はすべてのものを新たにする」（黙示録二一5）。

1　始まりにおける創造

いったいなぜ何ものかが存在しており、その反対に何も存在しないのではないのか？　あらゆる高度な形而上学の持つこのような子どもの問いの中に、現存在に対する人間の驚きが隠されている。創造信仰は、この「なぜ」という問いに答える。存在するあらゆるものは、存在しなくてもよい。しかし、それが存在することは良いことである。それは、非存在によって脅かされている現存在である。それは、カオスによって脅かされる秩序ある現存在である。これを現す神学的な公式は「無からの創造（creatio ex nihilo）」である。だがそれは、万物が神の自由によって創造されたということを、ただ否定的に婉曲表現しているにすぎない。神は創造しなくてもよかったのだが、創造を決断したのである。なぜだろうか？　それは愛のためである。愛は、神をいわば自身から引き離し、この創造の冒険へと導き入れた。なぜなら、愛は善の自己伝達だからである。神はおそらく自分だけでやっていけたのだが、相対する神的でない者を持とうと欲した。それゆえに、神的ではないが、かといって無意味でなく祝福された一つの現実が、生命へと呼び覚まされる。その現実こそが世界であり、神の良き被造物として愛するに値する喜ばしきものなのである。

私たちもその中に存在する現実において神の創造こそが重要であるということは、創造者が被造物から自己を区別することによってもたらされる。世界は神的なものではないが、神に愛された被造物としてそれに固有な尊厳と権利を持っている。神的ではない世界が神と共存しており、有限の世界が無限の神と共存している。このことはまた、神の一種の自己限定を前提している。被造物に対して空間と時間および相対的な自由を与えるために、神は退いて、被造物からの応答を期待する。その応答は、聖書において被造物の賛美と呼ばれる。[146] あらゆる創られたものの意味は、「神の栄光を称えて、永遠に味わうこと（To glorify God and enjoy him forever）」である。

カオスからの創造という観念が前提するのは、被造物はカオスから区別されるがカオスによって脅かされているということである。カオスの力である「海」や「夜」は、被造物の中へと侵入するが、陸と海、昼と夜という仕方で神の秩序によって制限されている。私たちがここですでに完成へと目を向けるならば、このようなカオスの力は、黙示録二一章に従えば、被造物から完全に排除されるということを見出す。それはまた、パウロが第一コリント書一五章28節で「神がすべてにおいてすべてとなる」と言うのに似ている。

2　継続される創造過程

伝統は例外なく、完成された被造物および、神の摂理によるそのような被造物の保持について語ってきた。伝統は、まだ来ていない被造物の未来と共に、神による継続する創造過程のことも見過ごしてきた。だが旧約聖書においては、神の創造に対して用いられる独特な言葉「バーラー」が、「始まりにおける」創造に用いられるよりも頻繁に、歴史における神の働きに対して用いられている。神の創造的な世界過程において、始まりに関しては保護が、目標に関しては刷新が重要なことがらである。「見よ、私は新しいものを創造する、今それは現れる……」（イザヤ四三章）、そしてイザヤ六五章17節以下では「私は新しい天と新しい地を創造する。……それらは永遠に、私が創るものを喜び楽しむだろう」。

これはどのような創造だろうか？　これは無からの創造ではなく、古いものから新しいものを創造すること、創られてすでに存在するものを刷新し、高揚し、新たに形成することである。

それゆえに神の創造過程は、保護と刷新という二重の形態を持っている。私たちはそこに、さらに別の二重形態を認識することができる。それは、神の受難（Passion）と活動（Aktion）である。神の被造物であるこの世界を保持するために、神はこの世界の諸矛盾に苦しみ、耐える。それは、ちょうど創世記六章の洪水物語が語るとおりである。すなわち大地が悪事に満ちていた時、「神は人間を創ったことを後悔し、心を痛めた。」神は洪水によって悪事を根絶して、ノアと共に新しい創造を始める。なぜなら、神は人間の悪にもかかわらず、自らの創造の決定に対して誠実であり続けるからである。この物語はすでに早くから「神の痛み」と呼ばれた。

神は担う神である。神は、究め難い意志をもって天から支配するのではなくて、下から担うのである。出エジプトの物語は、そのことを次のように叙述している。「私がエジプト人にしたこと、そしてあなたたちを鷲の翼に乗せたことを」（出エジプト記一九4）。このように、忍耐強く目標を意識して支えることを表す「乳母が乳飲み子を胸に抱くように……」（民数記一一12）という女性的な比喩がある。また「父が子を背負うように……」（申命記一31）という男性的な比喩もある。

新約聖書では、キリストの受難について「あなたは世の罪を担う」と言われ、また「あなたは世の苦しみを担う」と言われる。「苦しむ神の僕《しもべ》」（イザヤ五三章）は私たちの病を担い、私たちの悩みを共にする。最後にヘブル書はそれを「彼の力ある言葉によって万物を担う」（ヘブル一3）と要約している。

そのように担う神は、遠い天にいる神々の父なるゼウスのようではなく、むしろ大地を肩に担うアトラスに似ている。神は、ギリシャ哲学によれば「基礎をなしているもの」、すなわちヒュポケイメノンのあるところに立っている。[147]

担う神はまた、個人の人生の歴史においても、神への信頼にとって重要である。「わたしはあなたたちの老いる日まで、白髪になるまで、背負って行こう。わたしはそうする。わたしが担い、背負い、救い出す。」（イザヤ四六4）

担う土台を象徴するものは、私たちが立ったり横になったりすることができる大地である。そして、新たなるものを創造する神を象徴するのは、朝の日の出である。「朝ごとにまったく新鮮で新しく……」と歌われる通りである。私たちは今この新たなるものへと向かい、予言的で使徒的な新たなるものというカテゴリーの中に、進化論の認識を置くことにしよう。ちょうどエルンスト・ブロッホが『希望の原理』において、進化論の認識を哲学的に叙述したようにである。(148)

3　進化と創発性

ダーウィンの研究は実証的であり、後続する研究によって幾重にも確証されている。論争の余地があるのは、彼自身による自らの研究成果の解釈、つまり彼自身による自然の解釈学である。

ダーウィンはその時代に、キリスト教という宗教の創造信仰を攻撃したのではなくて、宇宙における人間の神に似た地位を攻撃したのである。それは現代の宗教、現代の無神論、そして現代の自然科学によって、近代の始まり以来主張され正当化されてきたものである。「大地を従わせよ」という言葉が聖書の創造物語に書いてある。また自然科学と技術によって、人間は「自然の主人と所有者」になるのだとデカルトは宣言した。なぜなら、「知は力である」とフランシス・ベーコンは語ったし、また人間が自然に対して力を得れば得るほど人間が神の似姿であることがいっそう明らかになるからである。これは現代人の「神コンプレックス」である（H・E・リヒター）。だからこそ非常に多くの人々が「人間は猿に由来するのか？」という問いに恐れをなして反応したのである。

このことは、一八六〇年のオックスフォードにおけるTh・H・ハックスリーとウィルバフォース主教との間の有名な論争で明らかになった。ウィルバフォースは、ハックスリーに対する厚かましい質問をもって議論を始めた。いわく「あなたはいったい、父方と母方のどちらから猿に由来するのですか？」ハックスリーは憤激して、自分は科学的研究を笑いものにしようとする英国国教会の主教に由来するのではなく猿に由来するものでありたいと答えた。

今やダーウィンが正しく、人間と猿が同じ系統樹を持っているのであれば、人間の神に似た地位はおしまいである。人間は聖書が言うように「大地の被造物」であり、自らの特殊人間的な課題をただ被造物の共同体の内部においてのみ果たすことができる。自然生態系と人間文化における目下の危機の中へと私たちを引きずり込んだのは、宗教的学問的な人間中心主義であると知って以来、私たちはもはや、ダーウィンの進化論の中にキリスト教的人間論への攻撃を見るのではなく、人間があらゆる他の生物と共に同じ家族に属しているということを理解し始めている。人間はこの肥沃な大地の上で、あらゆる生き物たちとの生命共同体の中に立っている。これはつまるところ、洪水の後に創造が新たに始められたノアの契約の内容でもある。それは「あなたがたと、あなたがたの子孫とあらゆる生き物と」（創世記九10）結ばれる契約である。それゆえにあらゆる生き物は、神にとって契約の同胞であり、私たちにとってもまた契約の同胞なのである。

ダーウィンは「由来（*Abstammung*）」という概念を用いたが、彼の弟子たちは「進化（*Evolution*）」という概念を用いた。彼らはそれによって、変化する状況に最もよく適応したものたちが淘汰を経て生命種が発展することを示した。しかしこの概念は、ただ後ろを見て、起源について問うことばかりを促した。なぜなら「発展（Entwicklung）」においては「つつみ込まれた（eingewickelt）」ものだけが出現し、進化もまた自らが前提するものだけをもたらすからである。したがって、過去の潜在力から説明できるあの生命形態の多様性しか認識されないということになる。進化という概念は、現状がどうやってできたのか、今日の状態がどのようなものかを私たちに理解させるが、いかにしてそうなることができたのか、そして今日ことによると、どうなる可能性があるのかを理解させるのではない。進化論の観念世界においては、過去が現在を決定するが、未来が現在を決定するのではない。批判的にこう言うこともできるだろう。「進化論の太陽の下では何も新しいことは起きない」と。自然はいかなる跳躍も行わない。だからこそ歴史家は、進化論の概念を人間の歴史には応用しなかったのだと私は思う。

このような進化概念の限界を、新しい創発性理論が改善する。(149)この創発性理論は、自然史においては、所与の構成要素からは説明できない新たなものが生じるという。生命形態の歴史においては、連続的な発展だけでなく質的な飛躍が存在する。蟻塚は、蟻の総和とは異なる何かである。全体とは、最小の構成要素から部分を作り、それらの部分を全体的に結びつける新たな組織原理である。このことを示すのは、物質の階層構造と生命システムである。つまり陽子と中性子から原子ができ、原子から分子ができ、巨大分子から細胞ができ、細胞から有機体ができ、有機体から生命ができる。そして、どの質的な飛躍をとってみても、新たな全体を所与の部分から説明することは不可能である。一つ例を挙げよう。有名な遺伝学者のクレイグ・ヴェンターは、最近自分の遺伝子を分析して公表した。私たちはそれを新聞で見て感嘆した。さて、私たちはクレイグ・ヴェンターが誰だか知っているだろうか？　私たちは彼の遺伝子を観察しても、彼の名前すらわからない。私は二年前クレイグ・ヴェンターに、いわば人間どうしとして出会った。彼は私に、ベトナム戦争が自分の人生を変えたと語った。そのことから私は、遺伝子だけを研究しても人格の全体を理解することはまだできないという結論を引き出し、それを以下のように一般化する。全体を分割して部分だけを研究しても、全体を理解することはできない。こうした科学的還元は、認識のためには必要だが、全体を再び視野に収めるためにはその還元を揚棄することも同じくらい必要である。「……は、……と何ら異ならない」という言い回しをする還元主義は科学ではない。

これによって私は、自然史においては、物質と生命形態の組織構成が存在しており、そこに常に新しい全体性が現れるという結論に至る。だが自然は盲目ではない。偶然と必然の協力において、より複雑な生命形態とネットワーク化された共生へと向かう傾向が存在する。自然は諸々の形態と戯れ、突然変異によって実験を行う。

このような傾向は、「宇宙の自己組織」あるいは生命の自己組織と呼ばれた。(150)　神学的解釈は、このことに異論を唱えるのではない。逆に、この観念を超越的な神の霊の内在に基づく「自己超越」（カール・ラーナー）の思想によって深めるのである。これはヤコブ・ベーメ以来広まっている古い自然神学的な観念である。カール・マルクスは『初期著作集』の中でこう書いている。「物質に固有な特性のうち、運動は第一の最も卓越した特性である。それは機械的で数学的な運動ではなく、むしろ衝動、生の精神、弾力としての、また――ヤコブ・ベーメの表現を用いれば

――物質の苦しみとしての運動である。」[143]こうした観念の中には、はかなさからの解放を「被造物が私たちと共に切に待ち望んでいること」（ロマ書八19）に見る使徒パウロの洞察が隠されている。これは自然の希望である。マルクスにとっては、ここから非唯物論的な唯物論、すなわち弁証法的な唯物論が導き出された。エルンスト・ブロッホにとっては、希望の自然哲学が導き出された。それは「世界の実験（Experimentum Mundi）」である。私自身はこの自然の徴を、超越へと向かう神の霊の現臨だと解釈する。この神の霊は、新たな全体性の出現において神の国における自然を先取りする。[152]それゆえに私たちは自然史においても、求められ待ち焦がれられた未来の解放と統一と先取りを認識するのである。私たちは現在のことを、ただ単に過ぎ去った進化の現在と理解するのではない。私たちは過去のことを、「過ぎ去った未来（vergangene Zukunft）」であるとも解釈する。[153]なぜなら私たちは、現在を到来するものの現在として把握し、神の未来へと向かって身を伸ばすからである。

4　生存のための闘争か、それとも生存における協力か？

ダーウィンと共に「自然の戦争」や「絶えざる生存闘争」を仮定するのが正しいだろうか？　それとも進化の原理としては協力を、また人間性の原理としては相互承認を仮定するほうが、より適切だろうか？　ダーウィンによる生存闘争の説明は周知の通り、いわゆる社会的人種的なダーウィニストによって利用し尽くされた。しかし近年の研究によれば、自然的進化において複雑な生命システムが作られていく際に、競争原理よりも協力原理の方が効果的である。このことをすでに、ロシアの無政府主義者ピョートル・クロポトキンが、その著書『人間と動物世界における相互扶助』において示唆していた。グスタフ・ランダウアーが、ミュンヒェンのレーテ共和国の時代、一九二〇年に、この本をドイツ語で発行している。動物の環境世界の研究者であるヤーコプ・フォン・ユクスキュルにとっても、生命を促進する関係は生命の根本原理である。また有名なアメリカの生物学者リン・マーグリスは、自然淘汰による進化の代わりに、「シンビオジェネシス（Symbiogenesis）」について語っている。

人間の発育と能力の発揮に目を向ければ、ヨアヒム・バウアーの新しい神経生物学が、人間の遺伝的素質は動機システムによって調節されるということを示している。(154)だが私たちの動機システムは、他者による受容と承認と認知と評価によって刺激され、活性化される。拒絶と蔑みと孤立と実存的不安によって、そのシステムは弱められ制限され、極端な場合には止められてしまう。万人の万人に対する闘争は人間を孤立させる。「我々は連合すれば持ちこたえるが、分かれれば倒れる」とジョージ・ワシントンはアメリカ独立戦争において語ったが、このことは一般的な真理である。

ジャコモ・リツォラティによる二〇〇三年の反射神経の発見が証明しているのは、人間は猿と同様、無意識の中にすでに外部からの記号や信号に反応しているということである。反射神経は、感情移入や自発的参加や認知能力に対して責任を負っており、それゆえに私たちの人格間のコミュニケーションに対しても責任を負っている。

このような新たな生物学的知見は、それなりの仕方でキリスト教的な義認論を確証するものである。すなわち「神の賛美のためにキリストがあなたがたを受け入れたように、あなた方も互いに受け入れ合いなさい」ということである。神による無条件の受容は――パウル・ティリッヒが付け加えたように、あらゆる受容不可能性にもかかわらず――キリスト教的な神経験の核心部分であり、自己尊重と隣人愛にとっての永遠の根拠である。

5　進化論と進歩信仰

進化論にはしばしば次のような評価づけが結びついた。ダーウィンにとって「半野生」は「野生」よりは良く、「文明化された民族」は半野生的な民族よりさらに良いものだった。イギリスのヴィクトリア王朝時代は、彼にとって進歩の頂点だった。進化論がそのような進歩信仰と結びつけられると、発展の各段階は、より高い次の段階を生み出すことによって初めて価値を得る。永遠の相の下にある神学的な観点では、あるいはもっと簡単に言って神の前で観察するならば、各々の生命形態はすでにそれ自身の中に価値と権利を持っており、決して単なる発展段階中の一段階ではない。歴史家のレオポルド・フォン・ランケが、ヘーゲルに対して次のように言ったことは正しい。「各時代は直に神へと向かっている。そして各時代の価値は、そこから生ずるものによるのではなく、その存在自体、その固有の存在の中にある。」[155]したがって、ダーウィンがティエラ・デル・フエゴで恐れた「野生のものたち」は下等人間ではないし、子どもは「まだ大人になっていないもの」ではないし、胎児は人間の素材ではない。ここからもたらされる洞察は、あらゆる生命形態は、数万年前に生きたものだろうが昨日初めて生じたものだろうが、それ自身の中に尊厳を持っており、被造物の家族に属しているということである。

この超越的な視点に付け加わるユダヤ・キリスト教に特有の視点は、自然史を神の到来の光の下で見るということであり、ただ単に神の永遠の光の下で見るということではない。(156) その視点は、あらゆる生物の自己超越を踏まえ、人間が未来へと向けられていることを確認する。古典ギリシャにおいては、神が存在しており過去にも未来にも存在すること、つまり三つの時間すべてに同時的に存在するということによって、永遠が表現された。これに対してキリスト教的な神経験は時間を中断する。そして「今存在し、かつて存在し、やがて到来する」（黙示録一8）神について語る。「到来する」神とは「希望の神」（ロマ一五13）であり、エルンスト・ブロッホが、存在状態としての未来を帯びた神と名づけたところのものである。

ここから人間の自己理解に資することは、人間はある発展の最終的産物ではなく、また常に同一のものでもないということである。むしろ「私たちが成るところのものは、未だ現れていない。なぜなら、私たちはその方をありのままに見るだろうから」（Ｉヨハネ三2）。それゆえ現在の人間存在は、神学的には、より大きな未来の先取りと開始であると見なされる。だからこそ人間は、「不安な心」（アウグスティヌス）をもって生まれてくるのである。

6　義の上に住まう新しい地

歴史の未来に関する表現は、ただ歴史的経験と希望とに導かれることによってのみ言い表すことができる。さもなければ、そのような表現は思弁的になってしまうだろう。被造物の未来に関する預言者的で使徒的なヴィジョンにおいて、私たちは二つの形式的原理を見出す。第一に、否定的なものの否定であり、第二に、先取りの成就である。この二重の形態において、未来に関する表現は、現実的であると同時に未来的なものである。

否定的なものの否定とは「もはや苦しみも痛みも叫びもなく、もはや死もない」（黙示録二一4）ということである。これによって、積極的なもののために開かれた空間が、婉曲に表現されている。歴史的な神経験の成就は、この空間を満たすだろう。「見よ、神の幕屋が人の間にあって、神が人と共に住み、人は神の民となる」（黙示録二一3）とあるように。天と地、見えるものと見えないものは、神が住むことができて安らぎを得られる宇宙の神殿となるべく、新たに創造される。その時には、神の現臨が万物を満たし、カオスと破壊の力は被造物から駆除されるだろう。これが神の宇宙的な宿り、万物を満たすシェキナーである。すでに神の創造における安息が、このことを指し示していた。こうして最後には、新たな創造は始めの創造の成就となり、神の全被造物は新たな創造において、自らに固有な永遠の未来の約束の実現となる。この希望は「義が住まう」（Ⅱペテロ三13）「新たな大地」を含んでいる。「義」とは神の一つの名前である。

真の創造は私たちの背後にではなく、私たちの前方にあるのである。

第3節　生態系

1　生態学的な諸学問

生態学（生態系、エコロジー）――ギリシャ語の「オイコス」、つまり家に由来し家政論を意味する――という言葉が概念として一八六六年にエルンスト・ヘッケルによって生物学に取り入れられたのは、「周囲の外界に対する有機体の関係に関する学問」を言い表すためであった。彼は、一八五九年に進化論を公にしたチャールズ・ダーウィンを踏まえていた。その進化論によれば、環境の変化が長期的に淘汰の要因として作用する。(157) 植物種と動物種およびそれらに特有な環境とのあいだにおける相互作用は古くから知られている。最初の一覧は、アリストテレスの『動物誌』とテオフラストスの『植物誌』に見られる。しかしそれらに関する体系的な研究は、啓蒙主義時代にやっと始まった。

ヘッケル以来、個生態学（個々の有機体―環境―場）と群生態学（生命共同体―環境―場）とが区別される。生物学的な環境研究の成果によって、この「生態系」の概念は、人間生態系や生命圏や地球全体へと拡大された。そのためにこの概念は今日では、人間がもたらす地球の自然生命環境の変化も含むものとなり、一般的な言語使用においては主に人間的生態系を意味するものとなっている。

生物学において個々の有機体や種に関する学問は、生態系の関係へと広げられた。人類文明や人口の広がりを視野において、生態学は地域的かつグローバルな次元での環境破壊に関する体系的研究をもたらした。例えば、ワシントンのワールド・ウォッチ・インスティテュートや、その他の観察組織が挙げられる。また生態学は、環境保護と環境倫理と環境政治における、応用生態学をもたらした。

人間生態学はまた、心身医学の発展の中にも固有の根を持っている。主観と客観、精神と自然の厳格な区別は、人間においては貫徹できない。人間は、自分自身を完全に対象化することは決してない。病気の保持者もまた、人間として主体であり続ける。病理学に対して病人の「主体を導入すること」によって、「自然科学的な客観主義が非魔術化」されたことで、心身医学は始まった。そして心身医学は、人格を「ゲシュタルトクライス」（ヴィクトール・フォン・ヴァイツゼッカー）において観察する、ホーリスティックな方法を発展させた。[158]人間の心身の全体性の発見、および肉体的感覚的な自己経験を人格と共同体の生へと取り戻すことは、人間の自らの本性に対する損なわれた関係を治癒するための手掛かりとなった。「環境の心理学」（ヘルパッハ）と「心理学的生態学」（レヴィン）と「ゲシュタルト心理学」は、特殊な人間－環境－場や特定の居住領域や「生の空間」における人間の行動方法を研究する。[159]完全な人間生態学は、この生態学的な心理学と地球生態系の人間的変容を、同一の過程の内面と外面として結びつけるだろう。

人間的生態系においては、第一次的環境と第二次的環境とが区別される。第一次的なものは生命圏、第二次的なものは技術圏と言われる。急激な都市化は、外的な視点では技術圏による生命圏の代用、内的な視点では人間の感性と身体性の排除をもたらす。メディアによって大量にもたらされる第二次的経験が、生の第一次的経験に取って代わる。

人間生態学と心身医学と生態学的心理学は、近代的人間学の人間中心主義に対して疑問を投じた。ピコ・デラ・ミランドラ（一四八六年）によれば、動物は自然によって決定されるのに対して、人間は自由なものとして創られている。[160]それ故に人間は「世界の中心に」置かれてきたのである。ヨハン・ゴットフリート・ヘルダー（一七七〇年）によれば、「どの動物も誕生以来、所属する領分を持っている」のに対して、人間は「実務と用途の世界」を持っている。自然はどの動物に対しても「愛に満ちた母」であったが、人間に対しては「最も厳しい継母」であった。それ故に人間は、己自身が中心をなしている固有の世界を意識的に構築することによって自らの本性的欠陥を補わなければならない。人間の唯一無比の「世界開放性」[161]というテーゼは、科学的には根拠がない。つまり動物と人間では、あらかじめ与えられた環境依存性における適応能力の程度が問題なのである。とりわけ、この現代の人間中心主義においては、女性を自然や身体と同一視して、男性的文化に従属させる男性中心主義が維持されてきた。[162]男性中心主義は、人道性の単純な要求において挫折する。そして現代の人間中心主義は、人間は自然に依存しているが自然は人間に依存していないという純然たる事実において挫折する。

2　生態系の危機

私たちがこれまで生きてきた科学技術文明の拡大は、ますます多くの植物と動物の種に滅亡をもたらす。二酸化炭素とメタンガスによって、今後数十年間に地球気候に対して重大な変化をもたらす「温室効果」が生じる。化学肥料と様々な農薬によって土壌は毒される。熱帯雨林は切り開かれ、牧草地での放牧は過剰となり、砂漠が成長する。世界人口は過去六十年で四倍になったが、二〇五〇年には約八十～百億人に達するだろう。それに応じて、食料需要と廃棄物排出が増大するだろう。人類の都市化は、二十九パーセント（一九五〇年）から五十パーセント以上に増大した。[163] 人間を取り巻く生態系は均衡を失い、地球の破壊とそれに伴う自己破壊の途上にある。このゆっくりと広がる危機は「環境汚染」と呼ばれ、技術的解決策が探し求められている。しかし私の考えでは、問題の真相は、現代文明という巨大プロジェクト全体の危機なのである。人間による自然の破壊は、人間の自然に対する異常な関係に起因する。この社会の基本的価値の新たな方向づけがなければ、自然との関わりにおける新しい生活の実践はうまくいかない。人間の新しい自己理解とオルタナティブな経済システムがなければ、現代の危機の事実や傾向からして、地球の生態系が崩壊することは容易に推測されよう。ティラノザウルスの滅亡のように、かつては自然的原因による生態系の破局が起きた。その頃の自然は、生物多様性を再び生み出すか発展させることができた。しかし現代の生態系の危機は人間によってもたらされたものであり、地上の生命を「生態系の死」の後に再び作り出せるかどうか定かではない。いずれにせよ確かなこと

は、人間がそのような死を生き延びることはできないということである。(164)

自然環境に対する人間社会の生きた関係は、人間が自然から食糧を得て廃棄物を自然に返す技術によって規定される。このような自然との物質代謝は、息を吸って吐くように自然なものである。それは相互性に基づいている。しかしその相互性は、現代的な産業社会の開始以来、ますます自然を顧慮することなく人間によって一方的に決定されるようになってきている。自然は一面においては食料供給者と原料貯蔵庫と見なされ、他面においては廃棄物堆積場と見なされる。先進諸国における消費の上昇と第三世界における人口過剰がもたらしたのは、再生不可能なエネルギー源が枯渇し、人間にとっての自然的な生命基盤が使い果たされるということであった。

自然科学は人間的技術へと取り込まれる。技術は応用自然科学である。あらゆる自然科学的認識は、たとえ有害な技術であってもいつかそれに応用される。なぜなら「知は力」（フランシス・ベーコン）だからである。自然科学は自然を意のままにする知識を人間に備えさせる。このことが人類の認識を導く関心である。自然科学はまずその応用においてではなく、すでに認識論的に「権力の形を持っている」（カール・フリードリヒ・フォン・ヴァイツゼッカー）。つまり自然は、人間の問いに答えるように強いられるのである。

技術と自然科学は、いつも特定の人間的関心に端を発して発展させられる。それらは価値において自由ではない。関心がそれらに先行し、それらを導き、それらの結果を採用する。かたやこの人間的関心は、社会の基礎的価値と確信によって規制される。このような関心は、ある特定の社会の成員が、その社会システムの中で自明であるがゆえに当然とみなすものである。人間社会をその自然環境と結びつける生態系において、自然が死んでゆく時、そこから当然システム全体の危機が生じる。それはすなわち、技術と学問と生活態度と社会の根本的価値にとっての危機である。

　どのような関心と価値が、現代文明を支配しているのだろうか？　現代人を地球の自然《ナトゥア》と自分自身の本性《ナトゥア》に対する権力掌握へと向かわせるのは、明らかに支配への意志である。人間的権力の高揚とその確保は、進歩を駆り立てる。その進歩は、経済的、財政的、軍事的にますます量的に測定され、その代償が自然に押しつけられる。現代のヨーロッパ由来の文明は、他の国々に向かっても自然に向かっても拡大志向の文化である。かつては「前近代的」あるいは「ヨーロッパ以外」、今は「低開発」と言われる社会が尊重していた自己制限の知恵、また文化と自然の均衡を保持する知恵は失われてしまった。それらは今日、「西洋的」生活水準に達しようとする諸国民においても失われつつある。この支配文化の拡充と拡大は加速し、その速度に比例して生態系の破局があらゆる国々で増大している。

　ここから現代における決断への問いが生じる。産業社会は不可避的に「自然の終り」なのか、それとも産業社会に抵抗して自然を守らねばならないのか？　生命圏は人間的技術圏の欠かせない基礎であるのか、それともこれまで知られている生命圏が不要となるほど技術圏を拡げることができるのか？　私たちは自然をそれ自体のために私たち人間から守るべきなのか、それとも私たちは地球を宇宙船のように、遺伝子操作によって順応させられた人間が存在できる人工的世界へと改造しなければならないのか？

3　生態学的な神学と霊性

現代の拡大志向の文化と、それが引き起こす生態系の危機は、西洋流のキリスト教から生じた。キリスト教は生態系の危機の一要因なのだろうか？　これに関連する四つの点を論じよう。

（a）　人間を「大地の支配（dominium terrae）」へと向かわせる聖書的規定はしばしば、人間の自然に対する権力掌握と権力意志の無節度に対して責任があると見なされる。「産めよ、増えよ、大地を従え支配せよ……」（創世記一28）。確かにこのテキストは二千五百年の年齢を持っている。そして現代の拡大志向の文化が初めて生まれたのは、四百年前のことである。しかし、このテキストはその文脈から引きはがされて、このような人間の支配への定めを現代に至るまで正当化する働きをしてきたのである。

（b）　「大地の支配（dominium terrae）」は、聖書的観念によれば人間だけがそのように創られているところの神の似姿に拠っている（創世記一26）。他のあらゆる被造物には「神の痕跡（vestigia Dei）」が見られるのに対して、人間は地上における神の似姿、代理人、総督として創られている（imago Dei）。キリスト教的な文化史は、そこから人間の人格の概念を形成した。人間は自然の一部分であるだけではなく、神から呼び出され、神に対して責任ある人格である。ここに、他のあらゆる生物から人間を区別する人間の尊厳がある。これによって、ある譲渡できない主体の質が人間に固有なものとなる。認識と意志の主体として、地上におけるあらゆる被造物とは異なり、人間は神の像（imago Dei）であり、彼が認識と意志の対象とすることができる他のあらゆる被造物に対して優越する。聖書的伝統に基づくこのような人間規定が、ただ被造物の共同体の中だけで当てはまるとしても、つまり人間がただ自然の一部分としてのみ人格であるとしても、そのような人間規定は西洋文化史において、自然の征服と身体性の道具化を正当化してきたのである。(165)

（c）「神の像」と「大地の支配」の概念は、聖書的伝統の持つ第一次的で神中心的な統制の全体における、第二次的な人間中心主義を示している。創世記一章によれば、人間に向けて他の大地の被造物が創られ、創世記二〜三章によれば、人間はエデンの園の中心に立っている。しかしまた、人間は、その罪のためにあらゆる生き物にふりかかる呪いの中心にも立っている。イスラエルの神経験は、第一次的には人間的歴史の出来事における神経験である。キリスト教の中心には、神が人間となったことに対する信仰がある。ヨーロッパの文化史においては、キリスト教的な人間中心主義はゆっくりと古代の宇宙中心主義を排除し、現代文明の人間中心主義的な計画に道を備えたのである。(166)

（d）しかし最も影響力があったのは、ユダヤ教的・キリスト教的・イスラム的な一神教であった。これによって神と世界は切り離され、神は超越的な創造者と世界の主として対置され、他の諸宗教がもとから崇拝してきたあらゆる神的な秘義が世界から奪われた。一神教的な自然の脱魔術化は、自然の世俗化と、自然を人間の対象へと格下げすることへと道を備えた。[167]「母なる自然」は、それを最初に横領する者が所有する「主なき財産」となったのである。

ヨーロッパの文化史において、神的なものは、特に物質に対峙する精神において、また自然に対峙する歴史において、とりわけ女性に対峙する男性において見出された。このことから帰結するのは、文化史的に見ればキリスト教が、西洋の拡大文化によって地球が引きずり込まれた生態系危機の一つの要因だということである。この認識から帰結するのは、この危機から脱するキリスト教的な道が存在するならば、キリスト教の改革、つまりその霊性と神学の改革が必要だということである。

生態系に対して責任を持つ神学へと向かう途上において、神論と人間学の宇宙論的な視点が強調される。

a　超越的な神の霊の内在

近代の一神教は神の超越を強調した。汎神論[168]の哲学は神の超越と内在を弁証法的に規定することによって、一方の超越主義と他方の汎神論のあいだを行く抜け道を探した。アルフレッド・N・ホワイトヘッドのプロセス哲学は、原初的本性と結果的本性の間の相互影響における神の超越的内在を把握することを試みた。[169]古代教会と近代の三位一体論の神学によれば、創造とは、父が子を通して霊において世界を創るという、三位一体的な過程である。(170) それゆえに、存在するすべてのものは、父なる神から来て、子なる神を通して、霊なる神の中に存在する。神は自らの霊によって、どの被造物においても、またそれら被造物の共同体においても、現臨する。現存在を確立し生命を創造する霊は、全被造物の上に降り注がれ、被造物の共同体を形成する。

すでに旧約聖書の知恵文学は、神の霊を万物の中に認識して尊重すべきことを教えた。「霊は全世界を満たす」（知恵の書一7）。「主よ、あなたは生を愛する方であり、あなたの不滅の霊は万物の中にある」（一二1）。中世のキリスト教神秘主義もまた創造に対するこうした聖霊論的な観点を主張したことは、ヒルデガルト・フォン・ビンゲンの歌に見られる通りである。(171) 生命を創る創造的な神の霊が万物の中にあるのであれば、その霊は世界の魂でもあり、肉体全体の上にある魂のように、あらゆる物質的なものの上に広がっている。(172) 世界の中における神の霊の働きに近いのは、三位一体論の神学におけるペリコレーシス概念、つまり交互内在と相互浸透の概念である。この概念によって、三位一体の神の唯一無比の一体性が説明される。父と子と聖霊の内的共同体に、神と被造物の共同体が対応する。つまり神の霊が被造物の中にあり、「被造物は神の霊の中で活動する」（使徒一七28）。また神と被造物の共同体に対応するのが、被造物同士の共同体である。つまり被造物は共に、互いのために、そして互いの中に存在する。万物を担う神の霊だけが自己自身に基づいて独立自存する。すべての創られたものは自己自身に基づいては存在せず、互いによって、また互いのために存在している。一方的な支配ではなく、関係の相互性が生命の原理である。生命はいたるところで、コムニオン（交わり）におけるコミュニケーションである。聖霊の名でもある「交わりの神」は、被造物を共同体化し、その中で被造物それぞれの固有性を差異化する。創造の言葉は事物を差異化し特殊化し、創造の霊はそれらの事物を結びつける。それは、人間の言語において様々な言葉が一息に語られることと似ている。

b　万物における神の現臨

超越する神の霊の内在から、万物の中に神を知覚する可能性と必然性がもたらされる。自然神学の伝統によれば、神を間接的、媒介的に認識することが重要である。[173]その認識は被造物の交わりを通して、神との交わりへと導く。その認識は祝福をもたらさないが、知恵をもたらす。「自然神学」は久しく啓示神学の競争相手とされ、それゆえにカール・バルトが一九三〇年代に克服しようとしたものだった。しかし自然神学は、啓示神学の競争相手でも前段階でもなく、その必然的な結果なのである。万物の中に神を認識するということは、まずもって啓示において自らを認識させるために与えた神を、再び認識するということでしかあり得ない。だがその啓示に基づいて、その後あらゆる被造物の中に神を再び認識することへと進まねばならない。さもなければ、神は神として認識されないだろう。

かつては「自然神学」において神へ向かう第二の通路が探し求められたが、今日そこにおいては、自然へ向かう新しい通路が探し求められている。私たちが自然を神の創造物として理解するなら、万物は超越的な内面を持つ。そしてそのような万物に関する私たちの経験が神経験となり得るのは、万物が私たちに対してどのように現れているかと問うだけではなく、神の目にどのように見えているかと問う時である。その時万物は、私たちにとって神的な尊厳を獲得し、私たちはそれらを「共にある被造物」として尊重して扱うようになる。「いかなる被造物も、己の中に神を持っていないほどに神から遠く隔たっているということはない。」[174] 世界における神の「サクラメント的な現臨」について語り、世界を神の現臨のサクラメントと説明した人々もいる。その他に、事物の中に「神の痕跡」を発見するために、神の「喩え話としての世界」について語った人々もいる。[175] あらゆる現実を、その最も深い根源とその根源の未来の実在的象徴として解読することも役に立つ。被造物は被造物に対して、その共通の創造者を比喩的な意味で「宣べ伝える。」[176] 詩編によれば、「天は永遠なる方の栄誉を称え」（詩編八九）、あらゆる自然の要素とあらゆる生き物は「主を称え」（詩編一四八）、「天は物語り」「天空は宣べ伝える」（詩編一九編、ヨブ記二六章）。「万物の中に神を探す」ことは、キリスト教の宇宙的霊性の一面であり、「神がそれらの事物の中で私たちを待ち望んでいる」ことは、その霊性のもう一つの面である。[177] だがこのことが意味するのは、神への信仰に基づいて、あらゆる人間の感覚をもって、事物の中で神を経験することがあるということである。直接的な人間の自己経験だけが自己超越の深みを持っているのではなく、どんな対象的経験も、どんな社会的経験も神経験となり得るのである。「聞くことに由来する」信仰に対して、あらゆる感覚が、そしてまた触れて感じて味わうといった接近感覚が、万物における神の現臨に対して研ぎ澄まされる。キリスト教的神秘主義は、詩歌が示すように早くからずっと、そのような生態系の「自然美学」を探し求めてきたのである。[178]

c　宇宙的なキリスト論

キリスト論が持つ宇宙的次元の再発見は、今日において喫緊の課題である。(179) ポスト産業社会においては、産業化以前の世界の諸観念が形を変えて再帰する。古代世界においては、宇宙的キリスト論のテーマは「キリストと諸々の権力」であった。それは、恐れられ敬われた神々や悪魔の世界だった。宇宙的キリストはこの世界に信仰の自由をもたらした。今日問題となるのは、キリストと宇宙的破局との葛藤である。それは生態系の危機に見舞われた世界である。すなわちキリストと廃棄物処分場ということである。近代の神学は、キリストの意義を人間の救済および人間の魂の救済に限定し、それによって他のあらゆるものを非救済へと引き渡した。宇宙的キリスト論は、実存論的に解釈することができない神話と見なされた。だが、イエスが神のキリストであるならば、パウロ（Ⅰコリント八6）と彼に続くエフェソ書やコロサイ書がしたように、イエスが万物を和解させる現実であるとも考えなければならない。宇宙的キリストに対する信仰は、天と地における万物の和解を発見し（コロサイ一20）、被造物のことをキリストがそのために死んで復活へと導くところの存在であると見なして、受容する。人間が自然に対して行う戦争に、人間の自然との和解と自然の人間との和解が取って代わるべきである。そこからキリストの教会の宇宙的な方向づけがもたらされる。その方向づけを人間世界と魂の救済のみに限定することは、危険な短縮であった。教会は宇宙全体を代表し、それゆえに「被造物の呻き」（ローマ八19以下）を神の前へともたらすべきである。神の到来への希望を証言するのと全く同様に、である。人間以外の被造物は、天使と全く同様に、教会の会員である。それゆえに教会は、人間を人間以外の被造物との共同体へと、そして天使たちとの共同体へと導かねばならない。それゆえに信仰者は、あらゆる被造物への畏敬を自らの神崇拝の中へと取り入れることになる。「私は万物の上にある光である／私は万物であり、万物は私から来た／そして万物は私に帰る／木を割れ、私はそこにいる／石を持ち上げてみよ、そうすればあなたは私を見つけるだろう。(180)」

d　新たな人間学

このことからとりわけ、非人間中心主義的な人間学がもたらされる。現代世界の人間中心主義は、失敗した宇宙論と断念された神学を前提している。(181)このために人間的技術圏が自然的生命圏に取って代わるべきとされ、人間が自らの世界の神および主人になるべしとされる。人間学における転換は、人間とその世界を再び、地球の生命条件とあらゆる生物の進化が成す以上に大きな宇宙的連関の中にはめこまれたものと見なして、人間存在の自然への依存を強調するだろう。近年のフェミニスト神学のおかげで、現代の大半の哲学的神学的な人間学に備わっている男性中心主義が解消される。哲学的神学的なプロセス論は、もはや主観中心ではないような形而上学や認識論を提供する。新しい文化的な改革運動がついに、主体無き情報やメディア的二次体験の世界において身体と感覚の再発見をもたらしている。多くの瞑想やセラピーの施設において、自然と身体の、そしてその双方を媒介する感覚の、新しい霊性が生まれている。

4　生態系の倫理

生態系の倫理は、まだ始まったばかりであるが、少なくとも四つの異なる手がかりが認められる。

a　生命への畏敬

アルバート・シュヴァイツァーは、トルストイの思想を積極的に取り入れ、ニーチェの「力への意志」を批判的に制限することによって、一九一九年にこの「生命への畏敬」の概念を形成した。これによって彼は、人間同士の関係を越えて、あらゆる生物に対する人間のふさわしい態度を特徴づける概念を見出した。「生命への畏敬の倫理を通して、私たちは宇宙に対する精神的な関係に達する。」[182] シュヴァイツァーはこの倫理が、拡大された愛の倫理、そしてイエスの倫理に対する哲学的洞察、つまり真の平和の倫理であると見なした。シュヴァイツァーにとっての土台は、あらゆる生物に現れている「生命への大いなる意志」の神秘的経験である。価値の劣った生物や全く価値のない生物といったものは存在しない。経験はこう語る。「私は生きようと欲する生命のただ中にいる、生きようと欲する生命だ」。シュヴァイツァーは、このように他の生命を犠牲にすることによってのみ生命が存在するという経験を「生命への大いなる意志」の「謎めいた自己分裂」と解釈する。[183] 人間的な「生命への畏敬」において、「私たちを通して、生への意志の自己分裂を止揚せんと欲する」意志が啓示される。[184] 共生と共苦へと備えている愛は、生命の矛盾を治癒する。アルバート・シュヴァイツァーの主張する、あらゆる生物における「生命への畏敬」の倫理は、現代の自己中心主義を克服することを意図しているが、それにもかかわらず現代の人間中心主義の基本思想を温存している。つまり、そこでも生命への畏敬を知っているのは人間だけなのである。人間は自らの愛によって、生物同士の葛藤における生命への意志の自己分裂を「止揚する」ものとされる。人間は自然の救贖者に定められている。「君に実に多くのことが懸かっているのだから、君のいるところが救贖であるべきである。その救贖は、自己自身において分裂した生への意志が世界にもたらした窮状からの救贖である。」[185]こうした観念は、十九世紀の市民世界の人間的情熱の一部分である。そのような観念は、人間自身にとって救贖が欠乏しているということで挫折する。その人間自身は、問題を解決する要因であり得るよりも遥かに多く問題の原因なのである。

b　環境倫理

ドイツにおける環境倫理の最初の詳細な構想は、アルフォンス・アウアーに由来する。[186]それは、自覚的に人間中心主義的な土台に基づく生態学的倫理である。アウアーは古代の宇宙中心論から現代の人間中心論への道を不可逆なもの、そしてキリスト教のもたらした必然的な結果だと見なす。だが彼による「人間中心性の選択」は、現代における抑制も躊躇もない人間中心主義に対立するものである。彼の神学的な神中心論は、人間中心論の根拠づけと共に、神のものである被造物の保護に役立つべき抑制や躊躇をも強調する。人間は自然に根ざしており、自然の一部分である。しかし人間においてまた人間においてのみ、「自然は自己自身へと帰り、その意味が満たされる」という。[187] それゆえに人間は当然、自己を「自然の中心」や「自然の主人」として知る。人間だけが自己を評価する性格を持ち、「自己自身の目的」である。それゆえに人間には「宇宙における唯一の代表であれという要求」が与えられている。「人間以外の全自然は、人間的なものの意味領域へと引き入れられねばならない。」[188] なぜなら、目的論的な世界秩序はあらゆる事物を人間へと向けているからである。あらゆる事物が人間に仕えねばならないのは、事物がそれによって自らの存在の意義を得るためである。アウアーはあらゆるポストモダン的な新しい宇宙中心論の試みを拒否する。キリスト教は彼から見ると、現代世界とあまりにも溶け合ってしまっているため、現代世界に対するいかなる批判も、キリスト教に対する批判ととらねばならない。原子力もまた神によって、人間がそれを発見してその現存在を促進するために責任をもって使うべしという意図の下に創造されたという。[189] こうしたアウアーの弁証論は、彼自身が言う「人間が自然に根ざすこと」を疎かにしている。彼の宇宙論的な人間中心主義は、自然が人間よりも前にあり、人間の外側にあり、人間の後にもあるだろうという単純な事実において挫折する。アウアーが用いる「環境世界」概念は、「私たちの自然的な生命の土台」という表現と全く同様に、人間中心主義的に規定されたものであり、あらゆる他の生物の環境世界を破壊して、自然からその固有の価値を奪うことに適したものである。

c　共同世界の倫理

私たちはひとつの対抗案をクラウス・ミヒャエル・マイヤー＝アービッヒの自然中心的な共同世界の倫理に見出す。[190] 人間が万物の尺度なのではなく、自然が万物の尺度である。それゆえに、誤解を招く「環境世界（Umwelt）」という表現を「共同世界（Mitwelt）」という、人間を相対化する表現に取り替えなければならない。なぜなら人間は、自らの自然的共同世界である「動物と植物、大地、水、空気、火」と、自然史的に「親戚関係にある」からだ。人間が「自然との平和」を探し求めるのであれば、自分が自然を利用するためではなく、自然をそれ自身のために尊重しなければならない。このことは、人間と同等の権利を自然に認めるということではない。なぜなら、自然の食物連鎖と同様に、人間は自然を摂取することに依存しているからである。しかしそれは、自然に固有の価値と権利を承認し、自然を保護し、市民的な法治国家から自然との権利共同体が生じるようにすることを意味する。マイヤー＝アービッヒは、人間の共同体において初めて人間を真の人間性へと至らしめるのではなく、すでに動植物との自然的共同体においてそれが実現されているような自然中心的人間像を探求する。自己経験は社会経験においてだけではなく、自然経験において、つまり接触の感覚によっても生じる。それはどんな子どもにも観察されるものである。それゆえにマイヤー＝アービッヒは、自然的共同世界を知覚するための新しい感性的な教育と、自然に負担をかけない新しい技術を要求する。人間のエネルギー消費を制限することは、自然に対する暴力を最小化することの一部分である。目指すべき人間と自然の権利共同体においては、動物と植物と大地と空気と水は、それ自身のために人間の干渉から保護されねばならない。自然とその生態系システムへのあらゆる重大な介入に対して、釈明を義務づけるべきである。自然は「主なき財産」ではない。私たちは自然に対して行うことを、私たち自身に対して行うのである。それにもかかわらずマイヤー＝アービッヒは、自然が人間において「言葉へと至り、それによって自己自身へと至る」という人間中心主義的な命題によって自然中心主義を自ら破ってしまう。つまり「自然が人間の中に持っている自由の機会を知るか逃すかは、私たちにかかっている」というのである。[191] マイヤー＝アービッヒは、ナイーヴではない規範的な自然概念を主張している。その自然概念は、日常語的に「自然に」と「不自然に」という表現において、「人間的に」と「非人間的に」と類比的に用いられる。

ｄ　創造の倫理

最後に、神中心的な創造の倫理への手掛かりが存在する。どの神学も前提することは、人間でも自然でもなく神こそが、神の被造物である世界の中心だということである。これによって、人間と自然の関係は非中心化される。つまり人間と他のあらゆる自然の生物は、自らの創造者を承認することにおいて、創造共同体の「被造物仲間（Mitgeschöpfe）」として自己を理解するのである。[192] このことはノアの契約に最もよく表現されている。「見よ、私はあなたがたと、あなたがたの子孫と、あらゆる生き物と、契約を結ぶ」（創世記九９～10章）。基本的人権は「私たちとの」契約に由来し、将来の世代の権利は「私たちと私たちの子孫との」契約に由来し、自然の基本的な権利は「私たちと私たちの子孫とあらゆる生き物との」契約に由来する。生命の創造者であり維持者である神の前においては、現在と将来の世代およびすべての生物は、そのあらゆる相違において、同一の神契約のパートナーであり、それゆえに同じ尊厳とそれぞれ固有の権利の保持者である。他の生物は人間の所有物ではなく、人間は単に自然の一部分なのではない。あらゆる生物が神の契約のパートナーであり、この神契約において、互いに生命を促進し延命を共同で保証する一つの契約を結ばなければならない。そのような創造の契約において重要なのは、神の前で共同責任を負った様々な生命の利害調停である。あらゆる生物との神の契約は創造共同体を構成するが、その共同体においては被造物と人間の基本的権利が言い表されねばならない。どのような人間共同体もまた自然との共同体である。それゆえにそこで該当する自然は、この人間共同体の枠内において固有の権利の保護を要求する。人間と自然の関係に関するこうした連邦主義的な観念は、次のように言う。他の生物を理由なく破壊する者は神の契約を破壊し、生存の負担を将来の世代に押しつける者は神の契約を破ると。地上における生命を保証するノアの契約は、社会契約と世代間契約の成文化と、人類の自然との契約の成文化を要求する。

5　人間の権利と自然の権利

人権はいつも、差し迫った危機に直面して言い表され定められる。一九四八年に定められた個人的人権は、国家の抑圧からの人間の解放の問題に答えをもたらした。一九六六年の社会的経済的な人権は、人間を飢餓や窮乏から解放する道を開いた。今日ではそれに対応して、諸国民が自然の権利を承認し尊重することによって、自然が人間による抑圧から解放されねばならない。自然が人間の暴力行為にさらされている限り、人間の法秩序は自然を守らねばならない。[193] 国連が一九八二年十月二十八日に締結した「自然のための世界憲章」は、この方向への第一歩を次のように叙述している。「どのような生命様式も唯一無比のものであって、人間にとっての価値に関わりなく、尊重されることを要求する。」政治家の中には、自然の保護を個人的人権の最低保証の部類に入れる者もいる。つまり、身体的に無傷である権利が存在するように、環境世界が無傷である権利が存在するというのである。だがこれによって、自然はそれ自身のためではなく人間のためだけに保護される。しかし自然の保護、つまり植物や動物の種、および地球の生命条件や均衡に対する保護は、諸国家の国家目標規定や国際的な諸協定において、人間の尊厳に相応する地位を得なければならない。自然的な生命の基礎は、自然をそれ自身のために、人間と産業による略奪から守る国家の特別な保護のもとに置かれなければならない。

古い人間中心主義的な観念によれば、人間だけが人格あるいは主体であり、他のあらゆるものは物あるいは対象である。だが動物は、動物を所有し利用することができる人間の人格との関係において「物」なのだろうか？　一九八六年八月十八日付のドイツの動物保護法は、新たな道へと踏み出した。「この法律の目的は、被造物の仲間（Mitgeschöpf）である動物に対する人間の責任によって、動物の生命と健康を保護することである。何人も合理的根拠なしに、動物に痛みや苦しみや害を加えてはならない。」[194] これによって初めて、ドイツの世俗的な法律文書に、被造物—被造物の仲間—創造主という神学的な要項が用いられた。「被造物の仲間」という表現は、人間と動物の被造物共同体を表現し、「責任」という表現は、この共同体における人間の特別な地位に訴えかける。最後の文は、動物に対するいかなる干渉に対しても弁明を義務づける。論理的にその次なる一歩は、この動物保護法を自然界の他の領域にも応用して取り決めることである。「1．自然は――生物であろうと無生物であろうと――存在する権利、つまり保持と発展に対する権利を持っている。2．自然は、その生態系システムと種と個体群のネットワークが保護されるべき権利を有する。3．生命をもつ自然は、その遺伝的継承の保持と発展に対する権利を有する。4．生物は、自らにふさわしい生態系の中での繁殖を含めて、種に適った生存の権利を有する。5．自然への介入は説明を必要とする。そのような介入が許可されるのはただ、介入の前提が民主主義的に正当な手続きにおいて、自然の権利を尊重しつつ定められた場合、介入の理由が自然の権利を狭めず保護する理由よりも重大なものである場合、また介入が過度のものではない場合である。6．希少な、とりわけ種に富む生態系は絶対的な保護のもとに置かれなければならない。種の根絶は禁じられる。(195)」

人権はすでに宣言され、一般に承認されている。だがそれは、もはや人間の尊厳だけに基づくのではなく、あらゆる被造物の尊厳に基づく時にのみ人間中心主義的で自然破壊的な性質から解放される。その時初めて、人権は自然の権利に分類されて、この地球における人間文化と自然の生命共同体にとって法的な枠組みとなるだろう。

被造物の共同体は、常に権利共同体でもある。聖書的でキリスト教的な伝統においては、被造物における人間の特別な位置および特別な責任が強調される。しかし、人間と他の生物と地球とを互いに結びつける権利共同体にとっての、もっと包括的な地平が常に存在していたのである。

それはすなわち、人間と他の生物と地球が、被造物に対する創造者の権利に根ざしているということである。

第4節　地球の倫理

1　判断形成の基準

a「被造物の保護」？

一九八三年バンクーバーで行われた世界教会協議会の総会において、「正義、平和、そして被造物の保護」のための協議過程が締めくくられた。(196)「被造物の保護」とは何のことだろうか？生態学的なテーマは、エキュメニカルな運動において新しいものではなかった。すでに一九六一年にアメリカのルター派に属するジョセフ・シットラーが、コロサイ書一章20節に基づいて、被造物の救贖のための新たな「自然のキリスト論」を求めた。原始キリスト教においては、キリストと、人間が引き渡されていると感じた自然の諸力とが問題であったのに対して、今日ではキリストと、自然が引き渡されている人間とが問題となっている。正教の神学者たちはエキュメニカルに、自然に対するサクラメント的な見方をますます主張するようになってきた。なぜなら彼らは、宇宙の終末論的神格化を望んでいるからである。私も参加した一九七五年のナイロビでの総会においては、人間の労働力の社会的搾取と自然の富の搾取とのあいだの密接な関連が認識され批判された。社会正義と生態学的な正義とは互いに対応しているので、「公正で参加型で持続可能な社会（a just, participatory and sustainable society）」が、エキュメニカルな倫理の模範として構想されたのである。

「被造物の保護」という概念は、ある人々からは、神だけがその被造物を守ることができるという理由で批判された。また他の人々からは、「保護」が非常に保守的な響きを持っており、何の革新的意味も示していないという理由で拒否された。もとの英語の概念である「被造物の完全性（integrity of creation）」はいずれにせよ誤解を招きやすい。なぜなら、被造物は現在の状態では「完全（integer）」ではなく、またこの「完全」という語が含意するように「完璧」でも「無傷」でもないからだ。被造物は不完全であり、救贖を必要としており、未来に開かれたものである。創世記三章17節によれば、神の呪いは地上にある。それゆえに、大地は人間と共に、救贖をもたらす完全性を待っているのである。

「被造物の保護」という言い方を厳密に観察すれば、そこでは人間の権力領域の中にある被造物のあの一部分だけが問題となり得るが、宇宙や天は問題とはなり得ないことがわかる。地球は人間による破壊から守られねばならない。それは「保守的」だろうか？　否、進歩がこの地上の生命の破壊へと向かう時、生命の未来に対する希望は、地球の生命能力を保護することにかかっている。だがこの保護は、生命の未来へと向かう固有の進歩を持っている。なぜならそれは、「義が住まう」「新しい地球」の未来を先取りするために、地球の生命能力をさらに発展させていくからである。このような観点において「被造物の保護」は、徹頭徹尾革新的なものと呼ぶべきである。

経済の成長と産業の発展は、進歩の直線的な時間型によって考えられる。そのような型においては、過去と未来は不均衡をなしている。しかし持続性が獲得され得るのは、成長と発展の中によりいっそうの均衡と循環が取り入れられることによって安定がもたらされる時だけである。「リサイクル」できるものだけが消え去ることがなく、それ自体循環的でリズミカルにできている地球有機体の「保護」に奉仕するのである。

地球の生命能力を促進するために必要なことは、まず地球に宿る神の約束を認識することである。そこから帰結することは、人間の役割を地球の保護者や世話人（スチュワード）と定義するよりも前に、今日まで人類とその文明に耐えながら生命を促進し続けている地球の忍耐を認識することである。それは何よりも、地球の精神と調和しながら行動するということだ。それは「荒れ野は園となり、園は森と見なされる、そして荒れ野に公平が宿り、園に正義が住まう」ためである（イザヤ三二15〜16）。

私は、エキュメニカルな倫理の目標を以下のように表現する。

自由と正義のために、

地球の平和と未来のために。

b　自然の保護

自然を保護するのは、私たちのためか、自然自身のためか、それとも神のためか？

地球の自然は今日、多くの人々によって単に人間の「環境（Umwelt）」としか認識されない。まるで地球の自然が人間のためだけにあるかのように。「環境」という広く用いられている言葉に隠されたエゴイズムは、たとえこの言葉が「保護」と結びついて「環境保護」として用いられても、すでに自然の固有の価値を破壊しているのである。「自然」という古い言葉に立ち返ることは意義深い。国連の地球憲章が次のように語っている通りである。

人間は自然の一部分である。
自然における他の生命形態はすべて、それらが人間にとって有する価値には関わりなく、人間によって尊重されねばならない。

したがって民主的国家の憲法には、国家目標として以下のような補足を加えなければならない。

自然的世界は政府の保護の下にある。それは人間が自分自身のために行う略奪や破壊から守られなければならない。

産業や経済の大規模プロジェクトは、自然と協調するものでなければならないし、その時初めて、人間にとってもまた「環境と協調する」ものとなる。

自然保護のための神学的宣言は、これを越えて行かなければならない。自然はまた、単にそれ自体のためだけに尊重され保護されるべきなのではない。神がその創造者として信仰されるのであれば、その創造者は自然の所有者として承認され（詩編二四）、地球の自然は神の所有物として尊敬されなければならない。そこから帰結するのは、人間は他の生物と共に自然の利用権を持っているが、所有権を持ってはいないということである。自然の利用権を要求する者は――私たちは生きている限りそうするのだが――所有者の権利を尊重しなければならない。人間は創造者の所有物を害してはならないし破壊してもならない。それゆえに創造者を見れば、地球の自然は神のゆえに尊重され、世話され、促進されねばならないのである。

このことは現代の「土地掠奪」に関して、直接的な意義を持っている。将来には食料が不足し、それによって高騰するので、「巨大な土地狩り」が起きた（『シュピーゲル』誌31号、二〇〇九年）。豊かな国民や社会は、将来の収益を確保するために、貧しい国々で農地や牧草地を買い占める。一例として、スーダンは千五百万ヘクタールの最良の農地をサウジアラビアや湾岸諸国に九十九年間賃貸しているというのに、同時に最大の国際支援を受けており、数百万の人々が外国の食糧援助に依存している。このような現代の土地売却は、未来の飢饉の原因となるだろう。しかし国民の「食糧主権（*Ernährungssouveränität*）」は人権である。いかなる国の政府も、自己自身を富ませるために、自らの市民の土地を売却したり賃貸したりする権利を持ってはいない。外国の投資家は、迅速に得られる利益にしか関心がないし、土地が疲弊すればイナゴのように移動してしまう。そのような掠奪行為に参加する者は、人間性に対する犯罪をはたらき、自然に対して罪を犯している。土地の利用は、それを耕し世話し守る者に属しているのである。

一九八六年のドイツの動物保護法は、前文において動物を「人間の被造物仲間（Mitgeschöpf）」と呼んでいる。この規定は動物だけにではなく、豊かな地球によって生物を与えられている生命空間にも当てはまる。地球もまた「被造物仲間」、つまり先立って創造された生活世界であり、母のように尊ばれ守られねばならない。自然を神のために守る者は、自然をそれ自身のために守り、結局人間のためにも守る。そのような者は、被造物である人間を自己破壊から守るのである。

人権の承認が世界に広がることによって、国際的拘禁命令や、民族抹殺や戦争犯罪のような人道に対する犯罪を訴追する国際司法裁判所が実現した。これに対応する仕方で、いつか自然に対する犯罪が訴追されねばならない。人道に対する犯罪と自然に対する犯罪は、多面的に連関している。最後に戦争は、最悪の自然汚染である。しかしそれゆえに、自然の権利は人権と同じ地位を得なければならない。二十世紀の世界戦争の破局の後、一九四八年には普遍的な人権の承認がもたらされた。そのようにして、将来の生態系の破局においては、普遍的な自然の権利を確約する宣言がもたらされるだろう。政治的自由と社会正義という政治的諸目標に対して、自然の権利が生きてくるだろう。生態系の民主主義は、この三つの目標を均衡させることを試みるだろう。

c　支配と征服に代わって――住まわせ成長させる

神が、自らの民、人類、あらゆる生物、そして地球との間に結ぶ契約には、より深い意図がある。すなわち「イスラエル人のただ中に住むため」、神は自らの民と契約を結ぶのである（出エジプト二九45、エレミヤ七2、エゼキエル三七27、Ⅱコリント六16）。神は最終的に「自らの民のもとに住まう」（黙示録二一3）ことを欲する。そのようにして神は「聖所に」、つまりエルサレムの神殿に住まう（イザヤ五七15）。神は「打ち砕かれて、へりくだる霊の人々」のもとに（歴代誌上二四25、詩編九13、七四2、ヨエル三26）、そしてより広い観点では被造物全体の中に住まう。「天は私の玉座、地は私の足台」（使徒七48〜50）と書かれているようにである。これは具体的には「あなたたちの住む土地、私がそこに宿る土地を汚してはならない」（民数記三五34）ということである。要約すれば、世界の創造や、イスラエルや諸民族との契約を行う神の意図は、神自身が住んで安らぐことができる宇宙的な神殿を創ることだと言うことができる。「宿り」すなわち「シェキナー」が、歴史において創造し、保護し、解放し、救贖することの目標なのである。

このことは、新約聖書におけるキリストと聖霊の叙述の中でも一貫したモチーフとなっている。つまり霊はキリストへと下り、彼の中に「住む」（ヨハネ一32）。言は肉となり、私たちの間に住む（ヨハネ一14）。低められ高められたキリストにおいて、満ち溢れる神性が肉体となって住む（コロサイ二9）。聖霊がキリストの教会に住む（Ⅰコリント六19）。教会は聖霊の住まいである。

それゆえに、神が宿ることが創造と契約と御国にとっての目標であるならば、同じことは、神の似姿である人間による、世界への働きかけと世界の支配の目標でもなければならない。「地を従わせよ」という委託の目標は、人間がこの地上に住んでとどまり、地球のあらゆる被造物を世話し成長させるということである。世界に関する自然科学的研究のより深い意味は、世界を支配し屈服させ掠奪することではなく、人間と自然のあいだの共同体である。認識することは承認することである。これは自然に対してもあてはまる。私たちは愛する限りにおいて認識するのだとアウグスティヌスも言った。私たちは屈服させることや掠奪することによって認識するのではない。なぜならそれは自然との戦争だからである。私たちは、我が物とすること（Aneignung）によってではなく、愛情をもつこと（Zuneigung）によって認識するのだ。フランシス・ベーコンが告げ知らせたように、知とは、人間の神に似た地位を世界の中で再興するための力であるのかもしれない。しかし人間は、落ち着いて自然を成長するに任せる時、そして地上に住んで留まろうと欲する時に初めて知恵を見出すのである。そうすれば認識を導く関心は、もはや自然の諸力を利用し掠奪することではなく、自然と共に生きること、つまり地球との平和を目指すのである。認識を導く関心におけるこのようなパラダイム転換は、自然の解釈学にとって、また自然科学と技術の意味づけにとって、さらにまた諸国民の文化と地球経済にとって、広範な帰結をもたらす。

d　エコロジカルな生活様式

生態系の危機は、単に自然の破局であるだけではなく、社会主義的な組織であれ資本主義的な組織であれ、現代の人間文明の破局である。それはグローバルなだけではなく個人にかかわる次元を持っている。つまり「グローバルに考え、ローカルに行動せよ」ということである。個人的な生活様式はグローバルな結果をもたらし、グローバルな変動は個人の生活の中にまで及ぶ。それゆえに「地球の倫理」は、地球の住民一人一人の生活の型を形成することも含んでいる。私たちは生活様式という言葉のもとにファソン・ド・ヴィヴル（façon de vivre）、つまりある人の生活がその生き方を通して受け入れる型を理解する。この生活様式は、社会的要求によっても個人的決断によっても形成される。そこにおいては、現代社会のエートスと各人の個人的エートスとが交わる。人々がその社会のエートスに適応するならば変革は起きないし、自分自身の中に引きこもるならば孤独に陥る。どちらの場合も、自由の喪失が問題となる。責任ある生活様式はいつも、社会の期待との対決において生まれ、社会の期待は人々の応答に依存している。適応と抵抗は、個々人がやりぬくべき対決の枠組みを確定する。生活の型は諸々の関係領域で形成される。すなわち人格とそれに固有の身体性、個人と共同体、年長者と若者といった領域である。

2　オルタナティブな生活様式(197)

私たちが「地球の倫理」の枠内でエコロジカルな生活様式を問う時、オルタナティブな生活様式の必要性に出会う。なぜなら資本主義的産業社会におけるこれまでの生活様式は、私たちの世界を脅かす生態系の破局の本質的な原因だからである。私たちがオルタナティブな生活様式に成功しなければ、産業や経済のエコロジカルな転換は成功せず、私たちは気候の破局を食い止めることも避けることもできないだろう。現代産業社会のどの住人も、自らの体において生態系の危機を経験している。

謙遜で新たな文化は誠実な経済を要求する。私たちが自らの分を超えて生活するならば、未来の世代やいわゆる発展途上国や自然が、私たちの罪を負わねばならないだろう。そのような他者の義性によって生きる者は、不正を犯して生きているのである。大国が巨大な財政赤字のためにそのようにする時、それらの国々は独裁体制と見なされねばならない。現代の経済フェティシストたちが崇拝する経済成長は、とうの昔に国民の幸福のための指標ではなくなっている。

私が今おこなう簡素な生活様式のための提案は、私の生活世界の文脈に属しており、ドイツ連邦共和国とヨーロッパ共同体と西洋世界によって影響されたものである。これらの提案は、第三世界の国々の貧しい国民には向けられていない。産業国家の影に存在している国々においては、異なった仕方でオルタナティブな生活様式が創られねばならない。人間存在と良き生活にとっての尺度は、富や成功や私的な裕福さではない。だが世界中に影響を及ぼす宣伝は、メディアを通してこのような価値のない夢を広めている。よく知られているのは、ケニアの女性がコカコーラを飲むために何キロも歩いて内臓を売りに行くという話である。これに対してキリスト教の教会と共同体は、他の基準を持っているのだから、善であり公正である生活のオルタナティブなイメージを提示しなければならない。それにふさわしいのは、アフリカで「ウブントゥ（Ubuntu）」と呼ばれている連帯の文化の発展である。

私たちはまずこのような人間的歪みのいくつかを扱ってから、その後でオルタナティブな連帯の文化に向かうことにしよう。

a　不安と承認

商品生産やサービス業の成長によって自らの健全性を測定する社会は、消費量を増大させねばならない。消費をそそのかすために、商品の宣伝は夢を売らねばならない。それは力と承認を夢見ることである。無制限な可能性を持つ市場においては「私はあらゆることを達成できる」、そして「私はあらゆるものを所有できる」という感情が生まれる。私が何かを達成できれば承認されるが、何も達成できなければ排斥されたように感じる。それゆえに一方では没落の不安が生じ、他方ではより多くを求める欲望が生じる。なぜ高給取りの経営者がさらに莫大なボーナス支給を要求するのだろうか？　答えは簡単だ。収入と共に、自己評価の感情も自らの階級における賛嘆も高まるからである。承認ほど大きな動機となるものはなく、軽蔑ほど辱めを与えるものはない。[198]これらは進歩をもたらす衝動だが、その際、生命欲の背後には死の不安の影が認められ、贅沢な生活の背後にはニヒリズムが認められるのである。

ここであらわれている選択肢は本来、行為義認と信仰義認との間の古い選択肢である。神学的伝統において「義認」と呼ばれたものは、一貫して承認、受容、価値評価、つまり端的に言えば人間が必死に探し求めている愛に対応する。人間がこの承認を神への信仰において見出すならば、この承認を自らの業績やきらびやかさによって他者の目の中に探し求める必要はなくなる。人格の尊厳はそれ自身とその超越的な神関係の中に存するのであり、それゆえに他の人間がその人格から知覚するイメージ、あるいはその人格が自己について持っているイメージ以上のものである。キリスト教信仰にとって、人格の尊厳はその人格の神に由来する高貴さの中に存する。それゆえに業績が人格を作るのではなく、人格の自己尊重が人格を作るのでもなく、独立した人格が業績を作るのである。人間は人格として自らの業績以上のもの、自らの貧困以上のもの、自らの自己評価以上のものである。人間はまた自らの経済的成功以上のものであり、自らの破綻とは異なる何かである。このことを認識する人々は、成功にも失敗にも落ち着いて向かい合うだろう。彼らにとって、人間関係は所有や財産よりも重要である。彼らはより簡素に生きて、生活に必要なものと生活を促進するものに自らを限定するだろう。消費の増大は彼らを魅惑しない。なぜなら、彼らはできる限り多くを消費することには執着しないからである。自己評価におけるこのオルタナティブな可能性こそ、オルタナティブな生活様式にとっての最も強い駆動力であると私は考えている。

b　身体の知覚

自分自身の身体に対する人間の内的関係は常に、外部の自然に対する人間の態度に対応する。なぜなら、人間は「自然の一部」だからだ。人《マン》（男）は、自らの身体の衝動や欲求を支配することを学んだように外部の自然をも支配しようと試みる。他方、彼女たち（女性）は、自らの身体と注意深く関わるように外部の自然とも関わる。第二章で示したように、西洋文化史の経過においては、身体に対する人間精神の隔たりが形成された。精神の主体化と身体の客体化はいっそう隔たりを増していく。支配された身体は沈黙させられた。今日では、精神はインターネットによって自己の身体の限界から切り離され、ほとんど地球的な遍在にまで達している。サイバースペ

ースでは、誰もが同時に多くの場所にいることができるとはいえ、それは身体なき脱感覚化された形においてである。(199)

オルタナティブな生活様式は、身体の再発見(200)および自己の身体との同一化、つまりあの苦労して習得した隔たりを新たな自発性によって克服することと共に始まる。これに役立つのは、人間の全体性と心身の一体性に関する心身医学的な洞察である。肉体と魂、隔たりと自発性のあいだの差異的一体性に関する、この心身医学的な洞察は、人間と地球の差異的一体性に関する生態学的洞察に対応する。私たちが自然と自分自身に対して公正であろうと欲するならば、自然の一方的な人間化に対して、人間を自然化する現実的な対抗運動が続かなければならない。

c　諸感覚の復帰

現代世界の要求は、そこに住む人々の脱感覚化をもたらす。私たちは人間の持つ五感のうち、触覚と味覚と嗅覚を近接感覚と名づけ、聴覚と視覚を離接感覚と名づける。(201)現代の巨大都市の交通やコミュニケーションにおいて人間の離接感覚は過剰に要求されるが、近接感覚はないがしろにされる。ラジオ、テレビ、電話、ファックス、インターネットによって、グローバルにコミュニケーションはできるが、それは離接感覚だけによる。近接感覚は、現代の都市化された世界においてないがしろにされるだけではなく、苛まれている。つまり嗅覚は排気ガスによって、味覚はファストフードによって、触覚は合成物質によって苛まれている。すでに学校の子どもたちは、触覚と嗅覚と味覚によって何かを区別することがほとんどできなくなっている。若者たちは一日中コンピューターゲームに興じることができ、ピザやポップコーンを栄養にしている。自然に即した身体に良い生活様式へ戻ることは、感覚の復帰と、ないがしろにされてきた近接感覚の自覚的な養成をもたらす。他の人間や生物や土地との関わりにおける新たな繊細さは、感覚を再び目覚めさせ、疲労困憊させられた人間がふるう暴力を減少させる。諸感覚の新しい文化のために、私たちはじっくり時間をかけ、また時間的ゆとりを持たねばならない。

d　時計の時間と生きられた時間

ルイス・マンフォードは、時計を「産業時代の鍵を握る機械」と呼んだ。(202) これは正しい。なぜなら時計によって、私たちの生きられた時間から合理的に計測された時間が作られるからである。私の青年時代、堅信礼の際には時計が贈られ、これによって人生の真剣さが始まった。時計によって、ひとは定められた経過に適応させられる。時計は計画された一日の経過を調節し、タイムレコーダーは報酬が払われる労働時間を計る。「タイム・イズ・マネー」が商売を活性化する。時間厳守は立派な美徳へと格上げされ、時間の浪費は罪の宣告を受ける。時計が時間を規定する。自然においても自分の身体においても、時間はもちろん循環とリズムの中で経験される。これに対して、止まることなく進み続ける時計によって、進歩を支配する直線的時間意識が習得される。人が言うように、時間はいつも「進んでいく」ので、私たちにとって時間は急迫しており、絶えず「時間がない」。「時間の列車」が速くなったという印象を持つ時、私たちは加速させられた人間となっている。私たちは時間が「過ぎ去る」ように感じ、できる限り多くのことを経験しようと欲する。それはなぜか？「人生は短い（Vita brevis est）」からである。

時計の時間は機械的に計られた時間である。このような時間にとって、時間が空虚であったかそれとも満たされていたか、私たちにとって退屈で無味乾燥であったか、それとも時間が「飛ぶように過ぎ去った」かは、どうでもよいことである。六十分後には一時間が終り、経験されたことはすべてが過ぎ去る。だがその一方で、私たちは深いところでは、私たちが真に経験したことや私たちが苦しんだことは何も過ぎ去らないと知っている。機械的な時間は経験された時間を顧慮せず、むしろあらゆる時間を均等なものにする。計られた時間は人生を量化するが、経験された時間は人生の質である。「幸福な者は時を忘れる」と言う。だから重要なのは、濃密な人生経験の時間の中で時計を脇におくことなのである。私たちが時計の時間による独裁を破る時に、人生は生き生きする。あるインドの賢人は、インタビュアーに向かって別れ際に「あなたがたは時計を持っているが、私たちは時間を持っている」と言った。オルタナティブな生活様式は、私たちが時間に対する新しい関係を得て初めて目に見えてくるだろう。どんな物事も自らの時を持っている。時計に従う人生は「それ自身の時を持っている」が、生きられた時間も「それ自身の時を持っている」。私たちは、区別して限界づけることを学ぶだろう。

経済と技術における競争は、諸々の過程をよりいっそう「加速化」させる。諸々の革新がこれを要求する。人間の発展において、加速化は成熟の過程を促進するどころか、それを阻んでしまう。八学年の後の「ターボ・アビトゥーア」〔Turbo-abitur: 卒業試験（アビトゥーア）まで十三年かかる従来のギムナジウムの課程を八年間に短縮する学校教育改革〕は、生徒たちに自らの個性を学習過程以外で展開する自由時間を与えない。三年間のバチュラー過程は、学生に熟慮する時間や議論する時間や他の専門分野を知る時間を与えない。学んでいることをさらに理解して、確かな判断力を発展させるためには、時間をかけなければならない。ひとはまた、ただ間違いや間違った判断を通してのみ学ぶのだから、それらの間違いをあらかじめ作り上げられた教材によって排除してはならない。人間の発展や教育の領域において、私たちは諸過程の減速化と人格の自由に対する信頼を必要とする。経済と技術における加速化は、製品のますます短縮される有効期限をもたらす。これは消費とごみの排出を増大させる。息の長い製品はおそらくより信頼ができるものであり、人間にとっても自然にとってもより友好的なものである。なぜ私たちはもっと時間をかけないのだろうか？

e　簡素な生活――断念か獲得か？

今日必要な、産業と市場の生態学的変革は、新しい生態学的な生活様式を要求する。それを、浪費の断念、エネルギー消費の制限、ごみの削減と、否定的に説明することもできる。そうすれば、「もっと生産し、もっと消費する」という古い理想から、それに代わる「簡素な生活」という理想が生まれる。これは、エルンスト・ヴィーヒェルトがすでに第一次大戦後にドイツで謳った理想である。第一世界の人間がより質素に（einfacher）生活すれば、第三世界の人間は楽に（einfach）生き延びられるだろうと、すでに四十年前のエキュメニカルな集団の中では言われていた。だが世俗内的な禁欲は誰もができることではない。とはいえ病的な利益を断念することによって、常に健康な生活の質が高まる。そのことに目を向けなければならない。それはエネルギー消費においてはっきりする。エネルギー消費は長い間、私たちが自然に対して加える暴力の指標とされてきた。いずれにせよ、エネルギー節約とより効果的なエネルギー利用による消費の削減は、苛まれる自然にとっても、また私たち自身の家計の支出にとっても有益である。だが太陽や水や風力のような再生可能エネルギーへの賢明な移行もある。この移行が達成されれば、私たちは必ずしも切り詰めなくてもよい。自然に対する暴力に目を向ければ、禁欲や断食や断念は必要なことであるが、それらは自然やその諸力と生態学的に調和した、そして自己自身とも生態学的に調和したより豊かな生活のための前提であるにすぎない。私たちが探し求めている、より自然な生活は、私たちが消費時代の生活様式を改めれば、より健康な生活となるだろう。成功した人生の幸福は社会との関係と自己との関係によるものであって、物質的所有の過剰によるものではない。

f　グローバルに考え、ローカルに食べよ

オルタナティブな生活様式には、食習慣の変革も属する。ドイツのクリスマスに、イスラエルのいちごやケニアのチューリップやオーストラリアの桜桃を空輸する必要はない。ドイツのりんごの収穫期に、中国からの安価なりんごのエキスが提供されれば、この競争は地域の農業を破壊してしまう。広域輸送は大気を汚染し、さらに味もだめにしてしまう。王侯のようにグローバルにもてなされていると感じるために、こんなことをしてもよいのだろうか？　否、もっと意味があるのは土地の産物を食べることである。このことは、諸国民の栄養の独立にとって必要であり、

また自国民の独立にとっても必要である。

「スローフード」運動は、病気をもたらす「ファストフード」チェーンや栄養サプリに対するひとつの健全な反応である。有機農業は健康な食品を生産しているが、そのような農業がグローバルに定着できるようになるまで、今日では、攻撃的なアグリビジネスから守られ、またそれらのビジネスによる特許権を掠奪する遺伝子組み換え製品から守られねばならない。これと類似する健全な反応は、新しい「都市菜園」や自分自身の食料を自給することへの回帰である。それによって同時に、新しい仕事も作られる。

食物連鎖において高い位置にある食糧を受け入れるのではなく、肉食から菜食へ切り替えることもまた意義がある。わずか一キロの肉の生産のためにどれほど多くの穀物が消費されねばならないのだろうか？　できるだけ菜食することは、より安価なだけではなく、より公正なことであるし、さらにより健康なことである。体がこのような栄養への転換に耐えられなければ、いきなり菜食主義者にならなくてもよい。しかし誰でも、味を損ねない範囲で自らの動物消費をいくらか減らすことはできる。ブレーメンの町は今、ベルギーの都市を手本として、木曜日を菜食の日と宣言した。これはひとつの兆しにすぎないが良い兆しだ。私たちの食習慣は、人類のグローバルな食糧危機の一部なのか、さもなければその危機を克服する一部なのか、どちらかである。

3　連帯の文化

a　すべての人々にとって十分なものがある

左の文章は、最初のペンテコステの出来事における最初のキリストの教会のメッセージである。(203)

信じた人々の群れは、心も魂も一つであり、誰も財産を自分のものだとは言わず、すべてを共にしていた。そして使徒たちは、大いなる力をもって、主イエスの復活を証言し、大いなる恵みが彼らすべてに与えられた。信者の中には、一人も貧しい人がおらず……おのおのに必要なものが与えられた。（使徒四31〜35）

この共同体は、あらゆるキリスト教的な共同体の原型であり、キリスト教的社会理論の根本思想、すなわち連帯ということの起源である。今日私たちが個人主義化しグローバル化する世界において、連帯の新しい文化について問う時、ここから始めることができる。私たちは原始キリスト教における生の充溢の経験とあらゆる欠乏を克服する経験の、三つの要因を見出す。

1．大いなる力をもって、使徒たちはキリストの復活を宣教した。これと共に始まるのは、キリストの死からの復活において、永遠に生き生きとしている生の充溢が開示されるということである。死が生を支配する力は取り除かれ、死の脅威はもはや影響を及ぼさない。だが欠乏に苦しむということは、人生の楽しみから締め出され、何も食べたり飲んだりできず、病気になり、孤独で、しまいに命を失うということを意味する。最大の欠乏とは、生命の死である。人生における他のいかなる欠乏も、死とつながっている。それゆえに死の不安が私たちを脅かし、私たちは生の渇望をもって反応するのである。私たちは自分が死なねばならないと知っているために、人生から十分なものを得ることができない。だがキリストと共に復活が開かれていれば、私たちはいかなる死も殺すことができない生命を感じるのである。これこそが、生者だけでなく死者にとっても十分に、いや十分以上に存在している生命なのである。

２．「信じた人々の群れは、心も魂も一つであった。」お互いに知らない人間同士の群れから、共同体が生まれる。そしてこの共同体はただちに「一つの心と一つの魂」となる。これが、人間を他の人間から分断することを克服する、神の霊の経験である。人間が人間に対して行う抑圧は止み、人間が人間に対して行う虐待は終結させられ、人間の他の人間からの疎外は取り除かれる。つまり主人と奴隷は兄弟となり、男と女は友となる。人種や階級や性がもたらす特権や冷遇は消滅する。心を失った世界と社会のただ中において、人間は「一つの心と一つの魂」という社会的な力、すなわち信頼の共同体を形成する。そのようなことが起きるところでは、神の現臨にも劣らないことが経験される。相互の承認と交互の愛が、互いへの不安や互いに対する攻撃性を克服する。信仰者が共有するものは、彼らを個々人へと分断するものよりも強いのである。

3.「誰も財産を自分のものだとは言わなかった。」復活の霊においては、また共通の生命の霊の経験においては、もはや誰も自らの所有物にしがみつく必要がない。神に満たされた生を生きる者は、所有や財産がもたらす曖昧な安全を必要としない。つまりこれらの財産は、それを必要とする者が使うように定められているのである。彼らは「すべてを共に」持っていたので、彼らのうちの誰一人として「欠けるところ」がなかった。おそらく貧しい人々から成り立っていた小さなエルサレムの共同体において、「そこにいるすべての人々にとって十分なものがあった」のである。

これは「原始キリスト教的な共産主義」だろうか？　非現実的な理想だろうか？　否、これは私たちがいつでもどこでも共に創ることができる新しい真の神経験である。つまり今とは異なるこのような世界は可能なのだ！　それは社会的不平等や欠乏を抱えるあらゆる社会への対立像である。「ここにいる全員に十分なものは決してない」がゆえに、万人の万人に対する、食料や生の享楽をめぐる闘争が支配する。それを厳密に言えば、貧しい人々に対する富める人々の闘争、弱い人々に対する強い人々の闘争、病人に対する健康者の闘争、下層階級に対する上層階級の闘争である。現代社会の市場における競争は、「強者の自然権」を持ち出して社会ダーウィニズム的に根拠づけられるが、本当はそのような闘争は死の不安と生の貪欲によって導かれているのである。このような衝動が支配するところでは、「我勝ちに肘で押しのけあう社会」、冷淡さに支配された世界が生じる。

貧困の反対は富裕ではなく、共同体である。共同体において個々人は富める者となる。つまり信頼できる友に富み、相互の援助に富み、理念や力に富み、連帯のエネルギーに富むのである。このようなエネルギーは、単に利用されずにいるか、さもなくば抑圧されているかのどちらかだ。支援に富むあらゆる行動は底辺から生まれた。それは保育、近隣への援助、貧困層への支援、病人の介護、その他「市民主導の運動」である。

二〇〇八年の経済危機において、危機に苛まれる消費文化の下方において、全く異なる連帯の文化が生まれた。失業者やホームレスや排除された人々の貧窮は、西洋世界の大都市において予期せぬ助け合いの波をひきおこした。誰も予想していなかった「会食」や協同組合や近所づきあいが生まれた。(204) こうすることによって多くの人々の命が救われるのだから、私たちは現在の経済危機を古い消費文化の再興によってではなく、こうした連帯文化の拡充によって克服し、ポスト資本主義的な社会のガイドラインを構想すべきなのである。

９・11のテロの破局においても、またドイツのエアフルトとヴィネンデンの学校における凶暴な学生による大量殺人においても、国民の連帯のエネルギーが現れた。被害者の家族は孤独に取り残されることはなかった。都市においても村においても、お互いに知らない者どうしが教会や広場での自然発生的な礼拝へと続々と集まり、被害者遺族を慰めようとする追悼の共同体が生まれた。

国民の中でのこのような連帯の形は、消費の神殿やショッピングモールの文化とは異なる文化を示している。

b　人間の自由とは何か？

一九四八年の世界人権宣言の第一条は次のように述べている。「すべての人間は生まれながらにして自由であり、尊厳と権利に関して平等である。」しかし今日では、自由と平等はどのようにして同時に実現されたのだろうか？　自由が増すほど平等は減り、平等が増すほど自由は減るように思われる。(205)

1　所有的個人主義

私たちが政治の歴史から知っている、自由に関する最初の規定は、自由を支配として理解するものである。人間の歴史が権力をめぐる闘争である限り、権力を獲得して支配する者が「自由」だと見なされる。敗北する者たちは、自由な者たちの不自由な臣下となる。自由なのは主人であり、不自由なのは従属している奴隷や女性や子どもである。自由のことを支配として理解するものは、他の人間を犠牲にすることによってのみ自由であることができる。彼の自由は他者にとっては従属であり、彼の富は他者を貧しくさせるものである。

現代の市民世界において、自由は所有の機能とされた。どの人間も、自己の人格において所有権を持っている。どの男も自分自身の主人であり、どの女も自分自身に属する。ここで自由は、個人の自分自身に対する自律として理解される。「人間の本質とは自由である。自由とは、自分自身の人格と諸能力の所有者であるということを意味する。」[206] このような個人的自己決定は、社会においては、他者における自由な自己決定という唯一の限界を持つだけである。各人は自己自身において自由であり、誰も他者に関心を寄せない。これは、理想的な場合でも、互いに邪魔をしない孤独な個人たちの社会、「孤独な群衆（The lonely Crowd）」である。[207] 自由はこのような仕方で普遍的な人権となるのだが、これはいったい人間的な自由なのだろうか？

人間の人格は個人ではない。「個人（Individuum）」は、ラテン語の意味ではギリシャ語の「アトム」と同じである。すなわち最後の分割不可能なものという意味である。これに対して人格とは、現代的な人格主義の創唱者であるマルティン・ブーバーがフォイエルバッハやヘーゲルやヘルダーリンに従って示したように、我－汝－我々という社会関係における人間である。[208] 受け取ることと与えること、聞くことと語ること、経験することと触れること、承認することと承認されることといった社会的ネットワークにおいて人間は人格となる。人格は共同体においてのみ存在し、人間的共同体は人格的関係においてのみ存在する。人格が個人化されれば、アトム化され、関係を持たないものにされる。これが極端な場合には「白痴」である。かつて人を ein gewisses Individuum（あの野郎）と呼べば、それは罵り言葉であった。

人間の人格の自由は、個人化の推進によって守られはしない。それが守られるのは、人間が共同体を創ることができて、共同体を欲する時である。これがコミュニタリズムと「コミュニタリアン・ネットワーク」の真理である。[209]

どこで私は人間として自由だと感じるだろうか？　金がある限り何でも買えるが、誰も私のことを知らず、レジ係ですら私に目も向けないようなスーパーマーケットにおいてだろうか？　それとも、私の名前が知られていて、私と出会って、私を肯定してくれる近所づきあいや教会においてだろうか？　スーパーマーケットでの自由は個人的な選択の自由の現実であり、共同体での自由はコミュニケーション的な自由の現実である。第一の自由は私の所有物となり得る客体に関係するが、第二の自由は私を承認する人格に関係する。第一の自由は私の所有の機能であるが、第二の自由は社会的な機能である。

2．コミュニケーション的な自由

私たちが社会史から知っている他の規定によれば、自由は開かれた共同体と定義される。ここにおいては、自由は所有の機能ではなく、間主体的な関係の質である。(210) ドイツ語の歴史が証明しているのは、「親切（Freundlichkeit）」が自由（Freiheit）のもう一つの根源だということである。自由（frei）な者は「客をよくもてなし（gastfrei）」、友好的で、好意的で、開かれており、「気前がよい（freigebig）」。彼は他の人々を自分の人生へと参加させ、他の人々の健やかさに関心を持つ。間主体的な関係は、それが相互の承認と交互の親切によって形成されている時には、自由なものとだ言われる。自らが承認され尊重されていると知れば、私は自由であると感じ、自分から外へと出て行き、自分をありのままに与える。だが私は自分が軽蔑されていると感じれば、自分自身の中へと引きこもり、自分を防御する。他者が自由に自己展開できる社会的な自由空間は、承認において開かれる。そうした共同体においては、他者とは、私の個人的自由を遮る壁ではなくて、そのような自由を補って可能性ならしめるものである。人生への相互的な参加から、共同の人生が生まれる。そのような共同体のことを初めて、自由な社会と呼ぶことができるのである。

私たちはそれをキリスト教会においては「愛」と呼び、キリスト教的な社会理論においては「連帯」と呼び、政治的領域においては「平等」と呼ぶ。これらを要約すれば「連帯共同体」となる。自由な共同体とは、私的に自由な個人からなる群衆ではなく、人間が相互に援助を行う、とりわけ弱者と病者を支える共同体である。コミュニケーション的な自由の概念をもって初めて人間にふさわしい自由の概念だと言うことができる。

c　文化の多様性とグローバルな統一文化

ひとは今日好んで、文明の衝突や文化間に必要な対話について語る。[211] これは良いことだが、もう遅い。すでに文化の多様性と伝統の多彩性はどこでも同じようにしか見えないグローバルな統一文化によって覆われ、相対化されてしまった。ソウルとニューヨーク、北京とロサンゼルス、モスクワとロンドン、そしてひとがいつも行くところ、高層建築の様式はどこも同じだ。またどこでも同一の、グローバルな評判を得ている花形建造物が建てられている。交通問題や車の渋滞や大気汚染もどこも同じだ。巨大ホテルはグローバルなチェーンに属しているので、どこも同じ名前だ。大きな商店はどこもグッチやボスやアルマーニのようにグローバルな世界的企業の同一商品を提供している。ベーシック・イングリッシュがグローバルな統一言語となり、テレビではハリウッドが万人の記憶に刻み込まれる映像を支配している。他文化の見るべきものは「見どころ」として表示される。この間に中華人民共和国でさえグローバルな服装が人民服を圧倒した。地域色のある服装が保たれているのはインド、アフリカ、アラビアだけだ。グローバルな統一文化は、モノトーンで画一的で退屈だ。諸国民の多様で多彩な文化はどこに残っているのだろうか？　それらは民族芸術に、あるいはまたヒルトンホテルのダンサーやクルージング船での歌手たちの演《だ》し物に矮小化されていく。グローバルな世界文化は、諸文化を世界文化「遺産」に貶める。

このようなグローバルな統一文化は、連帯の文化ではない。それは文化の多様性もろとも、他文化の伝統や言語や生活様式に対する関心も破壊する。そこには、人類の良き未来に対する希望はない。充溢する生に対する希望の倫理は、グローバルな統一文化に対抗し、文化の多様性を守る。なぜなら、多様性の中に未来の可能性があるからだ。普遍的なのは多様性であって、画一性ではない。

第Ⅳ章　正義に基づく平和の倫理

私は当初この章を「政治倫理」と名づけるつもりだった。だがその表題では、まるで概説を提供しようとする教科書か講義のようである。だが私にとって、この『希望の倫理』では、一般的な概観ではなく、今日脅威となっている世界の危機に直面しての具体的な参与こそが重要である。それゆえに私は「平和」と呼ばれる政治倫理の内容へと集中することにした。真の平和は常に多様な構成要素を持っているとはいえ、私の前提は、平和が政治的には「正義」において成り立つものであって、暴力の不在だけで成り立つのではないということである。それゆえに私は、神と人間の義に関する論議から始めることにする。

平和に関する政治倫理は、天国の平和に関する理想主義的ユートピアではなく、不正であるがゆえに平和のない世界における危険との、現実的な対峙である。二十世紀の世界大戦は、厖大で無意味な犠牲者をもたらした。生きるために必要な世界平和は、二十一世紀において到来する、またすでに現在ある世界の危険に直面して、自発的な犠牲者をもたらすだろう。というのも、ここではマハトマ・ガンディーやマーティン・ルーサー・キングといった有名な名前だけを挙げておくが、そのような世界平和のための殉教者がすでにいるからである。和解と平和に与する者は、感情を抑制され意志を管理された意気地なしではなく、生を情熱的に愛する者である。そのような者が抱く生に対する愛は、憎悪、復讐、そして死をもたらす暴力もろとも、生を受け入れる。

なぜならその愛は、生の中で炎のように燃えているからである。愛は暴力を持たないが、力に満ち溢れており、リスクと犠牲を自ら引き受けることを厭わない。

平和の中にある生の基礎は、義（Gerechtigkeit）〔正義あるいは公正とも訳し得る〕である。「義」は旧約聖書によれば神の名であり（エレミヤ二三6）、新約聖書によれば新たな地における平和の現臨そのものである（Ⅱペテロ三13）。義を創造するための私たちの内なる力は、第Ⅱ章において叙述した生命への愛、第Ⅲ章で説明した大地への尊敬、未来を約束した神に対する信頼、そしてそれにふさわしい人間同士の信頼と大地への信頼である。私はそれゆえに、宗教的な義の構想の論議から始めて、いかなる人間の正義が神の義にふさわしく、生命を促進し大地を守るのかという批判的な問いを立てる。「世界が亡ぶとも正義が行われよ」という古いモットーは、死を招く正義について語る。しかし、正義が平和と生命をもたらすべきであれば、「世界が生きるために正義は行われよ」と言わなければならない。それはどのような義だろうか？

第1節　判断形成の基準

私たちは、政治的な判断形成の基準に関する入門的な問いから始め、公正な平和に関する問いへと向かうことにしよう。

1　正義と平等

政治的な決断に関する最初の問いは、それらの決断が政治的社会的経済的な観点から見て、ある社会における社会的均衡を促進するのか、あるいは男女市民の不平等を促進するのかという問いである。どの民主主義政体の基礎も市民の平等である。民主主義的な諸憲法の伝統によれば、平等は自由に先立つ。なぜなら、自由は平等という土台の上でのみ成り立ち、社会的な均衡のみが、一社会の内的平和を確保できるからである。

諸国民の間でも、正義のみが平和を確保するのであって、ある国民や帝国の主導的地位によって平和が確保されるのではない。軍事的な危険、生態学的な危険、またテロのもたらす諸々の危険はすでに非常に大きくなっており、諸国民や諸階級や諸民族が生き残ろうと欲するのであれば、それらの部分的な利益よりも、人類の生き残りの利益に絶対的な優位を認めなければならない。

エゴイスティックな部分的関心を追求すれば世界は滅びるだろうが、人類がひとつの共同体となる時にのみ世界は生き残ることができる。人権は、人類の普遍的な基本法の最初の構想である。

2　グローバルな諸問題に直面しての、政治の欠陥

どのような政治的決断も、どのような政治的要求も、次のような事実に直面する。それは、政治的な諸機構がローカルなものにとどまっていった間に、現代世界の諸問題のほうはグローバル化してきているということである。諸国民はますます、人間がもたらす危機の対象になっている。だが諸国民は危機を克服しようと欲するのであれば、自分自身の歴史の主体とならねばならない。核兵器の制限や不拡散に関するどんな条約にも拘束されていないと感じている新たな核の権力が生じている。金融市場の規制は取り払われ、世界経済を破局へと引き込み、そこではたいてい貧しい国民が苦しまねばならない。生態系の災害は国境でとどまることはない。世界人口の増加を制御することは不可能である。十九世紀の国民国家と二十世紀の帝国は、いっそう無力になりつつある。それらの利己性は、危険を防ぐどころか深めている。それゆえに人々は無力な政治に関心を失い、むしろ地域の住民運動や、グローバルな運動や非政府組織（ＮＧＯ）に参加しようとする。ナショナルに制限された政治を突き動かすのは、議会外のグローバルな運動である。最良の例は「グリーンピース」や「社会フォーラム（Sozialforum）」である。それゆえに、グローバルな諸問題に直面しての最初の課題は、このような政治の欠陥を克服することだろう。

3　倫理はいつも、あまりにも遅く来る？

私たちが現在の世界危機から脱する道を問う時はいつも遅すぎる。その時政治は危機を管理することとなり、倫理は損害を制限することとなる。倫理は緊急事態となって初めて要請され、同意可能となる。とはいえ私たちは危機回避を必要としているのであって、危機をひき起こしたあの倫理をまずは克服しなければならない。それゆえに重要なことは、危機を超えて展望し、すべての人間が生きることができる未来を先取りするということである。グローバル化する危機に直面して、システムの修正だけではなく、従来の政治の世界システムのカオスと化した土台を革新することが要求されている。「ＡＴＴＡＣ」が言うように「別の世界は可能だ」と私たちが信じて、その世界が現在の世界より良くなると望む時にだけ、私たちは今日必要なことをできる。

世界が今のまま残ることを欲する者は、
それが残ることを欲してはいない。

エーリッヒ・フリートは四十年前にこのような詩を作ったが、これは当時よりも今日においていっそう正しいのである。

4　信頼は民主的政治の内実か？

「信頼は民主的政治の内実である」とコンラート・アデナウアーは言った。だが、たとえ彼自身が真理に対する関係を持っていたとしても、政府の権力も主権も民主的政治の内実ではない。民主的な政治とは本質的に「人民の自治（selfgovernment of the people）」であり、それゆえに平和の政治であって、権力の政治ではない。アルトゥジウスがすでに言っているように、政治は「共生の技術（ars cosociandi）」である。信頼は、民主的に選ばれた政府にとっての最高の財産である。なぜなら政府は、権威主義的で独裁的な支配形態とは違って、信ずるに値するものでなければならないからである。各人はこの共有財産を慎重に取り扱わねばならないし、それを虚偽によって賭けにさらしてはならない。誰でも自分が言うことを行わなければならないし、また自分が行うことを言わなければならない。信頼を管理に取り換える者は、不信の種をまいて、自分自身の基盤を破壊してしまう。信頼がなければ、民主主義においては何ごとも進まない。信頼は誠実さによって呼び覚まされ、公正さによって強められる。不信は不安を呼び覚まし、万人の万人に対する闘争をもたらす。

第2節　神的な義と人間的な義

宗教改革時代であれば、人間的な義が神的な義に対応すべきであるという指針によって、この章を「神的な義と人間的な義について」と名づけただろう。しかし、この対応関係はどのように見られたのだろうか？　また、今日それはどのように見られるのだろうか？

1　「見返りを求める」宗教

世俗的国家は西欧啓蒙主義の成果である。国家はかつて、そして近代世界の外では今でも、政治宗教によって基礎づけられ、その神々の法や復讐によって呪縛されている。[212] 古代の国家論によれば、都市や地方や国家の神々を敬うことは、国家の最高目的（finis principalis）である。[213] 国家の神々は福祉と平和に配慮する。それゆえに国家の市民は、それらの神々を適切に敬うよう努めなければならない。公的な捧げものによって、これらの神々はご機嫌とりをされる。だが飢饉、疫病、自然災害、そして戦争がやって来る時、神々は市民による瀆神や祭祀の実行不足や不従順のせいで腹を立てているのだ。民は、かつてのニネベのように悔い改めねばならず、特別な捧げものを実行するか、捧げものの中心に悪人を置いて殺すかしなければならない。ヨナ書は二つのことを物語っている。すなわち、神の預言者が逃亡したために起きた海の悪天候、およびニネベで悔い改めた民に対するこの神の慈しみである。神々の慈しみを確保することは、オリエントの支配者にとっては最も高貴な課題だった。なぜなら彼らは、例外なく祭司王だったからである。ローマのカエサルもまた、ローマの国家の神々の最高祭司（*pontifex maximus*）だった。中国の皇帝は、「天子」として臣下の者たちに対峙していたとはいえ、もし天が彼に好意を失い、飢餓やペストや地震や洪水が彼の国土を襲う時には、失脚させられる可能性があった。カルタゴのモレクは子どもの犠牲を要求し、アステカ人やマヤ人は自らの神々に対して、取り出されたばかりのまだひくひくする心臓を捧げた。

そのような理解を背景とすれば、神々への冒瀆は最も重い犯罪である。それは人間に向けられるのではなく守護神たちに向けられ、間接的に民全体の生命を最大の危険にさらす。[214] 神々に対するこの犯罪は、神々の復讐を呼び起こす。神々がなだめられて民が生き延びるためには、神々を冒瀆する者が死ななければならない。古代イスラエルにおいては、次のような法文が適用された。

主の名を冒瀆する者は、死刑に処せられる。共同体全体が彼を石で撃ち殺す。

（レビ二四16）

原始キリスト教の証言によれば、イエスは大祭司によって神を冒瀆する者と判断されたが、ローマ人によって帝国に対する反逆者として処刑された。

そこで大祭司は、服を引き裂いて言った。「私たちは、さらに証人を必要とするだろうか。あなたがたは、神への冒瀆を聞いた。」人々は「彼を死刑にすべきだ」と答えた。

（マタイ二六65～66）

イエスによる「神に対する冒瀆」は、彼の神の子たることの啓示において起きたのである。コンスタンティヌス帝以前の時代、ローマ帝国のキリスト者は、国家の神々や自然の神々、ならびに皇帝崇拝に対して敬意を払おうとしなかった時、「無神論者」と訴えられて迫害された。彼らが迫害されたのは、「悪魔」――と彼らは言った――と関係を持とうとしなかったからである。(215) 殉教者ユスティノスはこれらの神々を見て、自らを「無神論者」と呼んだ。これらの神々の名において十字架につけられたキリストに対する服従は、キリスト者を神々へのあの恐れから解放したのだが、そのために危機の時代の中でキリスト者を、あの神々に捧げられねばならない「国家の敵」にしたのである。まったくアイロニカルな苦渋に満ちて、テルトゥリアヌスはこう言っている。

ティベル川が氾濫をおこす時（そしてローマが水没する時）、ナイル川が氾濫をおこさない時（そしてエジプトの土地が不作続きである時）、それはただちに、キリスト者をライオンの前にさらすということである。

テオドシウス帝とユスティニアヌス帝によって、キリスト教信仰はローマの帝国宗教となった。そして疑問を持つこともなく、こうした古代の異教的国家宗教のトポスの中へと入り込んだのである。これ以後、キリスト教的な法制定において、異教的な祭祀は「神への冒瀆」だと見なされるようになった。ポンテオ・ピラトと共にローマ人の手を洗わせて、彼らを無実とするために、キリストの死の罪がユダヤ人に押しつけられた。キリスト教はよりいっそう「見返りを求める（Do-ut-des）」宗教となっていった。(216)

一七〇六年にはまだ、テュービンゲン大学の法学部と神学部は共に、以下のように宣言していた。

　瀆神は、神をたやすく刺激して怒らせる最もいまわしく最も大きな犯罪であり、それによって神はたやすく刺激して怒りをかき立てられ、国全体において、飢饉や地震やペストによる恥辱の報いを受ける可能性がある。(217)

福音主義の領邦君主は、最高監督として危機的な時代の中で神の怒りをそらすために、悔い改めの日々〔Bußtage 贖罪祈祷日とも訳される〕を宣言した。不作や疫病や自然災害が国を襲う時はいつでも、それらは神の怒りと解釈され、悔い改めの日々が命ぜられた。ドイツにおいて何年か前に廃止された福音主義の悔い改めの日は、神をなだめるための国家教会的な日だと考えられていた。

ポルトガルのカトリック司教たちは、一七五五年に二万人以上の死者を出したリスボンの有名な地震を、神が都市の罪深い住民にもたらした教育的な罰だと解釈し、それによって啓蒙主義の抵抗的無神論（Protestatheismus）を呼び覚ました。ちょうどヴォルテールの有名な詩が表現している通りである。

二〇一一年九月十一日、イスラム主義者のテロ攻撃がニューヨークのワールドトレードセンターを襲った時、プロテスタントの原理主義者ジェリー・ファルウェルは、この出来事を「同性愛者の多いニューヨーク」に対する神の罰だと解釈した。神がテロリストの神であるかのようにである。

津波がインドネシアのアチェ州で多数の死者を出した時、原理主義者のムッラーたちは、この出来事は神がだらしないイスラム住民に与えた罰だと解釈した。

アフリカにおいては、「エイズは神の罰である」という神学的命題が、この病に感染した女性たちを殺している。彼女たちは社会的に烙印を押され、排除され、追放される。

「見返りを求める（Do-ut-des）」宗教は今日もまだ、世間からも、多くの人々の私生活からも消え去ってはいない。脅威となる死の危険に直面して、常に摂理との「契約」が結ばれ、破局の後には依然として咎を負ったスケープゴートが探し求められ、余儀なく犠牲にされる。

現代の民主主義的な憲法では、国家の神々への冒瀆に代えて「宗教的共同体への侮辱」が置かれた。もう神々が守られるのではなく、人間の宗教感情が守られる。ドイツでは、一七九四年の「プロイセン国家の一般的領邦法」が重要なものだった。この法律によれば、宗教感情を傷つけたり宗教共同体を侮辱したりすることによって公衆に不快感を与えることは、罰せられることになった。平和擁護と宗教擁護と感情擁護が瀆神への断罪に取って代わるのは、一九一九年の法律およびドイツ連邦共和国基本法においてである。その事柄に即した三つの理由を挙げよう。

a　神学的な理由

「神が傷つけられることはあり得ず、神が名誉を毀損されたせいで人間に復讐するということは考えられない。また、名誉を毀損する者に対する罰によって神が和解に与らねばならぬなどと考えるのは愚かである。しかし教会は道徳的人格として、名誉に対する権利を持っている。その目的を辱める者は社会を辱め、宗教的崇拝の対象を謗る者は……自らを謗るのである。」(206)

b　道徳的な理由

善は、神々の罰への恐れから、または天の報酬への期待から行われるのではない。そんなものは宗教的な奴隷道徳である。善は、それが善であるがゆえに行われる。(207)それが神の子の自由である。

c　キリスト教的な理由

神なき世界を和解に与らせるためになされたキリストの犠牲によって、信仰者にとって、神々に対する恐れや犠牲祭祀は、一度きりで完全に終りにされた。神の怒りが和解に与らねばならないのではなくて、神なき世界が和解に与らねばならないのである。「神はキリストの中にあり、世を自らと和解させた」（Ⅱコリント五19）。古い犠牲祭儀の言葉では、神自らが彼の和解のためではなく私たちの和解のために犠牲をささげる、と表現される。自然災害や運命の打撃は神の啓示ではなく、傷つけられた自然の表現であって、その和解と新創造をキリスト者は望んでいるのである。

2　帰趨連関とカルマ

古代インドのカルマ理論は、神的な義を超越的な領域から内在へと移転する。カルマとは、首尾一貫した必然性をもって生じる行為の結果を意味する[220]。つまり「人は行いに応じて死後を迎える」、あるいはもっと単純に「とうもろこしを盗めばネズミになる」、あるいは現代では「遅刻する者に対して人生は罰を与える」といった具合である。ここで表現されているのは、「自動的に働く、行為の応報的因果性[221]」である。インドでは、アートマン――これはおよそギリシャ思想の魂のようなものである――に付帯し、アートマンのさらなる存在形式を形成する「微細な力」が考えられた。人間は善行か悪行によって自らの運命を生産する。「誰もが自らの幸福の鍛冶屋である」か、または自分自身の死刑執行人である。カルマ理論において、個々の人間主体に適用されるのは、神的な義の宇宙的な応報の法則である。なるほどカルマの法則は誰にでもあてはまるものだが、その法則の基本は人間の不平等である。いかなる人間も自らの先祖のカルマによって決定されており、かつての行為のカルマ的結果を弱めようと努めるか、あるいはさらに克服しようと努めるかしなければならない。それと結びついている転生論によって、個々人の生命はより大きな世代連関の中に置かれる。そして転生が動物の世界にも広がる限り、個々人の生命は、あらゆる生き物のより大いなる連関において見られる。「カルマとは、輪廻すなわち出生の循環のための燃料である。敬虔な者のあらゆる労苦は、もはやいかなるカルマも生み出さないようにして、それによって世界の出来事を静寂状態へと導くことを目指している。」(222) これが成功するのはただ、欲望や無知といったカルマの原因が、諦念と認識によって克服される時だけである。

旧約聖書において、この「行為－境遇－帰趨連関（Tun-Ergehen-Zusammenhang）」は、かなり似た仕方で叙述される。「行為は行為者へと回帰する。」(223) ここで重要なのは、クラウス・コッホが一九五五年にその基礎的な論文「旧約聖書に応報の教義はあるか？」において示したように、いわゆる「旧約聖書的な応報の教義」なのではない。(224) ヘブライ思想は類比的な「運命をもたらす行為圏」に根ざしているとはいえ、コッホは古代インドのカルマ理論の近くにまではいかなかった。「行為は行為者の周りに見えない圏域を形成し、それによってある日、それに相応する運命がもたらされる。神性はこの人間に内在する秩序を見張り、それが弱まる恐れがあるところでは絶えずそれを強める。」(225)

コッホはまたこの圏域のことを、人間にもその所有物にも属する「物的な素材性（eine dingliche Stoffheit）」と呼ぶ。それは自然法則に似た不可避性を持つ純粋に内在的な因果性の、行為と運命の連関である。彼は帰趨連関のこのような局面を特に強調するので、神に対しては精神的な機能だけを付与する。つまり神はこの法則を作ってそれを監視するのだが、介入はしないのである。さもなければ、神は自分自身が下す規定に反してしまうからである。

帰趨連関を個人的に見ることもできる。「風を蒔く者は嵐を収穫するだろう」、「寝心地は寝方次第」、あるいは諸世代を包括して「父祖が酸いぶどうを食べれば子孫の歯が浮く」とも言われる。

ベルント・ヤノフスキーはコッホの見解を拡大した。いかなる人間も自分にとってだけの個人的な帰趨連関の中にいるのではない。あらゆる人間が、しかるべき応報的正義の社会的連関の中へと結びつけられている。「あなたが人からされたくないことは他人にしてもいけない」。ヤノフスキーはこれを「〈接続的〉正義の〈互酬的〉連帯」（die »reziproke« Solidarität einer »konnektiven Gerechtigkeit«）と名づける。(226) 他方、神的な義と、行為と結果の内在的法則とは、互いに入り組んでおり、コッホが考えたほどはっきりと切り離すことはできない。「応報」はまた善においても悪においても常に神の歴史的介入でもある。さもなければイスラエルの神は、自らの民と被造物への歴史的関係において生きている「生き生きとした神」ではなくて、形而上学的な一原理となってしまうだろう。(227)

二つの理由から、これらの観念は疑わしいものである。

1．古代インドのカルマ理論と旧約聖書の帰趨連関の理論が挫折する問題とは、善い運命を予見する約束や悪い運命に対する警告ではなくて、現在の悪い境遇に責任がある悪しき行為を振り返って探し求めるということである。新生児が負う障がいは誰に責任があるというのか？　重い病気は誰に原因があるというのか？　アウシュヴィッツの死者たち。彼らはどのような悪行のどのようなカルマ的応報を被るべきだったというのか？　旧約聖書において「なぜ神無き者たちがうまく行って、義人がこれほど苦しまねばならないのか？」と言われるあの境遇は、いかなる行為に遡るのだろうか？　もちろん道徳的な行為と境遇のあいだには因果性が存在する。たくさん煙草を吸う人は肺がんの危険を冒すし、大酒を飲む人は肝臓を壊す。しかし「行為と境遇のあいだの運命（Tun-Ergehen-*Schicksal*）」は存在しない。ディートリヒ・ボンヘッファーが若くして死んだのは、韓国のキリスト教的な仏教徒女性がボンヘッファー学会で主張したように両親から悪いカルマを受けたからではなくて、ナチによって殺されたからである。

「行為－境遇－帰趨連関」という表現は、行為から境遇へと向かう方向だけを見て、逆の読み方を見過ごすように仕向けてしまう。自分の人生や昔の諸世代の歴史の中に現在の境遇の原因となる行為を推論することは混迷をもたらす。そのような推論が示しているのは、インドのカルマ理論や古代イスラエルの帰趨連関の知恵の中にあるこうした太古の神話的な正義観念は維持できないものだ、ということである。行為と境遇の間にはいかなる正義も支配していない。

２．イスラエルの神は、あらゆる現実的なものの人倫的根拠では決してないし、この現実過程の実定的な力でも決してない。カルマおよび主張されている帰趨連関は、「あなたの罪をすべて赦し、病をすべて癒し、命を破滅から救い出す」（詩編一〇三３～４）神とは矛盾している。このイスラエルの神は自ら運命を無効にして帰趨連関を断ち切り、終りなき報復や結果の代わりに、生命の新しい始まりをもたらす新しい生命の力なのだ。憐れみ深い正義（barmherzige Gerechtigkeit）という神的原理は、悪行の呪いを打ち破りそれを停止させる。「彼の恵みは朝ごとに新しい」（哀歌三23）。これこそ、新たに始める自由である。他の自由は存在しない。これこそ、憐れみの瞬間における生命の誕生である。これこそ、罪とその帰結がもたらす強制力の真っただ中における新しい未来の開示である。旧約聖書は、古代の一般的な知恵の箴言の中で行為と結果を運命論的に評価するような書物を超えている。旧約聖書は、生命を創造するイスラエルの神が与える解放的約束に関する書物なのである。(228)

3　正義の天秤――分配の正義

私たちは今、個人的な徳ではなく社会的な均衡としての正義を観察しよう。そのような均衡は、相互性と平等性の土台の上でもたらされる。そこでは諸々の要求や財産や機会が問題となり得る。善をもって善に、悪をもって悪に報いることは、復讐とはなんの関係もなく、平和な協同生活を目指す均衡である。このことは、ローマの法学者ウルピアヌスの天才的な定義において表現されている。

正義とは、各人にその権利を帰属せしめようとする不変で永久の意志である。（Justitia est constans et perpetua voluntas jus suum unicuique tribuendi.）(229)

どの男にも彼のものを、どの女にも彼女のものを。ここでは、すべての参加者が平等であるかのように聞こえるが、必ずしもそのような平等がなくてもこのことは成り立つ。ローマの奴隷制社会では、「どの主人にも彼のものを、どの女奴隷にも彼女のものを、各々にその場所を」と言うこともできたからである。だが理想社会においては、この正義とは、平等と差異の統一となるだろう。後世『共産党宣言』が「各自はその能力に従い、各自はその欲求に従い」と述べているように。これなら不平等なき差異であり、画一性なき平等である。

　正義が「不変の意志」であるなら、それを現代の言葉で言うと権利の保障（*Rechtssicherheit*）〔ドイツ語のRechtは権利、法、正義などとも訳し得る〕を意味するものである。各々が自分のものに満足している状態になれば、法における平和の課題（*Friedensaufgabe des Rechts*）は充足される。「永久の意志」ということで示されるのは、公正な均衡が決して状態ではなく、常に継続する過程としてのみあり得るということである。こうした正義の定義は、人間社会の絶対的調和という社会的理想として、場合によっては、常に存在しつつ新たに起きる不正を克服するという目標となり得よう。それは現実を叙述するのには向いていない。

　そのためこの正義の定義は、不完全な人間の世界秩序にふさわしい完全な天国の世界秩序であるとも考えられた[230]。神は公正な裁判官であり、公正な応報の中で、善行に報いて悪行を罰する。神は自らの世界秩序を平和に守るために、各自に各自のものを分け与える。人間の法的秩序を犯罪によって破る者は、そのために神の法的秩序をも破ることになる。公正な人間的均衡を回復するためだけではなく、神的な世界秩序を回復するためにも、そのような者は罰せられなければならない。死刑をめぐる議論においては、この超越的次元が今なお一つの論拠となっている。加害者は死をもって罰せられなければならないだけでなく、天において均衡が達せられるためにも、犠牲にされねばならないということである。

旧約の「目には目を、歯には歯を」という規定は、復讐ではなくて、正しい均衡によって無限の復讐を廃止することを心がけている。報酬と処罰は、それらが社会に正義に基づく平和をもたらすべきであるならば、適切で釣り合いがとれたものでなければならない。分配の正義（*Justitia distributiva*）は、それが死にではなく生命に仕えるべきものであるならば、常に交換の正義（*justitia communikativa*）でもあらねばならない。(231) 応報の正義は「正しくて応分のもの」でなければならない。

そこで私たちは、正しい応報の根本命題の他の側面へと至る。それは「黄金律」である。すでに孔子にとって、「相互性」は人倫的理論の土台であった。それゆえに彼は次のように言い表している。

己の欲せざるところは人に施すことなかれ(232)

肯定的に言えば、

あなたが人からして欲しいことを他人にもせよ

マタイ福音書（七12）において、イエスは言う。

「あなたがたが人々からして欲しいことをすべて、人々にもせよ。これが律法と預言者である。」

しかしこの「黄金律」は、同じような人々、同じ強さを持つ人々の間でのみ有効であるにすぎない。それは不平等な人々や不公正な世界においては、さながら無力な理想のようである。勝者は敗者の、強い者は無力な者の、獲得者は損失者の、富む者は貧しい者の、いまの世代はまだ生まれていない世代のいったい何を恐れることがあろうか？　強者の権力は弱者の権利に逆らって押し通される。黄金律はこれを防いでくれない。黄金律は、暴力が野放しにされた不公正な世界において、公正な生活のためには何の教示も与えない。抑圧された人々の解放や、疲れた人々や重荷を負わされた人々の抗議や、虐げられた人々や侮辱された人々の権利をぬきにしては、黄金律は現実化され得ない。[233]　黄金律にだけ基づく「世界エートス」は、美しい理想ではあっても、一つの理想にすぎない。[234]　現実的な世界エートスは、現在の世界情勢に向き合って、ただ貧しい者たちと地球とに与する「解放のエートス」でしかあり得ない。

この正義の観念は、私の考えによれば、二つの弱点をもっている。

1. 分配の正義は、確定する正義であって、創造的な正義ではない。公正な平和の秩序を再び取り戻すために、事情が明らかにされ、適切な報いがなされる。この正義は行動する（agieren）のではなく反応する（reagiert）。起きた事実へと回顧的に向かい、その事実を報酬と処罰をもって調停しようとする。各人にとって「彼のもの」は、判定されるためにすでに定まっていなければならない。起きた不正は、同害反復法（jus talionis）によって罰せられる。犯罪と処罰は、均衡が成立すべく釣り合わねばならない。しかし、それでは悪行の被害者は助けられないし、不正な者が正しくされることもない。

2. 最も不思議なことは、この正義が加害行為と加害者のみに向けられており、被害者とその苦しみには向けられていないということである。それは業による正義であって、苦しみによる正義ではない。それは応報に従った、純粋に加害者を基準とした正義（eine rein *täter-orientierte* Gerechtigkeit）なのだ。だが人間は、その善行と悪行の合計以上のものではないだろうか？　人間は単に自らの行為の影響の中でのみ生き続けるのだろうか？　名前で呼ばれる人格は、どこに残るのだろうか？　カルマ理論から帰趨理論を経てローマの正義の教理に至るまで、こうした一面的な加害者の基準化と、被害者への無視がはっきりと見られる。単にそれだけでは、不正であり暴力的であるこの世界にいかなる正義ももたらされることはない。確かに苦難と犠牲を目にすれば、憐れみ（*Barmherzigkeit*）という概念が思い出される。だが憐れみは、不正が支配する状況においては、正義の具体的な一形態ではないだろうか？

4　正義の太陽――義をもたらす義

私たちは今、他のもっと知られていない、だが非常に効果のある正義の概念に取り組むことにしよう。それは、創造的で、救いをもたらし、修復をもたらす正義、すなわち「義をもたらす義（*iustitia iustificans*）」である。バビロンにおいては、王は太陽神シャマシュの代理者として神の正義の執行人であった。この正義は朝日と共に昇り、万物を命へと目覚めさせる。それは、国と民を正しい道へと導く。また国に豊穣がもたらされるよう配慮する。それゆえに、癒しをもたらすもの、健康であるもの、修復された（zurechtgebracht）ものや正直な（rechtschaffen）ものは、正しいものである。ここで「裁くこと（Richten）」は、立ち直らせ（Aufrichten）、癒し、生き生きとさせるという積極的な意味を持っている。王はこの生命力を実現する者として、強者が弱者を傷つけないように、寡婦や孤児が正当に援助されるように、土地が人間による略奪や破壊から守られるように、配慮する。私たちがここで扱っているのは、太陽に象徴される宇宙論的な正義の概念である。[235]

イスラエルは早くから、この創造的で変革的な正義の概念をバビロニアから受け入れた。ヤーヴェは「義の太陽」（マラキ三20）と称えられる。またイエスの山上の垂訓によれば、神は「その太陽を悪人の上にも善人の上にも昇らせ」、両者とも生きることができるようにする。これによって、敵への愛が根拠づけられる。それは、敵意をもって敵意に復讐することに代わるべきものである。ヤーヴェはたしかに、宇宙における生命力としての太陽のようなものであるだけでなく、創造者として己の被造物に自由に対峙している。だがヤーヴェの正義は、あらゆるところで救いと癒しをもたらす創造的な正義である。それは、生命を促進する宇宙の循環においてのみならず、民の救済史の偶然の出来事においても啓示され、個人の人生の歴史においても経験される。そしてヤーヴェが最終的に到来して、自らの民と共に自らの大地に住まう時、あらゆる事物や状況や諸民族に対する最終的な解決という意味で、正義をもって大地を「裁く」のである。その最も印象深い証しが、詩編九六編10～13節である。

天よ、喜び祝え、地よ、喜び躍れ。
海とそこに満ちるものよ、とどろけ。
野とそこにあるすべてのものよ、喜び勇め。
主は来られる、地を裁くために来られる。
主は世界を正しく裁き、
真実をもって諸国の民を裁かれる。(236)

貧しい人々と大地に法をもたらすこの正義は、詩編八二編においては、それどころかさらに神々の規準へと高められる。

ヤーヴェは神々の会議の中に立ち

神々の間で裁きを行われる。
「いつまであなたたちは不正に裁き、
神に逆らう者の味方をするのか？
弱者や孤児のために裁きを行い、
苦しむ人、乏しい人の正しさを認めよ。
弱い人、貧しい人を救い
神に逆らう者の手から助け出せ。」
彼らは知ろうとせず、理解せず
闇の中を行き来する。
地の基はことごとく揺らぐ。
……
ヤーヴェよ、立ち上がり、地を裁いてください。
あなたはすべての民を嗣業とされるでしょう。(237)

義をもって裁く（Mit-Gerechtigkeit-Richten）というのは、ここでは善行と悪行に関する判断という意味ではなく、救済、憐れみ、援助、治癒、義認、解決といったすべての視点を包括している。それは人間に限られず、それどころかまず、人間が共に生きて苦しむ大地にあてはまるものである。人々に権利をもたらし、立ち上がらせ、義とするために、人間を見る際には、人をよく見もせず行為を評価するのではなくて、悲惨と苦難の中にある人を認識する。このような救いをもたらす正義は、ローマの正義の女神のように目隠しをしておらず、厳密にものごとを見る。神は救いをもたらし、不正と暴力に苦しむ人々に権利をもたらすことによって「裁く」。「あなたの正義によって私を救い出し給え」と詩編七一編2節の祈り手は呼びかけ、「神は裁きを行うために立ち上がり、地の貧しい人をすべて救われる」（詩編七六10、一〇三6）ことを信頼する。救うこと、憐むこと、癒すこと、立ち上がらせることは、ここでは、神の創造的な義の多様で生命を促進する諸形態である。それゆえに正義は、神の名前となるのである。

そしてこれがその名となる。彼は「主は我らの義」と呼ばれる。（エレミヤ二三6）

5　被害者と加害者の世界に正義をもたらすこと

資本主義的な競争社会に公正はもたらされない。なぜなら、そこでは絶えず新たな不平等が生み出されているからである。だから社会正義を求める叫びが途絶えることはない。ドイツ連邦議会による貧困と富裕に関する報告によれば、国民の結束を維持するあらゆる政治的努力がなされているにもかかわらず、貧富の格差はますます広がっている。ドイツの下層における失業者やハルツ第Ⅰ法の受給者と、上層における莫大なボーナスを受け取る超富裕「エリート」との生活機会の違いは、民主主義を破壊しかねないものだ。戦後の時代が教えたように、すべての人々が同じ窮乏の中にある時、ひとは貧困の中でも生きることができる。だが他の人々が過度に恵まれている時、ひとは窮乏の中で生きることはできない。貧困が苦痛なのではなく、不平等が苦痛なのだ。私たちはまず、一方において加害者が、他方において被害者が明らかに認識できるような、極端な例を指針としよう。それから、増大する不平等の時代における公正な社会契約を問い求めることにしよう。[238]

a　正義を求める叫び

正義を求める叫びは、無力で虐げられている不正と暴力の被害者にとって、神を求める叫びである。苦労し重荷を負った民の沈黙も、神と神の義を求める叫びを表現している。失業者や家なき人々を苦しめるのは、肉体的な貧しさや空腹や渇きだけではない。侮辱や軽視がさらに強い苦しみをもたらす。彼らの自尊心や自己評価は傷つけられ、自己軽蔑と喪失感情に変わる。豊かな国々の国境で、合法あるいは非合法の多くの移民が、市民権なき人間となり、人権を無視される。彼らがなんの助けも得られずに、不正や暴力行為の手に落ちていく過酷な事実は、今日においては人類の多数派にとってグローバルな経験である。

より弱い存在であるせいで虐待されている地上の被造物にとって、また地球そのものにとって、状況は異なるものではない。「沈黙の春」や差し迫った気候変動は、十分な告発である。十字架において死にゆくキリストの叫び声が耳にこだましている者には、神に捨てられた深淵からの叫び声が今日も、地上の多くの貧しい人々から、破壊された森林から、荒廃した地域から聞こえてくる。私たちは確かにニュースによって、飢えている人々や早死にする人々の凄まじい数を知ってはいる。だがそのような数字の背後で、人間の顔が私たちを見つめていることも知っている。

神と正義を求めるもう一つの叫びは、加害者とその自発的共犯者たちの沈黙である。彼らは被害者を卑しめて略奪した時、悪の援助者となった。彼らは富への貪欲と力への欲望に誘惑されたか、あるいは単に彼らに期待されるか命令されることを行った。彼らもまた悪の被害者であったが、苦しんでいる悪の被害者たちとは違って、自発的な奴隷となったのである。彼らは不正と暴力の出口なき悪循環へと陥った。彼らの沈黙と自己正当化から、神と正義を求める叫び声を聞くことができるだろうか？　できない。だが私たちはその叫び声を、彼らが意識的あるいは無意識的に引き起こしたことを見ようとしない蒙昧の中に見出す。また彼らが広めている社会の冷淡さへの嘆きを聞こうとしない頑固さの中にその叫び声を聞き取る。彼らのシニカルなエゴイズムは、神と正義に抗う叫びを含んでいる。「神も正義もなければいい」と、あるドイツ国防軍将校は、一九四四年にロシアで、私の父に言った。「なぜなら、もしも神と正義があるなら、これほどユダヤ人とロシア人を殺した以上、ドイツ国民は戦後恐ろしい目にあうだろうから。」

不正と暴力の被害者が、神に捨てられた状況において神と正義を求めて叫ぶように、不正と暴力を加える加害者は、神に反抗する。それは、彼らが引き起こしたことを断罪するいかなる正義もあってはならない、という反抗である。

しかし私たちが不正と暴力を経験するのは、個人的にその被害者や加害者としてだけではなく、また社会的に加害者と被害者の葛藤においてだけではなく、高度に組織化された社会において、そしてたいていシステム化された経済的、社会的、政治的な境遇においてである。これは、私たちがそこにおいて存在し、私たちの行為や無為を規制しているところのシステムである。低賃金の分野であれ、バングラデシュから不正に手に入れた安価な製品であれ、それらは不正な構造であり、完全なシステム的暴力行為に満ちている。

経済的な市場法則は、多くの人間を貧しくして利潤競争における敗者にする。また社会的構造は、多くの人間を上昇させず、貧困の限界の下にとどめておく。人口の三分の二が三分の一を排除し押さえつける「三分の二の社会」について語られてきた。私たちは「第一世界」の豊かな国民を「第三世界」の貧しい国民から切り離す政治構造の中に存在している。私たちは、私たちの負債を払わねばならない未来の諸世代を犠牲にすることによって、己の現在を享受している。結局のところ私たちは、大地の自然を奪い取り、植物と動物の多様性を年々減少させるような人間世界において飲み食いしているのである。

他者を犠牲にする生は、こうしたシステムに制度化されている。そこにいるすべての者は、それらのシステムによって貧しい人々や大地や子どもたちに対して罪を犯している。このようなシステムにおいて私たちを告発するのは、私たちが行う不正であるよりも、私たちが行わない正しいことである。それらのシステムは、なるほど私たちを暴力や不安によって支配する客観的な力によって規定されてはいるが、私たちが受け入れねばならない運命などではなく、人々が作りだしたものである。つまりそれらは人々によって変えることができる。それらは二十世紀の独裁体制のように、人々がその外側と内側で立ち上がって共に正義を欲するなら、はかなく崩れ去ってしまう。不誠実と罪の上に建てられていた巨大な金融システムは二〇〇八年に崩壊した。このことは、この客体化された力が砂地に建てられたあの家〔マタイ七26〕にどれほどよく似ているかを示している。

b　被害者と加害者の世界における神の義

キリスト教は、イエス・キリストの生と苦難の中に、不正で暴力的な世界における神の義の啓示を見る。キリスト教はキリストに従い、被害者と加害者に向かい合い、正当で非暴力的な状態を強く要求する。私たちはまず被害者に、次に加害者に、そして最後に組織的な暴力へと向かい合うことにしよう。

被害者の傍らにいるキリスト

福音書によれば、イエスの最初のまなざしは、民の中の病人や貧しい人々や排除された人々、つまり不正と暴力の被害者へと向けられたのであって、加害者に向けられたのではなかった。彼のメッセージは、神の国を「貧しい人々」〔ルカ四18〕にもたらしたのであって、富める人々にもたらしたのではなかった。治癒をもたらす彼の慈しみは、病人に向けられたのであって、健康な人々に向けられたのではなかった。彼の友情は、排除された人々と罪人と取税人を抱擁した。彼は失われた人々の傍らにいたが、「善人」のところにいたのではなかった。[239] 彼の福音が卑しめられた人々を信仰においてまっすぐ立つことへと目覚めさせたように、彼は神の霊の治癒力を病人へともたらし、神の義を権利無き人々へともたらし、暴力の被害者を助け起こしたのである。

イエスは自らの振る舞いによって、被害者たちに神の共苦を啓示する。つまり、イエス自身が彼らの傍らにいるのと同じように、神も彼らの傍らにいるのである。イエスが山上の垂訓の祝福の言葉の中で語っているように、彼は明らかに、重要でない人々を重要と見なし、また自己正当化する社会によって排除された人々を神の召命を受けた人々と見なした。失われた人々こそ、彼が最初に愛するものである。豊かで健康で正しい人々がつくる社会から何の未来も与えられなかった人々に対して、つまり同時代の「未来無き世代（no-future-Generation）」に対して、イエスは地上における神の国の未来を開示する。そこにおいて、大いなる「価値の転倒」への道が拓かれる。最後の者たちを「犬が噛む」のではなく、彼らは神のもとで最初の者たちとなる。これは世界の大いなる転回であり、「神の革命」とも呼ばれる。

それゆえに、被害者たちの傍らにいた者自身が、正しい人々や力ある人々の被害者となったことは不思議ではない。ある人々は彼を追放し、他の人々は彼を十字架にかけた。神がイエスの行くところへと共に行くのであれば、イエスは神を被害者のところにもたらす。そして彼は自らの苦しみと死において、この世界の苦しむ人々と死んでいく人々に神の近さをもたらす。彼自身が、見捨てられた人々に神をもたらし苦境の中で彼らの兄弟となるために、十字架における神による見捨てへと赴いたのである。イエスの受難におけるこうした神の大いなる共苦について、ディートリヒ・ボンヘッファーは死の独房において「苦しむ神だけが助けることができる」と記した。

イエスにおいて啓示される神の義は、被害者へと向かっている。すなわち神は、不正と暴力に苦しむ人々に権利をもたらすのである。

加害者にとってのキリスト

早くからキリスト教は、キリストの苦難と死の中に加害者の罪のための代理贖罪をも見てきた。イザヤ書五三章の「苦難の神の僕」の模範に従って、彼らは十字架につけられたキリストを「世の罪を担う人」と見なした。パウロもまたキリストの影響をそのように説明している。「私たちの罪のために捧げられ、私たちの義のために蘇らされた」（ローマ四25）とパウロは言う。私たちのためのキリストの献身の中に罪過の赦しがあり、彼の蘇りの中に私たちの新たなる義がある。

そのような代理は必要なのだろうか？　私は、罪過を負う者はだれひとり自らの罪過を認識しつつ生きることはできないと思う。もし認識すれば、あらゆる自尊を失って自分自身を憎み始める。それゆえに私たちは、罪過に対する非難から身を守り、不快な非難を排除する。それは耐え難い洞察だからである。私たちが被害者たちの目で自分自身を認識するならば、罪過は私たちに重くのしかかるだろう。このことを私たちは、アウシュヴィッツ後のドイツにおいて当然経験させられたのである。

いったい罪過を「赦す」ことはできるのだろうか？「赦す」とはどういうことだろうか？どんな人間も、すでに起きてしまったことを起きなかったことにすることはできないし、不正を「償う」ことはできない。それぞれの罪過は、人間を彼の過去へと縛りつけ、彼から未来への自由を奪う。神といえども起きてしまったことを起きなかったことにすることはできない。大量殺人は大量殺人のままで残る。しかし神は、起きてしまったことに縛りつける罪過の束縛をほどいて、起きてしまったことをもはや現在を圧迫しない過去へと変えて、それによって新たな始まりをもたらすことができるのである。このことは、神とキリストが十字架で罪を「担う」時に起きる。神自身が私たちの罪を担う時、神はそれを取り除き、私たちは自由になっている。つまり「彼の傷によって私たちは癒された」（イザヤ五三5）のである。[240]

不正と暴力を行う加害者にとって、これはまさしく、復活したキリストと共に新しい義を生きるべく、自らを奴隷にした悪の力に対して死に、不正なシステムとの関わりを断ち切る、ということを意味する。それ以外の一切は「安価な恵み」であり、効力をもたないだろう。

このことはどのように起きるのだろうか？　古くて信頼できる悔悛のサクラメントにおいて人間は、この罪過の強制からの離脱と、義における新たな人生の始まりを、三つの歩みにわたって成し遂げる。

1．第一の歩みは、被害者の苦難を認識し、彼らに対する自らの罪過を告白すること、すなわち真理の光の中へ歩むことである。加害者は常に短い記憶しか持たないから、自己認識へと至るためには被害者の長い記憶を必要とする。自分自身を被害者のまなざしで見つめる時、自分自身を見出す。

2．第二の歩みは、感性の変容と人生の方向転換である。それは、もうこれ以上貧しい人々や地球や子どもたちを犠牲にすることなく、彼らのために生きることを目指して、不正を生み出す支配的システムと絶縁することと結びついている。これは義の中にある共同の生への、新たな方向づけである。

3．最後に加害者は、自らが引き起こした害を取り除くためにあらゆることをなす時にだけ、被害者との公正な共同体に入る。これは「弁償（Wiedergutmachung）」〔「再び善くすること」の意〕と呼ばれる。もっとも、起きてしまったことを何ら「善く」変えることはできないし、いかなる過去も「清算」できないのは周知のことである。しかし、業《わざ》による償い（*satisfactio operum*）は、探して見出さねばならない新しい共同体の善き始まりである。[241]

教会は加害者のために、この悔悛のサクラメントを——よりふさわしく言うならば回心のサクラメントを——発展させた。宗教改革は、罪人のための義認の信仰を宣教した。しかしどちらの道も、一方的に加害者に向かっている。被害者はどうなるのか？　私たちは、被害者を助け起こすサクラメントと、不正の被害者に対する義認の宣教を必要としてはいないだろうか？

多くの経験と対話を経た後に、私はひとつの提案を行う。

1．不正と暴力の被害者はまず、彼らが受けた屈辱から導き出されねばならない。彼らは、自らがされたことを叫んで表すために、信頼の空間を必要としている。彼らはまた、彼らの報告を聞く耳を必要としている。そして彼らは、自己を尊重することを再び見出さなければならない。司祭は加害者の告解に聞き入ることを学んでいる。ならば私たちは皆、被害者をその耐え難い記憶から解放するために彼らの嘆きを聞き、彼らが話しやすくするすべを学ばなければならない。被害者が被ったことを言い表すということは、彼らに自由をもたらす真理への第一歩である。

2. 第二歩は、心を神へと高めることと、辱めから立ち直ること、つまり頭を上げる生である。被害者もまた回心を必要とする。すなわちそれは、苦難が彼らの生を破壊した後、生へと復活し、愛される生を経験することである。

3. それに続く第三歩は、自らが被った悪に支配されないために、自らが被った災禍に復讐の災いをもって報いるのではなく、善をもって悪に報いるということである（ローマ一二21）。それはまず自己自身において、次に他者に対して行われる。赦しはまた、自らを不平不満と被害者の役割から解放するための魂の医薬でもある。被害者は最終的に、天国と地獄の鍵を手中にしている。つまり被害者は、加害者のために地獄の鍵を開けることができるのである。罪過に対する赦しは、被害者の神的な権利であり、憐れむべき加害者に対する彼らの主権性のひとつの表現である。[242] 罪過を赦すことは、被害者を無力と悲しみから解放し、罪過を負った者をその罪過の束縛から解放し、両者に対して公正な共同体の新たな始まりをもたらすのである。

6　正義と権利

ここまで叙述してきた被害者と加害者のための神の義は、キリスト教によって社会へともたらされる。キリスト教の組織形態は教会である。だが聖職者的な誤解を避けるために、わたしはむしろキリスト教について語ろう。どのようにして神的な義はキリスト教によって社会の中で、あるいはカール・バルトによる言葉の選択を用いるならば、「キリスト者共同体」によって「市民共同体」の中で証しされるのだろうか？(243)

ディアコニアと預言によって、つまり被害者への援助と加害者への批判によって。この連関は自明である。というのは、病人を訪問して、家族から見放され忘れ去られた嘆きを聞く人は、その家族のところへ行き、彼らの良心に語りかけるからである。教会はゲマインデ・ディアコニーと制度化されたディアコニーにおいて、この社会の被害者を援助し、彼らを実践的かつ精神的に立ち直らせることを試みる。教会は憐れみをもって障がい者を包み、失業者とホームレスの人々を受け入れ、飢えている人々のために「食卓（Tafeln）」や「教会食堂（Vesperkirchen）」を立ち上げる。それゆえに教会は多くの人々から評価され、国家から支援され促進される。しかし教会は、国家と共同体によって、その組織的不正がもたらす損害を減らすためにも利用される。こうしたことを防ぐために、この社会の被害者へのディアコニア的援助に、組織的な弊害に対する公的で批判的な預言が応じなければならないのである。ディアコニアによって教会は好かれるが、この批判的な預言によって場合によってはいくらかの人々に嫌われる。しかし、社会を自由な場にすることができる唯一の真理と、万人に生命をもたらす正義こそが重要なのである。キリスト教は、修復と義をもたらす正義（zurechtbringende und rechtfertigende Gerechtigkeit）の理解に従って、それにふさわしい法秩序と法改革を迫らなければならない。なぜなら、神の義のキリスト教的な理解は、キリスト者のためだけにあるのではなく、すべての人間のための新しい地の先取りとしてあるからである。

解放の神学者たちの多くは、貧しい人々が真に人間的な社会を実現すべく、また抑圧された人々が人間にとっての公正な社会を確立すべく、神から召命を受けていると信じている。「最後の人々が最初の人々となるだろう」というわけである。私にはそれが貧しい人々や抑圧された人々に対する過大な要求であって、彼らが「優先的選択（preferential option）」の対象となるのは、本当は貧困の故ではないように見える。貧困と抑圧が何であるかを知っている人が、生と自由が何であるかを知っているとは限らない。社会的な状況はまだ正しい確信をもたらさない。だが以下のことは正しい。若きカール・マルクスが正しく要求したように、人間の人間的解放が始まるのは「人間が卑しめられ挫かれ見捨てられ軽蔑される存在であるような、あらゆる状況が覆されることによってである。」(244)このためには、しばしばそうすることができない状況に置かれた貧しい人々や抑圧された人々だけでなく、あらゆる人間が獲得されねばならないのである。

人々を卑しめる状況は、もちろん経済的なものである。それゆえに、物質的な要求を満たすことは、正義の始まりである。飢えや住居喪失や失業からの解放がなければ、社会的平和の前提をなす、社会におけるあの均等を達成することはできない。しかし、あの克服すべき状況は、経済的なもの以上である。それが人々を卑しめる性格は、人間的な自尊にも影響する。それゆえに、自由の諸権利を満たすことは物質的に満たされることと相関関係にある。人間の尊厳が経済的解放なしに不可能であるのと同様に、逆に経済的解放がなければ人間の尊厳や人権の主張は不可能である。「窮乏が終ることなしに人間の尊厳はないのと同様に、新旧の隷従が終ることなしに人間にふさわしい幸福はない。」(245)人間の尊厳の自己意識を立ち直らせることは、外側から意のままにできるものではない。人間を危急と強制の受動的対象から、自己自身の人生の主体へと変えるために、それは内側から来なければならない。文字通りの意味ですばらしい模範の一つを、旧東独（DDR）の人々が一九八九年十一月にもたらした。それは、彼らが四十年間におよぶ政治的な抑圧とイデオロギー的な操縦の後に蜂起し、「私たちが国民だ」という呼び声と共に、「平和な革命」の主体となった時であった。

イスラエルの歴史によれば、奴隷状態から自由へと向かう出エジプトの後、十二部族は神と、また互いと、シナイにおいて契約締結を行う。このことが象徴的に意味しているのは、被害者に対してしかるべき状態を回復する正義と、加害者に対して義をもたらす神の正義が、自由で平等な者たちの契約を目指しているということである。救済と変容をもたらす正義は、共同体への誠実、あるいは契約への誠実とも名づけられたあの正義へと人間を導く。(246)契約において平等な者たちは、自らの内側への自由と外側への自由を守ることを義務づけられる。フリードリヒ・シラーが「ヴィルヘルム・テル」において近代世界の模範として描いた、伝説的なスイスのリュトリの誓いは、そのわかりやすい好例である。イスラエルの十二部族は、神との契約および相互間の契約を誓った。その後、王と結ぶ契約はどれも、この神と民族の契約の中にはめ込まれた。前提とされている神との契約を王が破ることがあれば、彼は非難すべき者と見なされた。

ヨーロッパの政治史において、都市同盟やハンザ同盟や農民同盟のような契約は、いつも「神の前で」結ばれた。イスラエルの契約は近代に至るまで、政治的な国民主権の模範とされてきた。[247] 後には憲法（constitution）と呼ばれるようになる契約（covenant）において、政治は「人民の人民による人民のための自治」となる。[248] 契約神学（federal theology）と契約政治学（federal politics）は現代民主制にとっての産科医となり、支配者たちの絶対主義を「神の恵みによって」克服し、封建主義と階級支配をも――原則的には――克服した。直接民主主義こそが土台であり、代議制民主主義は二次的な派生物であって前者の代替はできない。

現代の憲法における国民主権が超越者との関係を持っていることは、一九四九年のドイツ連邦共和国の基本法の前文にも、「神の下にある国民」としてのアメリカの民主主義においても、全く同様に表現されている。代議士は「良心のみに服従する」（基本法第38条）。絶えず濫用されてきた使徒パウロのローマ書一三章「上に立つ権威に従いなさい、なぜなら神に由来しない権威は存在せず、権威が存在するところでは、それは神によって立てられているからである」もまた、イスラエルの契約神学に立ち戻ることによって用済みとなる。これは初期キリスト教時代の文脈においておそらく、ユダヤ人キリスト教的な無政府主義者に対する使徒の語りかけであったに違いない。現代の民主主義的な国家は、この意味での「権威」ではない。

現代の民主主義において、以下のことが言える。

1. キリスト教は、被害者の権利と加害者の回心のために働き、平等で自由な人々の契約における正義を支持する。法の正義、裁判の権利の保障、法の信頼性、判決の政治と経済からの独立性は、キリスト教によって完全に支持される。

2．しかし今日の既存の法秩序においては、加害者への一面的な関心が批判されるべきであり、犯罪被害者にも同等な関心を要求すべきである。暴行を行った者は数年の懲役刑で済むが、被害者は一生にわたって精神的屈辱の下で苦しみ、しばしばひどい肉体的損傷を負わされる。しかし、ドイツでは「白いリング（der *Weisse Ring*）」や「イノセンス・イン・デンジャー（Innocence in Danger）」以外、見捨てられた不幸な被害者をケアする人々はほとんどいない。裁判所は殺人者のために精神医学的な援助を提供できるのに、その被害者遺族に対する精神医学的な治療を私たちの法体系は定めていないのだ。キリスト者は被害者の側に立つ。なぜなら、キリスト自身が被害者となったからだ。しかし、伝統的な教会はいまも常に、被害者の正義よりも罪人の義認に多くの関心を持っている。

3．物質的・社会的な正義は、形式的法制度を支える根拠である。この前提がなければ、法文は無意味になりうる。ちょうど有名な古いパリの規則が、貧しい者も富める者もセーヌ川の橋の下で寝ることを禁止したようにである。ついでに言えば、たいていの公園の規則は似たような書き方をして、ホームレスをベンチから遠ざけている。権利の平等は、尊重すべきあらゆる違いを持つ人間同士の認識可能な平等を欠いては抽象的となり、極端な場合には非人間的になりうる。

ドイツで続いている平和論争の現実的なきっかけは、東西ドイツに核ミサイルが配備されることに反対して一九八一年に巻き起こった大規模な平和運動である。分割されたドイツは、東西に分割された世界の軍事的な焦点となっていた。この平和運動は、暴力に訴えない抗議活動を行い、キリスト者はそこで、イエスの山上の垂訓から影響を受け、そこで語られている知恵――「暴力を用いるなかれ」――の現実的な意義を知ったのだった。旧東独のプロテスタント教会は「核による威嚇体制の精神と論理と実践」をきっぱり拒否し、改革派教会は緊急の信仰告白を宣言した。理由はともあれ一九八三年に、核ミサイルは連邦共和国と旧東独から消えうせ、平和運動はゆっくり消滅していった。しかし残ったものがある。それは、毎週月曜日ライプツィヒのニコライ教会で行われる平和の祈りであった。一九八九年十月、その祈りの集いから抗議の行進と平和革命が燃え上がり、ベルリンの壁の崩壊と旧東独の独裁政権の瓦解をもたらしたのである。(249) あの説得力ある標語が再びあらわれた。「暴力を用いるなかれ」。暴力に訴えなくとも暴力的な支配を克服することは、可能であるだけでなく、一九八九年以降、バルト三国でも南アフリカでも、世界のいたるところで現実に起きている。

この説得力ある記憶をもって、現実的な平和の政治について、そして公正な平和の中での充実した生のためのエートスについて、問うことにしよう。

1　力と暴力

暴力（Gewalt）は、多様な現象を意味する。人間相互の交流において、また弱い生物との交流において、日常的な暴力が存在する。女性や子どもや障がい者や病人に対する、強者たちの暴力が存在する。肉体的な野蛮さや精神的な残酷さや、非人間的で生命を害すると私たちが感じる、さらに多くのことが存在する。しかし暴力行為の中には常に、社会的な観点からは力（Macht）となり得る能力が潜んでいるのである。

力それ自体は良いものである。愛の力、理解する力、説得する力、非暴力的なコミュニケーションの力。私たちは神を「全能の父 (den allmächtigen Vater)」と名づけ、神の近さにおいて、その創造の生命力を経験する。

私たちは暴力において、生命の諸力を破壊衝動へと変える倒錯、究極的には死の衝動へと変える倒錯へと関与する。暴力とは、それ自体は善いものである能力を、非人間的に、人間を卑しめて破壊する仕方で用いることである。

生命それ自体において、暴力と力は区別される。力は生命を強めて高める。暴力は生命を弱め滅ぼす。[250] 暴力と力のこのような区別が正しければ、最も重要な問いが成立する。すなわち、どのようにして死の暴力を生命の力に変容することができるのか？　どのようにして暴力行為に投資されるエネルギーは解放されて、生命の能力へと作り変えられるのか？　罪人だけでなく罪もまた救済されねばならないと、ドストエフスキーの『カラマーゾフの兄弟』の中でゾシマ長老は言う。無益な軍産複合体を生命を育む産業へと改造することは可能だろうか？　暴力的な世界から生き生きとした世界が生まれることは可能だろうか？　私たちがそのように問う時、私たちは「平和」を死から生命への方向転換と理解し、「剣から鋤へ」という象徴に従おうと試みている。私はここで「鋤」をイザヤ書二章4節に従って、諸国民の平和の象徴と理解している。もっとも、鋤によって大地に暴力が加えられることもあり得るし、実際に加えられているのだが。ただし、政治倫理の主要問題をなす例外が存在する。それは、国家による暴力の独占である。

2　平和の天使と竜殺し

キリスト教は暴力とどのように関係するだろうか？　テュービンゲンのシュティフト教会のような教会を訪れると、平和の福音を聞き、平和の挨拶によって祝福を受ける。私たちは十字架につけられた者を眺め、これほど大いなる、あらゆる暴力の拒否があり得るだろうかどうかと自問する。それから私たちが外に出ると、ホルツマルクト広場の或る柱の前に立つ。そこでは聖ゲオルクが槍で竜を殺している。キリスト教国のあらゆるゲオルク教会とミヒャエル教会の前には、そのような竜殺しが立っている。それは、地上の竜を打ち殺す聖ゲオルクか、または天の黙示録的な竜を虐殺する大天使ミヒャエルである。ゲオルクにおいてはさらに、教会の象徴である、竜に捕らわれた聖なる乙女を救い出す「救済の暴力」が重要な要素である。西洋において竜は、中国とは違って、根源的な悪、忌まわしく醜いもの、悪臭を放つ毒、耐え難く嫌なものの象徴である。[251] 四世紀以降の神聖なるキリスト教帝国においては、「竜」は、神とその神聖国家の敵を象徴するものとされた。ゲオルクは、キリスト教の殉教者から国家を防衛する聖人へと変えられ、大天使ミヒャエルは、平和の天使からキリスト教国家における剣で武装した守護天使へと変えられた。一方は地上の悪と戦い、他方は天上の悪と戦う。ノルマンディーのモン・サン・ミシェルにある王国の境界から、南イタリアのガルガーノにあるモンテ・サンタンジェロに至る諸々の場所は、キリスト教国の巡礼地であった。イエスの平和のメッセージとキリスト教国の竜との戦いとの間にあるこのような矛盾は、どのようにして生じたのだろうか？

「コンスタンティヌス的転回」を歴史的にどう評価しようが、それは無防備で迫害に苦しむ教会からキリスト教的な帝国宗教への移行をもたらした。アウグストゥスの下で始まりコンスタンティヌスによって完成を要求された「ローマの平和（*Pax romana*）」は、「キリストの平和（*Pax Christi*）」によって洗礼を授けられた。これによって異教徒の剣はキリスト教的な剣へと変えられたのである。

キリスト教帝国もまた十字架と共に始まったが、それはゴルゴタにおけるキリストの真の十字架ではなく、コンスタンティヌス皇帝の夢の十字架であった。その徴を掲げ、彼は三一二年にミルウィウス橋で宿敵に対して勝利をおさめた。彼は夢で、「この徴によってお前は勝利するだろう」と告げられていたのだった。コンスタンティヌスの勝利の十字架は、キリスト教帝国とその拡大の軍旗となった。ヘルナン・コルテスは、十字架の旗と呼び声と共にアステカの首都テノチティトランに突入し、中央アメリカの先住諸民族を屈服させた。十字軍、ジョージ騎士団、テンプル騎士団、及びその他の征服者たちは、この十字架を異教徒の国々へと運び込んだ。それは、ほとんどすべてのキリスト教国の旗や勲章に見られる。これらの勝利の十字架は空虚なものであり、十字架につけられた者のことを知らないし、ゴルゴタと何ひとつ共有していない。それとも共有しているのだろうか？　原始キリスト教のメッセージの中に、キリスト教が政治的軍事的支配へと入り込む発端はないのだろうか？

3　聖なる帝国

迫害から支配へと至る道は、遠くない。すでにパウロは迫害されたキリスト教徒に向かって「キリストと共に苦しむ者は、彼と共に支配するだろう」（Ⅰコリント六2、Ⅱテモテ二12）と約束した。これによって、「コンスタンティヌス的転回」を殉教から千年王国への転回と解釈することが可能となったのである。無力な十字架につけられた者の未来へと目を向けるならば、卑下から高挙への、無力から全能への転回が見える。「神の右に」座る者には、「天と地におけるあらゆる権力が与えられている。」どうしてこのキリストの支配が、ただ教会においてのみ効力を持ち政治的支配において効力を持たない、などということがあろうか？

ビザンティン教会の半球天井に見られるように、キリストはキリスト教的な皇帝よりも優越する全能者であり、この皇帝はキリストの名において己の支配を行う。諸民族は、教会の信仰によってだけではなく「聖なる帝国（*Sacrum Imperium*）」への屈服によって、自らの救いを見出す。この帝国は、神の救済史の目標と見なされた。ビザンツにおける初期の政治神学においては、皇帝は地上における神の代理人であり、その支配は「神の模倣（imitatio Dei）」、神の宇宙的支配への類比であった。ビザンティンの宮廷儀式は、このような帝国的礼拝をはっきりと現すものだった。(252)

聖書的な手本は、ダニエル書七章の君主国の像に見られる。四つの獣の権力の国が、交互に混沌の海から立ち上がり、大地を悪行で荒廃させ、消えていく。しかし「最後の日々」に「人の子」がやって来て、神は彼に「すべての国民が彼に仕えるために、権威と威光と王権を与える。彼の力は永遠であり、彼の国には終わりがない」（ダニエル七13〜14）。キリスト教的な解釈では、第四の世界帝国はローマ帝国である。というのも、そのキリスト教化と共に、終末時のキリストの千年王国が始まるからである（ダニエル七22、黙示録二〇6）。(253) この政治的なメシアニズムは、キリスト教的帝国主義の派遣意識を持続的に形成した。(254) このメシアニズムは、ヨーロッパでは第一次世界大戦において崩壊したが、「第三のローマ」であるロシアと「新世界秩序」であるアメリカ合衆国においてまだ生きている。

「聖なる帝国」は唯一の解決策ではなかった。コンスタンティヌス的転回と共に、修道会のキリスト教が増大したことは特筆すべきである。一方においては、政治的権力を行使する責任を引き受けたこの世的なキリスト教が存在し、他方においては、キリストへの徹底的服従において暴力を用いず生きようとする修道会のキリスト教が存在した。私たちは最終節において、この二重のキリスト教的実存へと立ち返ることにしよう。キリスト教がローマの帝国宗教として安定すると共に、シリアのキリスト教の広い領域がローマの国境の外側に残った。東シリアのキリスト教はメソポタミアを超えて広がり、ペルシャ、インド、中国にまで達し、決して帝国的にはならなかった。ローマ帝国の外側には、アルメニアとエチオピアのキリスト教国だけが成立した。キリスト教はコンスタンティヌス的転回と共に普遍性を失い、今日に至るまでローマ中心である。

4　政治のキリスト教化は長期的にどのような影響をもたらしたのか、キリスト教の何が政治的になったのか？

二つのユダヤ・キリスト教的根本命題が原則的に、政治的領域における「力の無垢（無実）」を破った。

1．「皇帝のものは皇帝に、神のものは神に」（マタイ二二21）。このユダヤ的な区別によって、イエスは古代の神の帝国を分裂させた。つまり支配者は神ではなく、神的な由来を持つものでもなく、他の人々と同様に一人の人間である。支配者の職務は尊敬されるべきであるが、支配者自身は崇拝されるべきではない。教会はローマの皇帝崇拝を拒否し、皇帝のための執り成しの祈りに取って代えた。宗教的な次元と政治的な次元の分離は、キリスト教的皇帝の

「神権政治」にもかかわらず、長期的に見れば政治的な権力を脱魔術化し、法律へと服従させた。政治的な力の行使は、神と人間との前で弁明を義務づけられるものとなった。ただ法のみが政治的な力の行使を正当化する。なるほど歴史においては常に強者の権力が存在したが、強者の「法（Recht）」は存在しない。政治的な力は法に基づいて行使されねばならない。さもなければそれは、法の名において抵抗しなければならない横暴である。

2. 第二の根本命題は、聖書の創造物語に由来する。ユダヤ教とキリスト教の教えによれば神は、一人の支配者ではなく、人間を、地上における自らの似姿と代理人に指名した。つまり「神は人を男と女に創った」（創世記一27）。あのオリエントの王が持っている尊厳は、どの女性にもどの男性にも、どの世代にもどの民族にも、いかなる状況においても当てはまる。すべての人間が神の似姿であるということは今日に至るまで、革命的にそして民主化をもたらすものとして、影響を及ぼしてきた。「アダムが土を耕しエヴァが糸を紡いだ時、いったい誰がそこで貴族だったのか？」「すべての人は平等に創られている」とアメリカ独立宣言は始まる。「すべての人間は自由で平等である」という言葉から、一九四八年の人権宣言は始まっている。これが民主主義的な平等原理である。そしてここにはまだ大事なことがある。それは、聖書の創造物語によれば、アダムとエヴァは最初のユダヤ人でも最初のキリスト者でもなく、最初の人間だということである。それゆえにイスラエルとキリスト教は、すべての国民や世代や民族にとって共通する、人間にふさわしい世界に対する希望の、歴史的な担い手なのである。新しい人類において、両者の歴史的な召命は成就することだろう。

今日どんな人間にとっても納得できることは、その人は男や女であるだけでなく、黒人や白人であるだけでなく、ドイツ人や中国人、キリスト者やムスリムや仏教徒であるだけでなく、何よりもまず、明確で破壊し得ず譲り渡すことのできない人権を持ったひとりの人間だということである。この人権の承認と貫徹において諸国民と諸民族と諸宗教の共同体が一つの世界共同体に向かって共に成長してゆけるのか、それとも相互に滅ぼし合ってこの地上の生命を破壊するのかが決まるのである。

5　正しい権力――暴力の独占と抵抗権

国家による暴力の独占および国民の抵抗権は、政治権力を正しく行使するための前提である。中央政府の暴力と地方勢力の暴力とのあいだの長い闘いの中で、「現代国家の暴力の独占」が形成されていった。政府はそのために、公衆の安全の保障を引き受ける。私たちは今日、一方においては、暴力独占を貫徹することができない国家の崩壊を目にする。[255] そこでは、有名なイタリアのマフィアのように国民を恐喝する私的に組織された集団によるテロが発生する。だが現代の巨大都市のスラムにおいて、警察が平穏と秩序をもはや保障することができず、そこに狼たちの掟が広がっている時、国家はすでに解体している。アフガニスタン、パキスタン、ソマリア、イエメンのように崩壊した国家においては、国際的なテロ組織が発生する。今日では武器や傭兵をいくらでも買える国際的な市場がある。二十世紀の政治的問題は、国家による上からのテロであった。二十一世紀の問題は、市民的世界に対する犯罪的あるいは宗教的な集団による国際的なテロである。

他方で「国家による暴力の独占」は、あの富裕層によって掘り崩される。[256] 彼らは「治安」を商品として購入し、塀で囲われた住宅街に住んで民間治安業者を雇う。アメリカ合衆国やブラジルでは、政府の警察官より民間の治安業者の方が多い。サンパウロでは、富裕層は通りを避けてヘリコプターで飛ぶ。これらの富裕層はテロ集団以上に、国家を長期にわたっていっそう継続的に不安定にする。そのような状況においては、国家の暴力独占を擁護するか、再び作り出すかしかて、万人にとっての公的治安を確保することが重要である。国家が暴力をコントロールする時だけ暴力は法によってコントロールされ得る。国家の暴力独占なくして正当な権力行使の可能性はない。新自由主義的な治安の民営化は、国民を犯罪集団の手に引き渡してしまうがゆえに、テロを促進することになる。それはアナーキズムと何ら異ならない。

国家による権力乱用および上からのテロの場合には、抵抗権が発動される。それは以下の三つの次元においてである。

a　ある土地の警察と軍隊が――例えばラテンアメリカにおいてしばしば起きるように――国家の法律を犯す時、裁判において責任を問われねばならない。選ばれた政府にはそうする義務がある。政府がそうしない、あるいはそうできないのであれば、国民とその代表者には、法と正義を再びもたらすためだけではなく、抵抗の権利があるだけではなく、抵抗の義務がある。

b　ある政府が自らの憲法に矛盾する法を公布する時、その政府は国の憲法裁判所によって訴えられなければならない。これが不可能であれば、国民とその合法的な代表者は、憲法にふさわしい秩序を再びもたらすために、抵抗の義務がある。

c　ある政府が反乱によって内側から、あるいは占領によって外側から、権力の座に着く時、あらゆる領域において抵抗権が与えられている。専制や独裁と見なされるのは、不法な権力掌握と持続的な権力濫用である。その時には、トマス・アクィナスとカトリックの伝統によれば、消極的かつ積極的な抵抗が命ぜられる。ルター派のアウクスブルク信仰告白第十六条によれば、キリスト者が当局に従ってもよいのは、「当局が罪を要求しない限りにおいて（nisi cum jubent peccare）」である。一五六〇年の改革派の「スコットランド信仰告白」第十四条は、キリスト教的な隣人愛に基づいて「罪なき人々の生を保護し、抑圧された人々を解放するために、専制に抵抗する」ことを要求する。[257] ここまで挙げたケースの抵抗権を知ることは、市民の義務である。また援助を行わないことは、罰に値する不正である。そしてそれは、キリスト者の義務でもある――なぜなら、隣人愛は当局への服従よりも重要なものだからである。

七〇年代の学生たちの抗議および八〇年代の平和運動から、以下のような「市民的不服従の正当化」が生まれた。

単独あるいは他者と共同して、公に暴力を用いず、政治的道徳的な理由から禁止規範の構成要件を充足する行為は、その行為者がそれによって重大な違法に対して抵抗し、その抵抗が相当性を有する時、基本的人権に基づき正当化される。(258)

市民的不服従を形式的に要求したり禁止したりすることはできない。それは、政府組織の不正な行動、政府の違法行為、人権侵害に対して向けられる時に初めて正当となる。不正を拡げようとするような市民的不服従、たとえば外国人狩りや人種差別を行う時、あるいはファシズム的独裁によって民主主義的基本法の転覆を目標とする時、市民的不服従は正当なものではない。これがキング牧師とウォレス知事の違いであった。前者は人種分離法に反対してアメリカ憲法の名において市民的不服従を呼びかけたが、後者は憲法に反対して「白人の主権」の再興を求める市民的不服従を要求した。ドイツで私たちは、平和運動や反核運動家たちが行った座り込みによる封鎖において市民的不服従を経験した。しかし極左派の騒乱やネオナチの暴力行為においても、私たちは市民的不服従を経験した。それゆえに裁判所もまた、実定法的に「法は法」であり違法は違法であるという立場に引きこもってはならず、正当な市民的不服従と不当な市民的不服従を区別しなければならない。

6 「正戦」論

この理論は、帝国や国家から成立するコルプス・クリスティアーヌムにおけるキリスト教倫理の驚くべき業績である。教会はアウグスティヌス以来、正義の概念を、考えうる限り最も正当性のないことに適用しようと苦心してきた。すなわち大量殺人、戦争である。正戦論の動機は明らかに、神の意志によれば戦争はあってはならないということだった。この理論の手段は、戦争が避けがたいとしても少なくとも正義の概念によって制限することだった。この理論の目標は、できれば戦争を避けることだった。そしてこの理論の結果は、戦争の正当化はできないということだった。つまり正戦論で根本的に問題となっているのは、戦争の正当化ではなく、戦争への告発だった。それは以下における、正戦（bellum iusutum）と交戦法規（jus in bello）の規準リストが示す通りである。

a　開戦法規

1. 戦争は正当な権威（*legitima potestas*）によって、すなわち法に基づく決定機関によって、公に宣言されなければならない。
2. 例えば、攻撃された場合の防衛といった正当な理由（*causa justa*）がなければならない。
3. 最終手段（*ultima ratio*）でなければならない。つまり戦争は、それを防ぐあらゆる平和的手段が尽きた時の、究極の手段として許可される。

4．正当な戦争を遂行することができるのは、それが例えば平和の再興、あるいは現在の状態よりも良い状態の再興といった、正しい意図（*recta intentio*）と結びついている時である。

現代の世界においては、三つの補足がなされている。

1．結果に照らして手段の適切さ。手段は、それが克服すべき災いよりも有害なものであってはならない。
2．成功の機会を考量すること。
3．脱出戦略。つまり戦争を開始してよいのは、それをどうやって終らせることができるか、あるいはどうやって戦争の混乱から再び出てこられるかを知っている時である。

b　交戦法規

1．手段の適切さ（例えば地雷や劣化ウラン弾の禁止）
2．民間人の保護
3．戦争捕虜が生活し、また帰国する権利

十七世紀におけるヨーロッパの国民国家の成立以来、正戦論はそれらの国家の主権を根拠づけるために濫用されてきた。つまり戦争は主権国家の権利だというのである。今日この点では国民国家は古めかしいものとなってしまった。戦争が正当か不正か、そして戦争において住民や捕虜の権利が守られたかどうかを判断するには、一九四八年の国際連合の設立で初めて作られたような超国家的機関が必要である。国連の委託をもってのみ、軍事的手段によって不正な状況に介入する権利がある。この介入には正戦の規準が適用される。なぜなら、その規準を犯せば、国連の安全保障理事会において非難され得るからである。とはいえ、それらの規準はベトナムにおいてもイラクにおいても、このような介入の正当化をもたらさなかった。そして、明らかに不正な戦争を始めたあの人々に対する訴追は、彼らが権力者である時にまだ行われていない。

私が思うには、「正戦」論に関する今日の議論の結果は、正戦というものは存在しないということである。その規準は、戦争を遂行する権力に対する告発のために用いられるが、彼らの不正な暴力行為の正当化のために用いられるのではない。「正戦」論は戦争を開始するいかなる指示も与えないが、「不正」だと証明された戦争を終らせる論拠を与える。アメリカ合衆国によるベトナム戦争や、かつてのソビエト連邦共和国によるアフガニスタン戦争といった例が示す通りである。「テロ」集団対「解放」戦士という「非対称的な」軍事対立は、あの古典的な諸規準からは外れてしまう。なぜならこの対立は、古典的な意味での「戦争」ではないからである。かつてそれらは、もっと適切に「パルチザン戦争」と呼ばれた。「聖なる戦争」あるいは「十字軍」は、不信仰な人々や神無き者たちの全滅を目標とする限り、正しい戦争ではあり得ない。

7　原子爆弾という条件下で？

一九四五年の広島以来、人類世界は原子爆弾による全面破壊の脅威の下に置かれている。これによって正戦論には決着がついたのだろうか、それとも「正しい核戦争」論とか「正しい核武装」論があるのだろうか？

正義によって制限された「核戦争」は、以下の条件の下で主張されている。（1）先制攻撃が禁止される時、（2）核兵器が小型化され、市民を大量殺戮することなく軍事目標だけを狙える時、（3）つまりグローバルな破壊戦争の中での「大量報復」の代わりに「限定された核戦争」が行われ得る時。

「正しい核武装」論は、一九四五年以来この兵器の存在が平和をより確実なものにしてきたと主張する。相互の「信用に値する」威嚇は、爆弾の使用を妨げてきたというのである。この論によれば、この爆弾の所有とそれによる威嚇だけは正当化されるが、使用は正当化されない。しかし、使うぞといって威嚇しているものを使う準備がない時、どこに脅威が存在するのだろうか？これとは別の論拠は、議論に時間稼ぎを取り入れる。つまり相互威嚇の時間の中で、核兵器のない国際的な平和秩序と安全システムを見つけねばならないというのである。しかし、軍拡競争の速度が軍縮対話の速度よりも何倍も大きい時、そのような「中間時」はいったい存在するのだろうか？

核兵器保有国による核兵器の不拡散に関する条約は、守られなかった。目下イランや北朝鮮において見られるように、ますます多くの国々が爆弾を所有している。テロ組織が簡単に組み立てられる汚い核爆弾を所有し、それで大都市を脅迫することができるようになる可能性を排除することはできない。このようなテロ組織の自爆テロ犯人を核で「脅して止める」ことはできない。彼らは「脅しを乗り越えてしまった」のである。「核兵器のない世界」とは核のジレンマからの解放だろうか？　確かなことは、新しいグローバルな安全システムを欠いては、そのような解放はないということである。なぜなら、核兵器を廃棄することはできても、それを製造する知識を廃棄することはできないからだ。その限りにおいて、人類はあらゆる未来にわたって、この脅威と共存しなければならない。

私にとって、前世紀の七〇年代と八〇年代におけるこうした議論の結末とは、核兵器の使用を正当化することも、核兵器による脅しを正当化することも不可能だということである。誰も核戦争の経験を持っていないし、大きな核戦争の後では、そのような経験によって賢くなることができた者はほとんど残っていないだろう。根本的には、核兵器は軍事兵器ではなく、「核保有国」の政治的ステータス・シンボルであり、また「核保有国」になりたい国にとっての政治的ステータス・シンボルなのである。グローバルに新しい政治構造と文化が成立する時に、公正な平和は可能となる。

1．諸国家によるこれまでのナショナルな対外政治は、もはや平和をもたらす能力がない。なぜなら、国民国家はグローバルな諸問題を解決することができないからである。だが核兵器はグローバルな問題である。だからそれを統制するために、また安全のために、カール－フリードリヒ・フォン・ヴァイツゼッカーが何年も前にすでに要求したように、ナショナルな対外政治は「世界内政（*Weltinnenpolitik*）」へと転換されなければならないのである。

2．テロリズムの脅威は、新たなグローバルなメディアの力によって、トランスナショナルなものになった。テロがこのような次元を取り入れるのであれば、対外的安全の維持と国内の安全の維持とのあいだの区別が無効になるような、国際的な警備措置が組織化されなければならない。すでにバルカン半島での国連の平和維持軍においては、双方の課題が重なりあっている。

3．気候変動において告げ知らされている生態系の破局は、国家の境界には止まらない。すでに一九八六年にウクライナのチェルノブイリで起きた炉心溶融大災害は、スカンジナビアやバイエルンの森を汚染した。エルンスト・フォン・ヴァイツゼッカーが要求した、国際的に要請される「地球政治」は、諸国民や商業組合や増え続ける非政府組織の共同の努力によってのみ実現され得る。

4．こうした新たなトランスナショナルな組織のためには、国連の暴力独占を必要とするが、その暴力独占は国家の主権を犠牲にすることによってのみ成り立つ。私たちは、これまで挙げられた三つの領域において、正義に配慮するトランスナショナルな裁判所を必要とする。なぜなら私たちの法体系はまだ大幅にナショナルなものであり、そのためにグローバルな犯罪に対しては成熟していないからである。人権侵害に対して罰を与えるハーグの国際司法裁判所は、端緒についたばかりである。地球の上で、また地球と共に、公正な平和のために、グローバルなネットワークの中で、新たなトランスナショナルでグローバルな諸主体が発展させられなければならないだろう。

8「武器なしに平和をもたらす」

この「武器なしに平和をもたらす」という標語は一九八一年のドイツの平和運動の中で生まれたが、キリスト教に源を発する平和創造のエートスを非常によく言い表している。「平和をもたらす者たちは幸いである……」。だが、葛藤や戦争や憎悪や暴力が支配する敵意に満ちた世界において、いったい彼らはどのようにして平和をもたらすのだろうか？

いまだ救われざるこの世界において、私たちは国家を必要とし、国家の暴力独占を、そして法と正義によるその制限を必要とする。それ以外の方法では、外面的な平和を確保してテロを抑えこむことはできない。私たちがここまで叙述してきたことは、キリスト者がすべての人々と共に担う世における責任であった。議論をひき起こしている抵抗権も市民権であり、その限りでキリスト者の義務でもあるから、キリスト教に固有のものではない。ではどこで、キリスト教に固有のものが始まるのだろうか？

まずキリスト者は国家による暴力の限界を認識する。国家あるいは国家間の共同体は、暴力の行使によって外面的な平和を確保する。国家は警備対策や平和維持目的の介入によって、平和のための客観的な枠組み条件を整えることはできる。だが平和な共生によって、また人が愛し、喜び、共に生きる生活によって平和の枠組みを内容的に満たすということは、国家にはできない。国家は人間の心を変えることはできず、敵を善き隣人に変えることもできない。これは人間が自らなさねばならない。それゆえに国家は、内面における社会的な平和と、外面における非国家的組織の平和運動とに依存している。良い例は、サラエヴォの現在の状況である。欧州連合部隊は外面的な平和を確保し、宿敵同士が互いに攻撃することを阻止している。「国境なき医師団」や女性たちの「アミカ」や子ども支援団体、またキリスト教的あるいは宗際的な平和グループが、外面的な平和を内面的な平和で満たそうと試みている。暴力行為を力ずくで止めることによって、内面的平和活動のための前提をつくらなければならないという状況が存在する。またイスラエルとパレスチナのように、殺人や復讐にもかかわらず共同生活が可能であることを示すために、平和グループが先頭に立たねばならないという状況も存在する。だがそのような状況下で「剣から鋤をつくる」ために、どのようにして致命的な敵対を平和な生へと変容させることができるのだろうか？

自分の敵を愛することはできるのだろうか？

敵対関係がひとたび生じ、私たちがそれに直面する時、その敵対関係と向かい合う二つの可能性がある。

――私たちは敵の敵となり、あらゆる現実的な敵を、さらには、あらゆる潜在的な敵を滅ぼそうと試みる。潜在的な敵に対しては、ジョージ・ブッシュ・ジュニア大統領の戦略に従って、軍事的な先制攻撃によってそうする。その時私たちは、「友か敵か」という致命的な発想に従属してしまう。それは「味方でない者は敵だ」という発想である。

――あるいは私たちは、生じてしまった敵対を克服し、敵を友にする、あるいは少なくとも尊重すべき隣人にすることを試みる。その時私たちは、決して敵の敵になってはならず、敵対の原因を認識し、それを取り除こうと試みなければならない。


第一の道は、暴力的な者たちの道である。歴史における死体の荒野は、彼らの狂気を示している。なぜなら、次のことは狂気だからだ。それは、自らの敵を敵にする者はできる限り多くの敵を殺すことができるし、自分自身の敵意によって常に新たな敵をつくり出すということだ。「友か敵か」という発想によって、原理的に敵意が支配する世界が生じる。その際人は運が良ければ――その時まで生き延びていればだが――敵を敵とする時にはいかなる平和もないのだと気づくこともある。人は最初に自分自身を敵対から解放しなければならない。なぜなら、敵対は被害者の生だけでなく加害者の生をも破壊するからである。だから、エアフルトの学生を殺した大量殺人者や、ヴィネンデンの殺人者が最後に自殺したのは必然的な帰結にすぎない。

キリスト教の伝統においては、竜殺しのゲオルクに対するすばらしい対立像がある。[259]それは聖マルタだ。伝説によれば、マルタは妹マリアと兄弟ラザロと共に、船で南フランスにやって来て、ローヌの谷で伝道した。タラスコンで彼らは血に飢えた竜を見た。毎年若い娘をその竜に捧げなければならなかった。マルタは怪獣を聖水でなだめ、自らの帯をその喉に巻いてやり——そして竜を地中海へと送り返した。地中海の深海が竜の故郷だったのである。竜はローヌの谷で道に迷い、途方に暮れ、そのため凶暴になっていたのだ。

竜を殺すことと、竜をなだめること。一方は悪とかかわる男性的な形態であり、他方はその女性的な形態であると言えるだろうか？　否、私は男性も悪を善に変えることができると思う。人間が悪から救い出されなければならないだけではなく、悪に投資される犯罪的なエネルギーが救い出され、善へと変えられなければならない。殺す暴力から生かす力が生まれる可能性があるのだ。

9　創造的な愛敵

創造的な愛敵は人間の内面でいかにして可能だろうか？　私が不正に苦しみ、侮辱によって心が傷つけられる時、あるいは暴力によって肉体が傷つけられる時、私の中には自動的に復讐の要求が生じる。なぜなら私は、私に加えられた悪から自分を解き放つために、やり返さなければならないからだ。私は侮辱を自分の上にとどまらせてはならない。なぜなら私の心を傷つけるものは私を病ませるからだ。報復によって、私は己の自尊心を取り戻さなければならない。しかしそれに成功する時私は満足しているだろうか？　それとも虚しさを覚え、私にそうさせた敵よりも実は私の方が悪いのだと感じないだろうか？　加害者たちが一般に言われるような「正当な」罰を受ける時、私たちは満足するだろうか？　殺人者が死刑に処されれば事は順調に行っているのだろうか？　私たちは報復として罰を与える。しかしそれによって誰も変わらない。報復すれば万事は悪行や不正や痛みが生じる以前の状態に戻るのだろうか？　否。

「応酬の倫理」において報復は、被った不正に反応する唯一の可能性である。その他の可能性は、苦しんで耐えて、加えられた悪を飲み込むことだ。その結果は抑鬱と自己嫌悪、あるいは被害者の役割を自己憐憫によって固定化し、他者の同情を引くことである。しかしそれでは、加えられた悪を肯定し、自己破壊においてその悪を自ら継続することと何ら異ならない。

第三の道がある。それは、自分自身の中に生じる復讐感情を、正義への渇望によって克服することである。私は自分が受ける敵意を、報復によっても自己破壊によっても継続したいとは思わない。そうではなく、その敵意をまず私自身の中で、次に敵においても克服したいと思う。私は憎みたくもないし諦めたくもない、復讐も抑鬱も欲しない、むしろこの呼び覚まされたエネルギーを平和と生命を創造する正義のエネルギーへと変化させたい。これが敵意を愛敵へと変革することである。敵に報復したいと感じたことがない者は、敵を愛する能力がない。だが報復によって自らの敵の敵となる者、あるいは敵意に身を委ねる者は、自らの敵意に順応して自らの自由を失う。私たちはどこにおいて、生命に対する敵意を生命に対する愛へと変える自由を見出すのだろうか？

生命を変容させるこのような力の指摘は、山上の垂訓における愛敵の戒めの根拠づけにおいて見出される。

「しかし、わたしはあなたがたに言っておく。敵を愛し、あなたがたを呪う者を祝福し、あなたがたを憎む者に慈善をほどこし、自分を迫害する者のために祈りなさい。あなたがたの天の父の子となるためである。父は悪人にも善人にも太陽を昇らせ、正しい者にも正しくない者にも雨を降らせてくださるからである。」（マタイ五45、46）

「太陽」と「雨」は母権的な象徴であるだけでなく、この地上の生きとし生けるものにとっての真の力である。それは善と悪、友と敵の区別なしに生命を与える。太陽と雨は明らかに、私たちの葛藤や敵対関係には関心を持っていない。むしろ私たちが共に生きることに関心を持っている。そのようにして、愛敵もまた敵意を克服し共同の生に尽くすべきである。

敵への憎しみは、報復の法則に従って、暴力の致命的なスパイラルをいっそう作り出す。「君が私にするように、私も君に」と応酬の倫理は言う。「お互いさま」の「黄金律」はこのような厳しい裏面を持っている。これは山上の垂訓に従ったキリストへの服従や、キリスト自身の生の規則ではない。山上の垂訓と生命の倫理は、「率先（*Zuvorkommenheit*）の倫理」と創造性の倫理であって、応酬の倫理ではない。

愛敵の第一歩は、敵が抱く敵意に押しつぶされず、常に身近なこの圧力から自分自身を解放することである。そのためには方向づけが必要だ。つまり私たちは、敵の敵なのではなく、イエスの山上の垂訓が言うように「天の父の子」なのだ。だから私たちは、憎しみに対して憎しみをもって応えるのではなく、生命を愛する太陽や雨のごとき神にふさわしくあろうと試みる。私たちが敵意に対して憎しみに満ちた反応をしなければ、敵の敵意から逃れて、共同の生へと入っていく可能性を創りだすのである。

愛敵の第二歩は、他者を認識することである。マルティン・ブーバーは隣人愛の戒めを次のように翻訳した。「あなたの隣人を自分自身のように愛せ。なぜなら、彼はあなたのような存在だからである」。私は私自身を他者の中に認識し、他者を私自身の中に認識する。他者は、私が自分のために要求するのと等しい人間の尊厳と権利を持っている。このように他者を認識することは重要だ。なぜなら、いかなる敵意も敵の非人間化と共に始まるからである。つまり彼らは下等な人間、害虫、雑草であって「根絶され」なければならないというわけだ。そのような非人間化と共に、人を殺すことに対する躊躇が取り除かれる。戦争が始まる可能性がでてくる。アメリカ合衆国が「大きなサタン」でイスラエルが「小さなサタン」であるなら、アメリカ人とイスラエル人は神の敵であり、どこでも彼らを殺してよいことになる。敵意は常に他者の悪魔化と共に始まるのである。

愛敵の第三歩は、敵意の理由を認識することに進まねばならない。攻撃はたいてい、被った侮辱から生じるのだから、敵対する人々あるいは国民の苦難の物語を聞くことが役に立つ。これは上から見下す態度ではなく、共感と共苦の態度を要求する。そのような出会いの場所はしばしば相手の集団墓地である。そして出会いの時は共同の追悼である。

愛敵は純粋な感情だけでは機能せず、善き目標をもたねば愛敵とはならない。愛敵は知的でなければならない。八〇年代の平和運動では「知的な愛敵」ということが言われた。愛敵は合理的に進む。愛敵は敵の暴力に対するマゾヒズム的な屈服には向かわない。そうなれば愛敵の主体は失われてしまうからである。「ストックホルム症候群」として知られるようになった心理学的な現象——人質が犯人に肯定的な感情を抱く現象——は不安から生ずるのであって、愛から生ずるのではない。私たちは合理的な愛敵によって、敵がいっそう深い敵意へと陥っていくことからも守ろうと努める。私はそれを次のように思い描く。一方の手で攻撃を防ぎ、他方の手で平和と共同の生をもたらす。私が敵を愛するのは、彼らが敵だからではない。神が彼らを創造し、彼らの生命を欲し、敵意によって彼らが自己破壊に陥ることを欲しないからだ。

愛敵は心情倫理ではない。いわゆる現実政治家の多くが、マックス・ウェーバーに影響されてそう思い込んでいるようだ。しかし愛敵は現実主義的な責任倫理なのである。[260] それはちょうど、太陽が悪人の上にも善人の上にも照り輝いてすべてのものに生命を贈るように、自己と味方の生命に対する責任だけではなく、敵とその味方に対する責任をも引き受けることを要求する。

私は第二次世界大戦後に聞いたある物語が大好きだ。それは素朴なロシア人女性の話である。彼女は村から追い立てられるドイツ兵捕虜にパンを分け与えた。ロシア兵たちが彼女に、敵にパンをやるなと命じた時、彼女はこう答えた。「あたしは誰だろうと飢えてる人にパンをあげる。ドイツ兵がロシア兵をこの村から駆り出した時、あたしはロシア兵に食べものをあげた。いつかあんたたちが秘密警察に追われたら、あんたたちにもパンをあげるよ」。

これが愛敵であり、共に生きるための太陽の光、雨の力である。

10　正義に基づく平和のためのキリスト教的な二重戦略

経済、社会、文化、政治において正しい秩序に責任をもって参与するのか――それとも、経済、社会、文化、政治に関する決断において首尾一貫して完全にキリストに従うのか。これが倫理的な根本問題である。三つの選択肢がある。それらを比喩的に表現すると、剣からキリスト教的な剣を作るのか、剣なしに鋤のみを使うのか、剣から鋤を作るのかである。神聖帝国における「キリスト教的な剣」の時代は過ぎ去った。つまり、後の二つの選択肢だけが残っている。それらを二者択一的に見なければならないだろうか、それとも二つは相補的に共同作業できるだろうか？

第一章で叙述した宗教改革運動の平和的な洗礼派たちは、鋤を選ぶことを決断した。彼らは「武装せずに」生き、そして死んだ。彼らはコルプス・クリスティアーヌムを拒否し、コンスタンティヌス帝以前の教会のように無防備で苦しむ覚悟をもって生きようとした。当時彼らは「熱狂派」として迫害されたが、今日私たちは彼らのことを「歴史的平和教会」と呼ぶ。(261)

「剣はキリストの完全性の外側にある神の秩序である」と、一五二七年の洗礼派のシュライトハイム信仰告白第六条は言う。「キリストの完全性」は、山上の垂訓の指示に従うキリストへのまったき服従において生きられる。キリスト者はいかなる暴力行為も用いてはならない、たとえ暴力行為に対する罰や防止としても。キリスト者は、社会の「剣の職業」に参加することはできない。キリストの完全性は、信仰において洗礼を受けた者たちの自発的な共同体において生きられる。その共同体では、勧告のみで強制はなく、赦しのみで裁判はなく、愛のみで報復はない。

それは、「あなたがたの間では、そうであってはならない……」（マタイ二〇25以下）と語るように、既成社会に対するキリストの対抗プログラムである。キリストの教会は、今日フッター派の兄弟団やアーミッシュやメノナイト派において存在するような生活共同体である。今日のラテンアメリカにおけるカトリックの地域教会運動や、オルタナティブなキリスト教の地域共同体は、そのような例に従っている。これらの首尾一貫したキリスト教的平和主義者たちは、しかし無政府主義者ではない。彼らは新しい平和的秩序を生きており、それによって暴力的なこの世界に対してそれとは違うあり方もあると問題提起しているのだ。「この世界」に対するこうした〈大いなる代替案〉は、闘志を失って公共性から静かな人里離れた所へと退却する可能性ももちろんある。そうすれば〈大いなる代替案〉は全面的な拒否となり、「田舎で静かに暮らす人たち」は権力者たちをもはや不安にさせない。この「間違った世界」全体を拒絶するなら、この世界の個々の弊害を具体的に批判することはもはやできない。戦争にまったく反対する者は、この具体的な戦争に反対してデモを行うことがもはやない。だがいずれにせよ、彼らはその存在それ自体によって、神の意志によれば戦争はあってはならないものだということを思い出させる。

一五三〇年のアウクスブルク信仰告白の第十六条は、シュライトハイム信仰告白に反対して「あらゆる権威は、神によって創られ定められた善き秩序である」と言う。この文章は、世に対するキリスト者の責任を要約している。すなわちキリスト者は「罪を犯すことなく」あらゆる権威ある職務に取り組むことができる。それに属する職務とは「判決や審判を下すこと、剣をもって犯罪人を罰すること、法に適った戦争を遂行すること、誓いを立てること、財産を所有することである。……なぜなら、福音は心の中の永遠の義を教えるからである」。つまり「キリスト者の完全性」は外面的なものではなく、ただ内面的な「神への正しい畏れと神への正しい信仰」である。それゆえに福音は「この世の統治」を覆すのではなく、政治的秩序を「いわば神の秩序として」守り、この秩序において「愛を行う」ことを要求する。この観念によれば、キリスト者の義務は、所与の世界秩序への責任ある参画である。秩序をもたらした神は、その秩序に対して責任を持っている。キリスト者は、服従と愛をもってその秩序を満たすべきであるが、それを変える委託は受けていない。特別にキリスト教的な正義は存在しないし、キリスト教に固有な知恵も存在しない。それゆえに、所与の社会通念から逸脱するような目に見えるキリスト教倫理も存在しない。これによって、山上の垂訓の指示に基づく、キリストへの服従における対決の倫理（*Kontrastethik*）は放棄される。

　洗礼者たちが、この世界から静かに無批判的に別れてしまう危険の中にあったように、プロテスタントたちもまた、この世界の所与の秩序へと同調し、批判なしに参加してしまう危険の中にあった。実際「田舎で静かに暮らす人たち」と「国家に忠実な臣下」は、どちらも政治と社会における正義と平和のために固有の貢献をすることはほとんどなかった。

　私は以下のことを前提する。イエスが弟子たちに語った山上の垂訓や教えを尺度としてキリストへの服従を徹底的に生きるなら、暴力的な平和なき世界に対抗する〈大いなる代替案〉が立てられ、それが真の対決をひき起こす。宗教改革時代の洗礼派たちは、それほど対決的に生きたのだ。そうでなければ、彼らが大量に迫害され火刑に処せられたりはしなかっただろう。

他方で私は、世界に対して責任をとり、社会構造の中で働く、というプロテスタント思想を真剣に受け止める。だが、不正な構造を公正な生の様式に変え、「剣を鋤に」変えるために、私はその思想を責任ある世界変革へと方向転換する。それは以下のようなことである。私は、社会的政治的な構造を「神の秩序として（tamquam ordinationes Dei）」見るのではなく、人間が責任を持たねばならず、それゆえ人間によって変革することが可能な人間的構造と見なす。

世に対するキリスト教的な責任は、私たちがキリストへの服従の中で信じて生きようとする、正義と平和に従う「世界変革の倫理（*Ethik der Weltveränderung*）」を要求する。だからこそ、カトリックのこの世的なキリスト教は修道会のキリスト教を必要とし、プロテスタントのキリスト教は歴史的平和教会を必要とするのである。それは、近くの目標が向かわねばならない遠くの目標への方向づけである。〈大いなる代替案〉がなければ、世界の中で少しでも多くの正義と平和を求める小さな歩みは導きを持たず、希望を失ってしまう。逆に、具体的な世界の変革がなければ、〈大いなる代替案〉は不適切なものになってしまう。

比喩的に語るなら、私たちは今日ここで血まみれの剣を鋤に打ち直すためには、鋤しかない平和な世界を必要とする。[262]一人の人物によって方針を定めたい人はディートリヒ・ボンヘッファーを思い出すとよい。彼は、一九三四年にはファネーの会議において教会に明確な平和参与を呼びかけ、一九三九年にはヒトラーの殺人的独裁に対して積極的な抵抗を行い、その両方のために一九四五年に自らの命を代価としたのである。

プロテスタント教会が国教会や国民教会から自由教会へと変われば変わるほど、世界における教会の平和の証しはいっそう明らかになる。だが宗教多元主義的な社会の趨勢が私たちの教会を自由教会に変えるよりも前に、私たち自身が、社会の中でよりよい正義を求めて取り組む自由、また国家の中でいっそう断固たる平和政治に取り組む自由を掴むことができるのである。(263)

第4節　管理は良いが信頼はもっと良い
——「自由な世界」における自由と安全

1　レーニン「信頼は良いが管理はもっと良い」

ソビエト連邦の悲しい昔の日々、国境を越えようとすれば誰でもすぐ社会主義的監視国家に驚いたものだった。というのは、長く苦労して膨大な証明書類を提示し、やっとビザを得たと思ったら、今度はパスポートを一人どころか通常は四人の国境役人に提示しなければならなかったからだ。一人目はビザが本物かどうか、そしてパスポートがまだ有効かどうかを検査し、スタンプを押した。二人目は一人目が正しく検査したかどうかを検査し、三人目は二人目を管理し、最後に四人目が三人目と二人目と一人目を管理しなければならなかった。レーニンの「信頼は良いが管理はもっと良い」という戒めが支配していたのである。

だが明晰にものを考える人間なら誰でも、次のように自問せずにはいられなかった。これはどこへ向かっているのか、いつ終るのか？　カール・マルクスはこうした監視国家のジレンマを百年前に予見し、答えのない問いを投げかけた。「誰が管理者を管理するのか？」これは、非常に古いとはいえ今日再び緊急のものとなったラテン語風刺作家ユウェナリスの問いである。「誰が見張りを見張るのか？（Quis custodiet ipsos custodos?）」ソビエト連邦の答えは「管理者が管理者を管理する」だった。そのために国家保全の任務は、ソビエト連邦においても――ＧＰＵ（国家政治保安部）やＫＧＢ（国家保安委員会）や国内の秘密任務など――また東欧の社会主義国家においても、際限なく増えてしまった。すべてを監視する国家公安当局とその情報提供者たちの、不毛で生命に敵対する細胞が癌のように、どの町、どの村にも、どの工場、どの学校にも、果てはどの家庭にも入り込んで広がり、治安ではなく不信を遍く広めてしまった。「決して君の意見を言ってはならない。君の言葉を聴く者は公安のスパイかもしれない。だから君自身が判断するのではなく、君が言うべきことだけを言え。決して真理を語らず、いつも彼らが君から聞きたがっていることだけを言え」。こうして、国家への信頼だけでなく自分への信頼も失われていったのだ。

一九八九年のドイツ再統一の後、私たちは東ドイツの国家公安局の資料保管所のことを知り、それを市民誰もが利用できるようにした。そこに集められていた情報は圧倒的だ。それらは、警察のパトロール報告の記録から盗聴された男女の睦言にまで及ぶ。語られたり書かれたりした言葉が記録され、電話の会話が録音され、手紙はコピーされ、銀行の動きが記録された。「シュタージ」つまり国家公安局やその他の社会主義的監視国家の秘密警察は、しばしば腕をたくさんもったクラーケン、生贄をむさぼり食うモレク、あるいは増殖する癌に喩えられる。この非生産的な活動のための財政支出および人件費は莫大であり、常に増え続けたからである。一人の管理者が国民の一人を管理する前に、管理者が管理者を管理しなければならなくなる時、公安の予算は際限なく増えてしまう。なぜそうなるのか？　その答えは簡単だ。管理者を信頼できないからだ。全体主義国家の秘密警察と公安委員会ほど腐敗が広がる場所はほかにはない。

収拾がつかなくなった国家公安委員会は、不可避的に公安国家へと向かう。これは完全な監視国家、言い換えれば警察国家、独裁国家、リヴァイアサンである。それは二つの解決できない問題によって、自己自身を破壊する。

1. 安全を得るために任用しなければならない公安関係者や管理者が多くなればなるほど、安全はいっそう高くつくようになる。

2. そのような国家における下々の者たちは誰も真実を言わず、各自は自らの上司たち、この場合は党や政府が聞きたがることだけを言う。こうして報告のために生産数が偽られる。ついに政府は何と誰を支配しているかも分からなくなり、空想的な数字によって生きるようになる。

ソビエト連邦と東欧の社会主義国家がこの両方の要因によって自らを破壊したという判断は、的外れではない。第一に、国民全体を管理し、その管理者を管理しているという幻想によって、第二に、現実の状況に関する国家的に要請された虚偽によって。

この実験の失敗から、信頼の問題とは真理の問題だという一般的な洞察が得られる。管理は不信を拡げ、不信は真理を虚偽へと転化する。だが虚偽は生を破壊する力なのだ。

残念ながら、社会主義的監視国家の崩壊後も、監視妄想は死んでおらず、むしろ民主主義的な組織においても広まっている。

アメリカ合衆国における二〇〇一年九月十一日の予期せぬテロ攻撃や、それに続くマドリッドやロンドンでの攻撃の後、西洋世界における一般的な安全要求が非常に高揚した。信頼と自由はアメリカ合衆国によって、米国愛国者法をもって削減され、包括的な監視システムが作り上げられた。テロに対する正当防衛の名において、私たちは弾圧的な監視国家へと近づき、それによって「では誰がこれを監視するのか？」という問題へと近づく。すでにロナルド・レーガン大統領の下でのミサイル防衛システム構想において、国家が「傷つけられないこと」が安全対策の目標だった。[264] しかしながら、軍事的な対策は民間人の起こすテロによって裏をかかれ、電子工学的な対策はそれに対抗する対策を絶えず呼び覚ますので、この目標を達成することは不可能である。この目標はいったい望ましいことなのだろうか？　傷つけられまいとする者は無感動になる。彼は、誰も入ってこられないが誰も出て行かれないような防護壁の中に閉じこもる。ひとは人間的に自由に生きようとするならば、ある程度の傷つきやすさと共に生きなければならない。自由がなければ安全への欲求はないし、自由がなければ安全は何の価値もない。テロリストとの闘いは、空港において、また監視カメラによって行われる。だがその闘いは、ただ人間の頭脳の確信によって、また人間の心において、死から生への回心によってのみ勝利をおさめるのである。

新しい電子工学的な監視手段は、しばらく前から大会社に対しても、従業員を管理するようにそそのかしてきた。ほんのいくつか挙げれば、テレコムやドイツ鉄道やリードルでのスキャンダルは、企業の雰囲気を管理によって破壊しようとする経営者たちの意志が非合理的であることを示している。いかなる会社も、社員の電子工学的な管理によって効率的にはならない。むしろ社員の信頼がその会社の真の人間的な資本である。信頼だけが関心と自発的な共同作業をもたらす。この人間的な交わりは、コンピューターが取って代わることのできないものだ。

国家の省庁や管理機構や裁判所において、同じ疫病が蔓延した。タイムレコーダーによって労働時間が管理され、その管理のためにますます多くの管理者が雇われ、労働報告とフィードバックが管理の中枢において非常に多くなり、それをもう誰も分析できない。誰もが自分の同僚の評定に協力させられ、不信を広めるために自らの有給の時間を費やす。労働への関心は低下し、自発性は麻痺してしまう。その結果は「規則に従った勤務」、万人の万人に対する不信、自信の喪失、減退する労働意欲、絶えず下がり続ける能率である。「ゴール指向型品質管理」の成功については、これまで一度も聞いたことがない。

このような現代の監視妄想の背後には、人間を麻痺させその最良の力を動員させないような、悲観的な人間像がある。これは非人間的であり、さらに加えて非現実的な人間像である。

誰が新しい監視装置を管理するのか？　至るところで集められたデータがますます保護されなくなることは明白であり、売られるか盗まれるかして、私たちの望まぬところで利用され尽くす。「監視マフィア」が生まれ、その犯罪的陰謀はインターネットによってグローバルになり、それによってほとんど追跡できなくなる。(265)

2　信頼は自由を創る

信頼がなければ管理は機能しないが、管理者を信頼できるのだろうか？　自由がなければ治安への欲求もないが、どのような治安が私たちの自由を保証するのだろうか？　信頼とは何だろうか？

私たちが信頼を心理学的に観察すれば、エリク・Ｅ・エリクソンと共に、母親の愛に満ちた慈しみと気遣いから生まれる、子どもの原信頼あるいは根源的信頼、ベーシック・トラストを発見するだろう。[266] 驚くべきことにこの根源的信頼は、母親がそっぽを向いても、あるいは一時的に子どものところにいなくても、残り続ける。子どもの中には、生の不安や異物への不信よりも強い、生に対する信頼が生じる。正当な不信にも耐えることができる信頼能力が生まれると言ってもよい。両親、とりわけ母親が子どもに与える慈しみから、子どもの中にゆっくりと、しかし確実に、自己への信頼が生じる。この自己への信頼によって、他の人間に対するみだりな信頼の際に経験する失望を消化することができる。

私たちが信頼を生態学的に観察すれば、信頼とは、それがなければ人間的な生が存在しないような、生の雰囲気であると理解する。人間的生は動物的生のように単に生きられるだけでなく、肯定され受け入れられ愛されねばならない。なぜなら、それは否定され拒否され憎まれることもあるからである。否定され拒否され軽蔑される人間の生は委縮し、病んで死に絶えてしまう。これはストリートチルドレンや少年兵にされる子どもたちにだけ当てはまることではない。成人した人間においてもそうなのである。信頼は、自由にとって必要な生命空間である。他の人間が私を信頼するところで、私は自らを自由に発揮し自分の外に出ていくことができる。私に対して不信と拒絶がもたらされるところでは、私は窮地に追い込まれ引きこもってしまう。魚は泳ぐために水を必要とし、鳥は飛ぶために空気を必要とし、私たち人間は自らの人間性と力を発揮するために信頼を必要とする。信頼は人間的な生の要素である。(267) 信頼できる環境の中では私は自由だと感じ、見知らぬ環境の中では慎重な態度をとる。

私たちが信頼を社会学的に観察すれば、約束をあらゆる安定した関係の土台として発見する。(268) ニーチェが見出したように、自由な人間は「約束をすることができ」、またどんな子どもも言うように、自らの約束を守らねばならない「生き物」である。私が自分の約束を守れば、私は自分を他人にとって頼りになる信頼に値する者にする。私は自らがとり結ぶ約束によって、私自身を私の多義性の中で確定し、他者にとっても私自身にとっても一義的なものにする。人間は自らの約束への忠実さにおいて、時間の中で連続性を獲得する。なぜなら、人間は自分の約束を思い出す時、自分自身を思い出すからである。自由であり、すでに伝統によって固定されているということがない人でも、約束において同一性を獲得する。つまり自らの約束を破る者は自分自身を失い、自らの約束を守る者は自分自身に忠実であり続けるのである。私たちができる限り自分の約束を守れば信頼を生み出すが、自分の約束を理由なしに破れば信用されなくなるのは当然である。自分の約束を気にかけない者は嘘つきとなり、最終的には自分自身のことすら知ってはいないのである。

人格の生活史的な同一性は、その「名前」によって表される。私は私の名前によって、私が過去にそうであったものと私とを同一化し、また私が未来になろうとするものとしての私を先取りする。私の名前によって私は語りかけられ、私の名前によって私は契約に署名し私の義務を保証する。自由な人々の社会的共同生活は、常に約束と信頼性が織りなす稠密な網目である。この相互関係の社会的な網目の中で、信頼はそのよく知られた形を獲得する。

社会的な信頼性がいかなる自由な社会においても土台であるならば、私たちは社会的な合意、あるいはかつて社会契約（ルソー）と呼ばれたものの前に立っている。どんな社会においても、また現代の「多元主義的」で高度に複雑化した社会においても、基本的な一致や、合意や、基本法や憲法や、疑問の余地のない自明な事柄が存在する。それらを破る者は、懲罰を覚悟しなければならない。それらは人間の社会的交際にとっての信頼基盤である。重要なのは、神的な、つまりこれ以上起源を問うことができない権威を盾にとって主張される永遠の法ではなくて、自由な市民による相互の、また来たる諸世代との、そして最終的には地球との契約である。[269] この契約には「合意は守らねばならない（Pacta sunta servenda）」という原則が当てはまる。社会の契約に基づく憲法に違反する者は、自分自身を破門する。そのような者は社会的信頼を取り去られる。

政治的領域を最終的に構成するこの契約は、市民の諸権利を定めた憲法である。それらの権利が傷つけられたり奪われたりした時には、憲法を引き合いに出して訴えることができる。法律は憲法に適合しなければならない。さもなければそれは違法である。憲法に適った市民の諸権利が失われるのは、ただ非常時において、それも一時的にのみ、公衆の安全がそのような事態を必要とする時である。一国の憲法において市民権は、普遍的に承認されている人権にふさわしく表現される。[270]一九四八年の国連人権宣言や、一九六六年の「経済的、社会的及び文化的権利に関する国際規約」や、一九九二年の地球憲章は、国連における諸国民の共同体の、国際的に承認された信頼の基盤である。それらは今日に至るまで諸国民の世界共同体の紐帯である。自らの力だけにより頼むためにそこから遠ざかる者は、孤立する。彼は他の諸国民や諸民族において信頼性を失う。彼は恐怖や不安を拡大することはできるが、信頼を得ることはできない。

3　真理は信頼を創造する

私たちは信頼の様々な次元を通過した後に、人はどのようにして信頼を得て、信頼を創り、信頼を再生するのかという問いに至る。その答えは、私生活でも公生活でも全く同様に、単純なものである。それは「真理を語れ、そうすればあなたは信頼に値するものとなる」ということだ。なぜなら「一度嘘をついたら、二度目に本当のことを言っても信じてもらえない」と子どもの諺が言う通りだからである。

誠実さだけが信頼を獲得し創造し再生する。この戒めはきわめて明白である。ドイツ連邦共和国の第三代大統領グスタフ・ハイネマンは、政界の同僚に向けてその戒めを次のように言い表した。「君が行うことを語り、君が語ることを行うがよい。」私は次のように付け足す。君を選んだ国民を君自身より愚かだと思うな。国民は真理を――たとえ苦い真理でも――偽善的な嘘や政治的な言い訳よりも耐え忍ぶことができる。

だが驚くべきことに、よりによって政治家たちの真理に対する関係は、しばしば壊れてしまっている。政治は人格を堕落させるのだろうか？　人格よりも、政治を権力闘争と理解することが、おそらく遥かに大きな要因である。そのような闘争においては、発言はその真理の内容においてではなく、その効果において試される。そうすれば、その発言はプロパガンダと敵を欺くことに利用される。このことを私たちはとりわけ戦時中劇的に経験した。最初に戦争の犠牲となるものとは常に真理である。戦争の理由を捏造するために嘘が広められ、真理が抑圧される。第二次大戦の始まりの一九三九年においてそうだったし、イラク戦争においてもそうだった。戦争の間は真理を語ることもできない。なぜなら、それは敵に役立つ可能性があり、自国民を不安にさせるからだ。戦争において国民はいつも政府の背後に立たざるを得ないので、政府は国民の信頼を得るためにあまり努力しなくてもよい。緊急事態法や戦時国際法によって国民は簡単に支配されるが、国民は自由の中にはおらず、また信頼も持っていない。

信頼がひとたび悪用されてしまったらどのようにして信頼を取り戻せるだろうか？　嘘をついたという誠実な告白と、赦しを請い願うことによって、すなわち新たな信頼を請い願うことによってである。私が自らの嘘と背信行為について真理を語るのは辛いことであり、非難や攻撃によって傷つくこともある。だがそれは真理の光への第一歩であって、「ただ真理のみがあなたがたを自由にする」のである。真理を告白する者を他人が赦そうが、あるいは彼の嘘を他人が絶えず責め続けようが、告白する者は彼らに対して優越している。なぜなら彼は真理の中にいて自尊心を取り戻しているからである。彼は自己自身の責任を引き受け、それによって彼を告発するあらゆる人々を遥かに超えている。自らの過ちに関する真理を語る者は、決して過ちを犯さないと主張する者よりも信頼される。失望させられた信頼は、あらゆる信頼を捨てることを正当化するものではない。濫用された自由は、すべての自由を断念する理由とはならない。「誤用は使用を廃棄しない（Absus non tollit usum）」。赦しによって取り戻された信頼は強い。なぜならそれは、破られた信頼を通り抜けて賢明になった信頼であり、矛盾に耐え抜くことができるからである。子どもは生来の根源的信頼を持っているが、大人は成熟して現実主義的な信頼を見つけて学ばなければならない。やみくもな信頼から、目で見る信頼が生まれなければならない。今日好んで用いられる信頼性の概念である「透明性」や「計算可能性」は、信頼や責任の人間的で人格的な次元を除外している。コンピューターとて透明で計算可能である。しかしコンピューターに責任を負わせることはできない。

4　管理から信頼への道

政治の領域では、「信頼醸成政策」によって敵対関係を解消することができる。平和と協働のオルタナティブな未来に対する信頼によって、信頼は不信に取って代わることができる。これには手本がある。東側陣営と西側世界との冷戦のさ中、一九七五年からヘルシンキで、分割されたヨーロッパにおけるＫＳＺＥ会議〔KSZE は Konferenz über Sicherheit und Zusammenarbeit in Europa の略称で、「ヨーロッパの安全と協働に関する会議」または「全欧安全保障協力会議」を意味する〕が行われた。そこにおいて「信頼醸成政策」が決定されたのである。それによってイデオロギー的な相互不信を解消したために、「鉄の」カーテンに穴が開けられた。プロパガンダによる分割の深刻化に代わって、現実的な共同体を目指す協働が生まれた。ヨーロッパ共同体の今日の統合は、相互信頼をもたらす持続的な作業の成果である。

政治的な領域において、私たちは過去二十年間に独裁から民主への転換の成功を経験してきた。これに対応するような、大企業や国家官僚が牛耳る領域における民主化は可能だろうか？

私は、管理と、管理された行政機構を、従業員との契約へと転換することは可能であると思う。そうすれば、管理によって麻痺した自主性が目覚めさせられ、不信によって抑圧されてきたすべての従業員が持つ、発明し改善する潜在能力が活性化される。社員旅行や宴会ではなく、相互の信頼を土台とする人間的協力が、企業環境を改善するのである。

経営において「不誠実」が罰せられる時には、誠実が通常のものとして前提されている。だが誠実はただ相互信頼においてのみ存在する。私生活でも大組織でも、ひとは誠実を約束することはできても、誠実を管理することはできない。管理はいかなる信頼性も創り出せない。人間の尊厳はただ信頼によってのみ重んじられる。経済や行政における組織の民主化は、私には正しい道だと思える。ドイツにいる私たちはこれらの領域の運営において、依然として命令と服従からなる古い軍隊秩序の名残をとどめている。だから部下たちは、小さな自由を守るために、軍隊的道徳のこつを知っているのである。

最近では市場の論理が生活の多くの領域に入り込み、もはやそれと無縁な所はない。健康保険制度は収益性を要求するが、それは病院で優先されるべき選択肢ではない。患者は病気の人間であって、顧客ではない。医学は彼らを助けるために存在するのであって、利潤を得るために存在するのではない。同様にまた、学校や大学における教育制度も、資本主義的な市場の論理に逆らう。大学生は社会の「人的資本」ではない。研究や教育による彼らの養成は利潤追求ではない。仮にそうなってしまえば、もはや基礎研究は存在しないだろう。大学生は学問の市民であり、職業訓練生ではない。学問の領域では信頼と信用だけが相互の潜在能力を目覚めさせる。こうした信頼感の中で学問の自由がなければ、学問の進歩は存在せず、応用のための任務作業しか存在しない。信頼を管理に取り替える者は、創造的な生を破壊しているのである。

　人間を信頼する、つまり他人や自己自身を信頼する理由があるだろうか？　他人と交わった経験によれば、信頼の代わりにむしろ「計算された不信」のほうが適切だと人は言う。聖書の知恵文学も、むしろ他人に対する一般的な不信を勧めている。また自らの自己意識を見れば、自己への絶望は謙遜をもたらし、破れたことがない自信はたやすく傲慢をもたらす。「主を信頼し、人間に身を委ねないことは良いことだ」と詩編一一八編8節は言う。だが神信頼は信仰論に属する。神信頼は、自己自身や他人や地球との関わりにとって積極的な結果をもたらすだろうか？

　神信頼（*Gottvertrauen*）ということで、私たちは通常は人間の神への信頼のことを指す。一ドル紙幣にも「神に信頼する（In God we trust）」と書いてある。ルターによれば「神と信仰」は互いに結びついている。「ただ心からの信頼と信仰の両方だけが、神と偶像をつくる。あなたの信仰と信頼が正しければあなたの神もまた正しいが、信頼が間違っており正しくないところでは正しい神もいない。今あなたの心があり、あなたが信頼しているものが、実際にあなたの神である」。神と偶像はどこで区別されるのだろうか？　「ひとりの神を持つということは、心が完全に信頼する何かを持っているということである。」[271]ルターは「マモン」を「地上で最も一般的な偶像」と呼ぶ。万物の創造者だけが「完全な信頼」を自らに引きよせることができる。

しかし「神信頼」には他の面がある。それは人間の神に対する信頼であるだけでなく、人間を地上における自らの似姿として創った神の人間に対する信頼でもあるのだ。信頼はいつも、相互性に基づく事柄である。つまり私たちが神を信頼するのは、神が私たちを信頼するからなのである。あらゆる失望と不実にもかかわらず、神は自らが創った人間を信じ、その人間性を望み期待している。これは、恩恵と憐れみに関するどんな経験にも含まれる内容である。神は継続して、いかなる矛盾にもかかわらず、人間のことを信頼に値する者であり同盟を結びうる者だと見なしている。私たちが信じなくても「キリストは誠実であり続け、自分自身を否むことができない」（Ⅱテモテ二13）。エレナイオスはそれどころか、神の栄光をすべての生きている人間の中に見出した。彼は「神の栄光とは生きている人間である（Gloria Dei est vivens homo）」と言う。私たちの中にある神への信頼は、傲慢と抑鬱を取り除く自己信頼にとっての、確かな根拠である。他の人間たちに対する神の信頼は、失望することが予想されるにもかかわらず、その人々を信頼し、彼らからの信頼性を呼び起こす確かな根拠である。地球に対する神の信頼は、あらゆる恐るべき自然災害にもかかわらず、ゆだねられた環境として私たちが地球を受容し、その未来を望む確かな根拠なのである。

第5節　神の義および人間と市民の権利

1　人権の発見

人間の基本的権利に対する洞察は、多くの文化における人間性の認識と共に生まれた。「友と敵」や「我々とよそ者」に代わって「人間」という普遍的概念が形成されたところでは常に、人間存在への尊敬と共に、人間の権利もまた言い表されてきた。(272) 明確に「人権」と表現された権利は、西洋の啓蒙主義時代にアメリカとヨーロッパの憲法に書かれたとはいえ、西洋的な観念だけが重要なのではない。それらの権利は、かつての国際連盟や今日の国際連合によって、世界的に承認されている。他の普遍的な諸観念と同様に、人権もまたヨーロッパにおける特殊な成立史から切り離され、今日あらゆる人間にとって直接理解できるものとなっている。その人々が認識することとは、彼らがアメリカ人や中国人であるだけでなく、黒人や白人であるだけでなく、男や女であるだけでなく、キリスト者や仏教者であるだけでなく、人間だということである。

それゆえに、人権に対する西洋からの著作権請求は存在しないし、また西洋的観念だからといって人権を拒否する正当な文化的あるいは宗教的理由も存在しない。

今日諸々の国民や民族や文化が、核の脅威によって互いに、また環境危機によって共に、致命的な危険に陥ることによって一つの共通の世界史へと入りこめば入り込むほど、人間の権利や自然の権利に関する合意がますます重要となってくる。それらの権利の中に、人類が歴史の主体となって生き延びることができるようなグローバルな民主主義の概要を認識することができる。

今日国際連合において認められた人権宣言が記されているのは、以下のものである。

1．一九四八年の世界人権宣言

2．一九六六年の人権に関する国際規約（経済的、社会的、文化的権利、市民的、政治的権利についての選択議定書）(273)

3．一九八九年の子どもの権利条約

これらの国際法的な拘束力は、始めは僅かなものだった。なぜなら、一九四八年の前文には、それらは「すべての国民と民族によって達成されるべき共通の理想」であるとしか書かれていないからである。それにもかかわらず、それらは国際的な協定や国家間の権利条約において、驚くべき力を発揮してきた。民族殺戮に反対する義務的協定が、すでに一九四八年に国連において決定された。第二次世界大戦の終りまではまだ、一国家が自らの市民をどう扱うかという問題は、もっぱら国家主権の決定によることが国際的に承認されていた。たとえ国家が今日相変わらず、人権の名における「内政問題への干渉」を拒否しても、一国家がどのように自国民を扱うかは法的には国際連合の責任でもある。なぜなら、どの人間も国際的に認められた人権の主体だからである。

諸々の人権をめぐる分類やまとめ方は、以下のような人権の歴史から生じる。

―北大西洋の諸国家は、ファシズム的独裁が行った犯罪の後、一九四八年に、国家にあい対する個人の人権を言い表した。

―東方の諸国家は、階級支配や資本主義に対する批判を根拠として、経済的で社会的な人権を一九六六年の国際規約へと導入した。

―今日では第三世界の窮乏する人々から、生存権や生き延びる権利に対する要求が、人権をめぐる議論の中へと入ってくる。

それゆえに、以下のような区別を行うことができる。1生命と自由と安全を保護する権利。2意見と集会と宗教の自由を認める自由の権利。3労働と栄養と住居の社会的権利。4公共生活への参加と政治経済文化における共同決定の権利。

一九四五年以来の教会のエキュメニカルな議論においては、興味深い重点の移動が見られる。一九四八年のアムステルダムでの世界教会協議会以降、宗教の自由が中心になり、その自由は、その他の個人的人権の枠内においてのみ実現され得ると認められるに至った。ソビエト連邦の崩壊後も、個人の宗教の自由や個人の人権を要求することが重要だということは、イスラム教や仏教を国教とするあの国々が示している。一九六〇年頃から経済的社会的文化的な人権の問題が注目されるようになったのは、人種差別や植民地主義や性差別が重大な人権侵害として注視されているからである。このように人間が人間を抑圧する世界においては、個人的な人権は、ただ社会的政治的経済的な人権と共にしか実現できない。一九七四年のザンクトペルテンにおけるエキュメニカルな協議は、キリスト教会の人権論争の歴史における転回点となった。なぜならここで初めて、第三世界から来た代表者たちが語り、その言葉が聞かれたからである。

その後の七〇年代終りには、大教会によって神学的な人権宣言が出された。一九七四年には、教皇の「正義と平和（Iustitia et Pax）」委員会が「教会と人権」宣言を出し、一九七六年には、改革派世界連盟（ＷＡＲＣ）によって「人権の神学的基礎」が刊行され、[274] それに続いて一九七七年にはルター派世界連盟（ＬＢ）が「人権の神学的視点」を出した。[275] 残念なことに、人権に関するキリスト教的な共同宣言はこれまで出されていない。目下のところ、ロシア正教会の見解である「人間の尊厳と自由と権利に関するロシア正教会の基本教説」（二〇〇八年）が、ヨーロッパ教会会議（ＫＥＫ）において激しい論争をひき起こしている。[276]

２　個人的で社会的な人権の統合

「私たちはこれらの真理を自明なものと見なす」とアメリカ独立宣言は言う。それはすなわち「すべての人間が平等に創られているということ」である。これは、年齢や性別や人種や宗教や障がいにかかわらず、すべての人間を意味している。ドイツ連邦共和国の基本法においても、人間の自由権に関するⅠ・2条に続いて、平等原則と男女同権のⅠ・3条が来る。これによって、類似する基本法を持つあらゆる民主主義国家は、個人的人権と社会的人権を相互に結びつけて、同時に実現するという課題に向かい合う。

ユダヤ教とキリスト教とイスラム教という預言者宗教においては、すべての人間の自由と平等は、創造信仰によって根拠づけられる。自由と平等は、すべての人間が神の似姿であることによる。だが多くの民族の支配神話においては、支配者だけが地上における神の「似姿」であり、大地の子どもたちに対して「天の息子」である。「神の影が支配者であり、支配者の影が人間である」とバビロニアの「王の鏡」には書かれている。(277) 創世記一章26節によれば、神は「人間」を地上における自らの似姿へと創った。古代オリエントの支配者が有したイデオロギーにおける、初期の普遍化と持続的「民主化」もまた同様である。すべての人間は王女や王と同様に、神の慈しみと義に適うために、また神の大地を世話し守るために、地上における神の像である。これによって、人間の人間に対する支配は、根本的な疑いにさらされる。「神は自分自身に似せて人間を創り、かたどり、その苦しみをもって一人ひとりを救済した。……私は自らの考えに従えば、誰かが他者のもの（すなわち所有物）だと理解することはできない」と中世の「ザクセン・シュピーゲル」には書かれている。(278)

それゆえにヨーロッパの政治史においては、どのような支配に対しても原則的な民主化が行われるようになった。なぜなら、そのような民主化によってのみ、国家のあらゆる男女市民の自由と平等が守られるからである。権利の平等は、支配者をも法に従属させる。国民主権は、すべての人間が神の似姿であることを実現するための現代の政治的な手段である。
しかし、人間の個人的権利を政治的支配に対して強調しつつも、人間の社会的平等を疎かにしてきたことは、西洋における自由の歴史の偏りであった。そのようにして自由な民主主義が形成され、社会的な民主主義は押し止められた。個人の自由は守られたが、彼らの連帯は発展させられなかった。私有財産は神聖化されたが、共有財産は弱い保護しか受けなかった。

ここにおいて、ラテン的ヨーロッパにおける信仰の歴史の誤りが認められる。アウグスティヌスによれば、人間における神の似姿性は、人間の魂の頂点に存する。[279] 肉体無き魂の主体性に、神にふさわしい人間の尊厳があるとされる。しかしこれは、聖書の創造物語の言葉ではない。肉体無き個々の魂ではなく、他の人間と共にある人間が神の似姿であり、神にふさわしくあるべきなのである。なぜなら「神は人間を男と女に創った」からである。キリスト教の三位一体論もまた孤立した個々の魂ではなく、相互の承認と愛の中にある教会共同体を「三位一体の像（*imago trinitatis*）」となすのである。

私たちが男女関係を人間的な社会性の原像と見なせば、人間的な連帯は人間の人格性と同じく、神的な尊厳を持っている。カトリックの社会教説が述べたように個人が共同体より「前に」あるのではなく、また社会主義が主張したように共同体が個人より「前に」あるのでもない。むしろ発展史的に観察すると、一人の人間の個人化と社会化が同時に起きているように、個人と共同体は等根源的であり、相互に規定し合っている。それゆえに、西洋世界で一貫して受け入れられているように、個人的人権が社会的人権に優越するということは原則的にありえない。そのような優越は、一九四八年の世界人権宣言だけが読まれるせいである。人々の自由権は連帯する公正な社会においてのみ実現され得るし、公正な社会はすべての人々の権利においてのみ実現されるのである。

「人格の自由な発展」（GG I, 2）は、共同体の連帯の自由な発展と結びついている。これが正しければ、一九四八年の世界人権宣言と一九六六年の国際規約をただちに統合することが求められる。[280]

3　経済的な人権と自然の生態学的権利との統合

人間の尊厳には、人間の尊厳が保たれた生活を送ることができるということも属している。そこには、飢餓や病気や宿無し状態からの保護や、労働権や個人財産権や公共生活への参与権といった、社会的経済的な最低限の前提が属している。政治的な領域で長く国家の暴力の対象とされることが人間の尊厳に反するように、人間が経済的にただ単に労働力や購買力と見なされることもまた人間の尊厳に反する。経済的領域においても「主体というあり方」を生きることができるために、人間は公正に社会的生産物に与らなければならない。僅かな人々の手に生産手段や食料が集中することや、多くの人々が抑圧され略奪されることは、人間の尊厳を傷つける。世界中で厖大な数の人々が飢えている経済的状態は人間性を失っており、キリスト教的に言うならば、すべての人間が神の似姿であるという神の栄誉を傷つけることである。世界経済の民主化による、より勝った正義がなければ、人類の経済的な破局、さらに生態系の破局がもたらされることになる。なぜなら、増大する略奪と負債によって、第三世界の国民は自らの熱帯森林を伐採して自らの耕作地や放牧地を過剰に利用することを強いられ、その結果、土地の砂漠化と荒廃化によって人類全体の生活基盤の大部分が破壊されてしまうからである。

人類の経済的な基本権は、生態学的な限度を定められている。経済成長は制限つきで可能であるにすぎない。[281] それゆえに、さらなる経済成長によって社会正義を獲得することはできない。もっとも、今日でもまだ成長は約束され、それによって社会的不正は調整されるのだと言われる。それは成長フェティシズムである。人間の社会環境と自然環境との間には、否定的な対応関係がある。つまり労働力の掠奪が支配的な社会環境であれば、自然環境もまた地球の地下資源の掠奪によって決定的に影響されるのである。人間同士の掠奪的な関係が止んで初めて、人間の自然に対する掠奪的な関係も止む。生態系における正義は、ただ経済における正義と共にのみ獲得される。その双方は、産業社会の生態学的革新とそれに対応する社会的エートスと共に始まる。今日自然から掠奪を行う技術的手段は自然の破壊にまで高まり得るのだから、知恵が判断して「短期的利益のために長期的に自分自身の生存基盤を破壊することは、自殺行為であるから愚かなことである」と言うべきである。このような破壊は、破綻した政治である。

現代文明のイデオロギーはこう語った。人間だけが自己自身のために存在しており、他のすべてのものは人間のため、そして人間の利益のために存在するのだと。コスモス中心主義が産業化以前の農業社会の基礎であったように、この人間中心主義は現代の産業社会の基礎である。「人間の尊厳」がその「主体性」だけに見出され、人間だけに備わったものと見なされる時、このような尊厳の上に立てられた人権は、地球の自然を脅かし、そのため最終的には人間自身の生き残りの能力をも脅かすことになる。ヨーロッパの主体概念は世界を主体と客体へと分離することに由来し、世界における人間の支配的地位を確保しようとする。(282)だがこれによって、人間は身体なき主体と見なされ、自然は霊魂を抜き取られた客体と見なされる。身体なき主体と霊魂なき身体との間には、いかなる交わりも結びつきもない。アリストテレスはまだ、「植物霊魂」と「動物霊魂」と「人間霊魂」について語った。なぜなら、彼にとっては「世界霊魂」がすべての生き物を包括し差異化したからである。機械主義的な近代の産業社会が初めて、自然を征服すべく「世界霊魂」を世界から追放してしまったのだ。

これに対してポストモダン的な解釈は、人間の身体的欲求と他生物との感性的関係から、人間が統合されるコスモス的共同体の理念を構想するために、再び人間の身体と霊魂の全体性を前提する。霊魂と身体、主体と客体、人格と事物といった現代的な分割は、人間の全体性にも人間の大地との自然的共同体にもふさわしくない。この現代的な分割が厳格に貫徹されれば、人間の身体性は破壊され、自然の生命共同体は荒廃するだろう。現代の人間中心主義は、人間自身にとって致命的なものである。たとえ農耕経済的なコスモス中心主義へ戻る道がなくとも、新しい生態学的文化を地球の自然に順応させることは可能である。注目に値することは、東方教会の正統主義神学が、あの西欧的な分割を決して共有しなかったことである。なぜならこの神学は、人間の人格を客体的自然に対立するものとしてではなく、自然のひとつのヒュポスターゼ（実体）として把握したからである。(283) 人間において自然はひとつのヒュポスターゼへと集約され、それゆえに人間は自然に依拠している。人間は己の身体性においてあらゆる他の生物と、また自然のあらゆる物質的要素と、結びつけられ続けている。人間は自然と共に創造され、自然と共に救済される。

様々な人権宣言や国連の地球憲章が統合されれば、大きな効用があるだろう。私たちは一九九〇年に改革派世界連盟において、一九七六年の人権に関する神学的宣言を「自然の権利」に関して拡大した。(284)

4　人権――インターナショナルか、トランスナショナルか、従属的か？

一九四八年の人権宣言は、人間を人類という類における個と見なしている。これによって、アジアやアフリカの人々がしばしば危惧しているように、都市的個人主義や西洋的コスモポリタニズムが広められるのだろうか？　仮にそうだとするなら、この宣言は現実離れしたものだろう。というのは、人間が強い社会的アイデンティティと弱い個人的アイデンティティを持つのは何も伝統社会に限られないからだ。人間は自分を、家族や部族や国民、文化や宗教共同体の一員と見なしこそすれ、人類という類の一個体と見なしたりはしない。なぜなら人間の社会的安定は、彼らの具体的で社会的な紐帯に拠るのであり、その紐帯は人類に取って代わられるものではないからだ。人権はまた、具体的で地域的国民的な市民権を廃止するために、あるいはそれらに取って代わるために存在するものではない。だが人権は、いま言ったような地域的な紐帯や市民権に新しい次元をもたらす。この次元は、一面においてグローバルでコスモポリタン的であり、他面において各人の内的本質に関わる。人権団体は、独裁体制の下でグローバルな課題のためだけに闘っているのではなく、地域の紐帯や義務を持つ個々人の人権のためにも闘っている。具体的な市民権は、人権のフォーラムにおいて弁明の義務がある。具体的な例を挙げよう。国外移住の権利は一つの人権であるが、かつての社会主義的なドイツ民主共和国（旧東ドイツ）は、それを「共和国からの逃亡」と見なして処罰し、それによって市民に対する重大な人権侵害の罪を犯した。当時「出国」を支持した者は人権を支持したのである。一国家が自らの市民をどのように扱うかはもはやその国家の問題にとどまらず、諸国家のつくる共同体の問題でもあり、全人類の連帯の問題でもある。人権宣言の目標について以下のように問う時、人権に対する市民権の関係に関する問いの中で、一歩前進することができる。

―私たちは人権宣言の中に、グローバルでコスモポリタン的な民主主義の最初の概要を認めるだろうか？　人権はトランスナショナルで、それゆえにポストナショナルな権利として立てられているだろうか？[285]

―それとも、国民国家だけが主権を貫徹できるのだから、重要なのは主権を有する国民国家間のインターナショナルな権利の取り決め、つまりそれらの国家主権に基づき主権を保持しつつ行われる取り決めだろうか？

―いつの日にか、世界政府のトランスナショナルな主権へと辿り着くために、人権によって国家主権が制限されるべきだろうか？　それとも国家主権はトランスナショナルな権利として、ただ既存の国家の相互依存だけを促進するべきだろうか？　相互依存の実現によって、諸国家の共同体による「グローバル・ガヴァナンス」のようなものが視野に入ってくるだろうか？

このような、民主主義的コスモポリタン主義の擁護者と国家主権の支持者との間における、またインターナショナリズムとトランスナショナリズムとの間における政治的な論争において、従属性の古い原理について考えることが促される。それはすなわち、小さな限定された社会的単位がその市民の生活問題をもう解決できないという時にのみ、それより大きな広域の社会的政治的単位が介入してもよいという原理である。今日地域的な諸国家はグローバルな課題に直面して、それに応えるためには法と権力のトランスナショナルな組織を設立しなければならない。つまりそれらの国家は、自らの既存の主権を基本的には何ら放棄することなく、グローバルな課題に応えるべく新しいトランスナショナルな主権を創るのである。だから主権の論証が真に重要なのではない。コペンハーゲンにおいては二〇〇九年十二月、インターナショナルな気候問題をめぐる首脳会談が開催された。だが二酸化炭素の排出削減に関する必要な合意は、主に主権国家のエゴイズムによって挫折した。これは、トランスナショナルな義務を定められなければならないことを示している一方で、主権国家がそれを満たさなければならないということも示している。

民族虐殺のようなひどい人権侵害がグローバルに処罰を受けねばならないということについて

は、ある程度意見の一致を見ている。国際逮捕令状や国際司法裁判所は、トランスナショナルな制度へ向かう道の最初の一歩である。人権侵害に匹敵するのが、地球気象に対する持続的損害のようなひどい自然破壊である。それらはどんなにローカルに始まろうと、グローバルな影響を持つので、グローバルに処罰されなければならない。しかしインターナショナルな諸国家のシステムはまだそこにはほど遠い。

主権国家だけが人権を貫徹することができるのだろうか？　いや、そうではない。人権は、各々の人間の尊厳を守る権利だけでなく、それを実現する共同作業に参加する権利と機会を提供する。[286] ますます多くの人々が、人権と自然の権利をグローバルに主張する市民社会の非政府組織（ＮＧＯ）に参加している。ほんの少しだけ挙げてみよう。

アムネスティ・インターナショナル、グリーンピース、トランスペアレンシー・インターナショナル、ヒューマン・ライツ・ウォッチ、ワールド・ウォッチ・インスティテュート、ヴィア・カンペシーナ

「国境なき医師団」や「国境なき記者団」や、「ＡＴＴＡＣ」や「ワールド・ソーシャル・フォーラム」や、その他にも数多く、グローバルな諸問題に取り組む民間組織が存在する。それらを通して、個々人はグローバルな問題の解決に参加することが可能となる。そのような非国家的組織は無力ではなく、人権侵害や自然破壊や腐敗を公にすることによって――つまり「名声と不名

誉（name and shame）」によって――それらに対して効果的に闘うことができる。それどころか、いくつものグローバルな問いにおいて彼らは国家を突き動かし、それによって世界統治に参加している。人権はまた、各人が共に統治して共に責任を持つ権利でもある。これは、政治倫理をエキュメニカルに発展させることが可能な分野である。なぜなら、キリスト教の諸教会はエキュメニカルに連携する限りにおいてグローバルな非政府組織だからである。それはまた、教会が人権団体やエコロジカルな組織と協働する分野でもある。

おそらくこのような市民社会的で非国家的なイニシアチブのほうが、帝国やトランスナショナルな巨大組織といった世界国家が行う政治的なお膳立てよりはるかに、グローバルな民主主義を促進するだろう。これら両方の世界国家の観念は、リヴァイアサン、つまりグローバルな監視国家をもたらすだろう。グローバルな民主主義はこれに反対して、民主的な市民運動によって下から準備されもたらされ得るのである。

5　人権と神の義

キリスト教会は、人権の発見と発展に対して多義的な関係を持ってきた。宗教と教会の自由のための闘争において、フランスとオランダとイングランドとアメリカの改革派教会は、非常に早くから人権と民主主義的市民権の擁護者となったが、[287] その間に大陸のルター派の国家教会は、それらの教会に対して長いこと距離を隔てて向かい合っていた。フランス革命以来ローマ・カトリック教会は、民主主義の無神論的な、より厳密には世俗主義的な理念に対して、自らを防衛した。一八六四年の『誤謬表』における非難の文言は、第二バチカン公会議において初めてとり除かれた。それ以来この教会は、『誤謬表』においてはまだ非難されていた宗教の自由を含めて、人権を認める努力をしている。「西洋」の外側にある正教会は、宗教的に美化されたツァーリズムとそれに続く無神論的スターリズムによって、人権の発展に参与することを妨げられた。それゆえに私たちは、二〇〇八年のロシア正教会の人権に対する反論から見ていくことにしよう。

a　人権とキリスト教道徳

二〇〇八年、ロシア正教会は「人間の尊厳と自由と権利に関するロシア正教会の基本教説」を公表した。[288] そこでは、神の似姿としての「人間の尊厳」という根本概念の神学的解釈が核心をなしていた。この宣言は、創世記一章26節に正しく基づいて、神は人間の本性を創造しただけではなく、そこに神の似姿と類比という属性を与えたのだと述べている。これはキリスト教に一般的な始め方である。しかしその次に、この宣言は「神との類比」に限定してこう述べる。「人類が神から与えられた尊厳を保ちその尊厳の中で成長するのは、ただ道徳的規範と一致して生きる時だけである。……それゆえに、人間の尊厳と道徳性の間には直接的な結びつきがある。」（Ⅰ、5）これによって、この宣言は人間の尊厳を道徳的カテゴリーに変換している。「道徳的行為は人間に尊厳を与え、非道徳的行為は人間から尊厳を取り去る。」しかしこれは、キリスト教道徳が人権に先立つということである。つまり「人権と調和すべきキリスト教的な諸価値を明確に規定しなければならない。」（Ⅰ、Ⅱ、1）さもなければ、人権が「中絶、自殺、猥褻、変態、家族の破壊、残虐や暴力の崇拝」（Ⅱ、2）を促進しかねないからである。ロシア正教会は人権の道徳的な濫用を直視しているものの、政治的な人権侵害を直視していない。ロシアもストラスブールの欧州人権法廷を承認したのだったが。

聖書の創造物語以来、zälämとdemuth〔ヘブル語〕、ギリシャ語でeikonとhomoiusios、imagoとsimilitudo〔ラテン語〕、つまり「神の似姿であること（Gottebenbildlichkeit）」と「神との類比（Gottähnlichkeit）」とが区別される。似姿（imago）は存在的な参与（methexisis）を言い表し、類比（similitudo）は道徳的な模倣（mimesis）を言い表している。神の似姿とは人間の生命であり、類比とは神に対応する生活を意味する。これは、ラテン教父とギリシャ教父に共通する理解であった。もしも私たちが似姿と類比の双方を人間存在の属性と理解するなら、罪によってどれほど多くのものが破壊され得るのか、また何が破壊され得ないのかという量に関する問いが生じる。だが私たちが両者を関係的に理解するなら事情は異なってくる。その際には神の似姿性は、神の人間への関係を意味する。つまり神は人間に向かって、人間が地上における神の似姿となるような関係の中へと自らを置き入れる。神との類比はその際、人間の神への関係を示している。罪が人間の神に対する関係を転倒させた結果、人間は神の代わりに被造物を偶像化するようになる。しかし罪は、神の人間への関係を破壊することはできない。この関係を廃棄したり撤回したりできるのはただ神のみである。それゆえに罪人は、神が彼を捉えている限り神の似姿であり続ける。人間の尊厳は、このような神の人間に対する客観的関係にあるのだから、人間の意のままにすることはできず、譲渡できず、破壊し得ないものである。子どもも、老人も、認知症の人も、犯罪者も、神の似姿であり、この尊厳において尊ばれるべきである。生活の聖化による神との類比という道徳的構想は、失われることなき神の似姿性を前提および原動力とする。神の似姿性が、普遍的にいかなる人間の尊厳でもあるのに対して、神との類比は、局所的にキリスト者の生活の聖化である。それゆえに、普遍的な人権はキリスト教道徳に従属することはできず、むしろキリスト教道徳がこの普遍的な地平の中で動くのである。他方、キリスト教倫理は、普遍的人権の世界エートスへと還元することはできない。キリスト教倫理はキリストの共同体とキリストへの服従にアイデンティティを持ち、そこで「より勝った義」（マタイ五20）を目に見えるようにしようとする。だがキリスト教倫理は、自らの意義を同時代の問題や危急の中に見出す。それは特殊から出発し、一般的なわかりやすさを目指すのである。

b　人間の権利と、神による公正な世界に対する希望

すでに述べたように、人権は暴力的な世界の現に存在する不正のただ中において発見され、定められた。人権には理想主義的な動機が伴っている。一九四八年の前文によれば、人権は諸々の国民や国家が達成しようと努めるべき「理想」を言い表している。すべての人権と自然の権利をまとめれば、実際にすばらしい理想的世界の姿が出来上がる。

キリスト教的終末論は、希望の現実主義によってそのような理想主義から区別される。それはキリストの現実を前提し、その現実の未来地平を発見する。なぜなら、このキリストの現実は具

体的な普遍性を持っているからである。コロサイ書（一15〜20）によれば、十字架につけられて復活したキリストにおいて、創造の秘義も救済の秘義も、この救済されていない世界の歴史において啓示される。第一章は僅かな文章の中に、その核心において、キリスト教的な創造論と未来論を含んでいる。「天にあるものも地にあるものも、万物は彼において造られた」（一16）。ヨハネ福音書のプロローグにあるように、キリストにおいて啓示される神的なものは、創造の言葉と呼ばれる。「万物は彼によって、彼に向かって創られた」（コロサイ一16）。それゆえに神はまた「その十字架の血によって平和を打ち立て、地にあるものであれ、天にあるものであれ、万物をただ彼によって、御自分と和解させられた」（一20）。この万物の和解から、万物が世界の崩壊から救済されるという希望がもたらされる。その崩壊は、人間のみならず万物が、自らの相対的な自由をもって引き起こしたものである。

キリスト教倫理は、致命的な矛盾を持つにもかかわらず既に神によって和解に与った世界において行動する。それは友対敵という暴力的思考を克服し、また人間と自然の間における主体と客体の分裂を認めない。キリストにおいてすでに客観的に和解に与っている世界の未来は、義の中で新たに創造された世界である。その希望の象徴は、「新たな創造」、「新たな地球」、「神とその義が万物に住まうこと」、「死者の復活」、「万物の再生」である。正教の神学は、創造の目標と万物の未来のことを、神がすべての被造物に住まうことによる「すべての被造物の神化」と呼ぶ(289)。人間の権利と自然の権利は、大いなる途上における必然的で希望に満ちた歩みとして、こうした全体構想の中へと有機的に組み込まれる。この全体構想とは、和解と救贖をもたらし、修復し、命をもたらす神の義の王国の中で、キリストにおいて和解させられた世界と全被造物という未来の構想のことである。人間の権利と自然の権利は、この遠い目標にふさわしい近くの目標である。

キリスト教倫理が今日意義あるものになろうとする時人権の枠内において振る舞うように、キリスト教的な世界の希望もまた人権をその全体的未来像の中へと取り入れる。キリスト教的な世界の希望は、和解の務めにおいて人権の理想主義より現実に近く、また神の義が昇るという未来像において人権の理想主義より大きい。その希望は、和解の務めにおいて加害者と被害者からなる世界における固有の課題を引き受け、希望の情熱において期待された未来を可能性と力の限り今日すでに先取りし、それと同時に未来のあらゆる先取りを相対化する。神が臨んで死者たちが復活し、死が滅ぼされるまでは、「歴史の終焉」は決して存在しない。また理想的な「世界国家」にも覇権を握る帝国にも、「歴史の終焉」は決して存在しない。そうした国家や帝国それ自体が救贖を必要としているのだ。

第Ⅴ章　神への喜び――美的な対位法

古代ギリシャ哲学の時代から、善と美は互いに結びついていて切り離すことができない。つまり醜いものは善くありえないし、悪しきものは美を有していない。それゆえ、美学は倫理学の裏面であり、善に関するいかなる倫理学も美しさに関する美学に由来し、またそこへと通じている。キリスト教倫理は、この世に到来したキリストに対する人間の反応であり、新しい世界におけるキリストの未来の先取りである。(290) それゆえ、善きキリスト教倫理はいずれも、神への賛美と共に「マラナタ、主イエスよ来たれ」という希望の呼びかけを強めるべく、頌栄によって終るのである。なぜならキリスト教倫理においては、次のことが明らかでなければならないからだ。

私たちは、世界を変えるために神を必要とするのではない。
私たちは、神を味わうために世界を変えるのである。

だが見知らぬ土地にいる時、いったいどうやって歌うことができるだろうか？(291) 悲しむことや泣くことが支配している時、いったいどうやって笑うことができるだろうか？　疎外の中に故郷はあるのだろうか？　パウル・ゲルハルトの歌が語っているように、「あらゆる苦しみの中に喜び」があり、不安が私たちを圧倒するところに希望があり、被造物の呻きの下にすでに創造者への賛美があるのだろうか？

私は、いまだ間違っている生のただ中においてすら、すでに真の生があることを信じている。そうでなければ、私たちは生の間違いを何一つ感じることはできないだろう。私たちが自由について何も知らないのであれば、どうして捕囚の辱めを感じられるだろうか？　喜ばしいことが何もなければ、どうして苦しみは私たちの痛みとなることができるだろうか？　また創造者への賛美をすでに耳にしていなければ、どうして私たちは自分自身の脆さ、共なる被造物の儚さの下で喘ぐだろうか？

自由が近づく時、鎖は痛みを与え始める。

神の国が「近づいて」初めて私たちは回心する。夜明けになると夜の闇を感じ、起き上がる。五感のすべてをもって神の近さを感じる時、私たちは生き生きとなって死の力に抵抗する。政治的社会的に抑圧された人々は、抑圧者たちに降伏せず、彼らを「笑いとばし」、仰々しい支配者たちのみすぼらしい仮面を剥ぎとるジョークを作る。「抑圧された者たち」[292]の笑いは神の笑いへの共鳴である。「天に住まう方は彼らを笑い、主は彼らを嘲る」（詩編二・四）。権力保持者の仮面を笑いつつ暴くことによって、卑しめられた者たちの蜂起が始まる。「彼らの鎖を引きちぎり、彼らの縄を投げすてよう」。

できることと、なさねばならぬことに関するいかなる倫理学も、そのような対位法（*Kontrapunkte*）を必要とする。これは老子によれば「無為」すなわち行為における無為であり、イスラエルのトーラーによれば安息日の安らぎであり、福音書によれば神の国へとキリストが蘇らされたイースターの歓喜である。神の平和は決して理想ではなく、美しいものだが、過ちを犯す死すべき人間にとって残念ながら到達不可能なのである。また神の平和は、私たちの労多き地上の日々の終りにある遠い未来ではなくて、私たちの心の中と世界の秘義の中にある身近な現在である。そして私たちは、フリードリヒ・ヘルダーリンの『ヒュペリオン』の締めくくりが語ることを発見する。

あらゆる分かれたものたちは、再び見出しあい、
平和が争いのただ中にある。

『希望の倫理』のこの最終章では、平和を味わうというテーマに辿り着いたので、以下のことを熟考することにしよう。

1. 神の安息日の安らぎ
2. キリストの蘇りの復活の歓喜
3. 「争いのただ中における」平和

第1節　安息日——創造の祝祭

聖書の第一の創造物語によれば、世界の創造は六日目に「終る」。「そして神は造ったすべてのものを見た。見よ、それは極めて良かった」（創世記一31）。そしてまさに「第七の日に、神は自分の仕事を完成した」（創世記二2）。[293] 神は創造の最後の七日目に何を付け加えたのだろうか？　神の創造にはまだ何が欠けているのか？　どこにその完成があるのだろうか？

その答えは驚くべきものだ。創造の完成は、創造者が休息することにある。そして創造者の休息から、創造の七日目の祝福と聖化が生まれてくる。出エジプト記三一章17節によれば、神は「憩われた」。創造者は引き下がり、造ることから解放され、自らの作品から距離をおき、自らの被造物に休息をもたらす。距離の第一歩は「神は造ったすべてのものを見た」（創世記一31）ことにある。この休息それ自体が、神の被造物に平和をもたらす。

これは、自らの業を「完成する」やり方としては極めて異例だ。私たちは、引退して年金生活に入り、職業生活から切り離されなければならない時、「自分たちはまだ役に立つだろうか？　君はこれから何をするつもりかい？」と問い、「生産的な隠退身分」や「祝福された忙しさ」について語る。どうしてどうして、ひとは、もう何も始められないなどということはない！　ひとはまだ、老いて消極的な役立たずの錆びた鉄なんぞではない！　とりわけキリスト者は、「神は怠惰ではない（*Deus non est otiosus*）」と中世の言葉も言うとおり、休みなく働く神に「常に奉仕している」と感じている。こうして私たちは、ゲーテの『ファウスト』が言うように「休みも安らぎもない非人間」となってしまった。急ぐのは問題ないが、すべてをやめるのは問題外、減らすことはほぼ不可能。だがしかし、「安らぎの中に力がある」のである。

神は創造の七日目に全く異なった仕方で私たちに出会う。いわば無為において出会う。神は自ら休息につき、自らの業から距離をおき、自らが創造者であることを終らせる。神は、創造するために自らの外へと出て行った後に、再び自らへと帰ってくる。被造物の創造者として、神は完全に被造物の傍らにいるのだが、今や自ら被造物から離れ、自らの業から自由になり、自らの中へと回帰する。神は自らの被造物の前で休息し、その休息の中で被造物の傍らに完全に現臨している。自らの創造に対する満足は被造物に喜びをもたらす。神は活動的なだけではなく受動的であり、創造するだけではなく休息し、語るだけではなく聞き、与えるだけではなく受け取る。初めに神は創造し、終りに神は休む。これはすばらしい神の弁証法である。

おそらく芸術家なら、「休息につく」ことで創造をどのように「完成する」かを最もよく理解できるだろう。画家は自らの魂全体を絵の中へと据える。それが終れば、再び自分自身へと帰るため、そして芸術作品に我が道を行かせるために、彼は退く。この、自らを退かせることなしには、いかなる芸術作品も「完成」することはなかった。

十八世紀の啓蒙主義時代に「理神論」と名づけられた物理神学は、ある観点だけから見れば、神を世界という機械装置の「時計職人」として表象するものだった。この神は、物理法則に従う世界を創造したあと「失業」してしまった。なぜなら神はすべてをすばらしく法則化したあとは、もはや自己の決定を覆してはならず、そこに介入することができないからである。しかしこの物理神学は、他の観点から見れば、安息日に休息する世界創造者というものを認識し、賛美するバロック的「栄光の神学」の一部であった。(294) 大いに罵られた「理神論」は「安息日の神学」でもあった。

「そして神は第七の日を祝福し、聖別した。」神は自らが祝福するものを承認する。その祝福は祝福される者に自信と力を与える。神はそのように、自らの生き物をその多産性と共に祝福する（創世記一22、28）。しかし安息日には神は生き物を祝福するのではなく創造の七日目という時を祝福する。これは注目に値する。なぜなら時は客体ではなく、目に見えずに流れるものであって、私たちは時をつかまえることができないからである。神が自らのあらゆる被造物に与えるこのような時の祝福をどのように理解すべきだろうか？　神がこの日を祝福するのは、行動によってではなく自らの休息によってであり、行いによってではなく自らの存在によってである。神は自らが休息しつつ現臨するこの日によって被造物を祝福するが、この日には被造物もまた自らの休息に辿り着くはずである。

「あなたは私たちを御自分に向けて造りました。そして私たちの心はあなたの中に休息を見出すまで、私たちの中にあって不安なのです」と、アウグスティヌスは書いている。(295) この休息の欠如は、人間に限らず、生きようと欲するが死ななければならないすべての生き物を苦しめる。どこに幸福の港、同一性の故郷、休息の場所はあるのだろうか？　それは遠く「第七の天」にあるのではなく、また神秘主義者アヴィラのテレサやトーマス・マートンが描いたような人間の「魂の要塞」の七番目の部屋にあるのでもない。それは地上にあり、時の中で簡単に見つけることができる。安息日において、永遠なる者は休息の中で現臨しており、その被造物たちは自らが休息に辿り着く時、永遠なる者を見出すことができるのである。

神の最初の祝福は、彼が選んだ民に向けられているのではなく、また約束の地に向けられているのでもなく、創造の普遍的安息日へと向けられている。イスラエルはバビロン捕囚以来、そのように安息日を理解してきた。神は時の中に住まう。[296] 安息日はユダヤ的なカテドラルである。[297] 安息日において、時と永遠は触れ合う。安息日は神秘的な瞬間であり、永遠の現臨である。

それゆえに週ごとの休日は、始めの創造の現在化であるだけではなく、終りの救贖の現在化でもあり、記憶の時間と希望の時間でもある。時間と永遠が触れ合うこの日に、始めと終りが現在となっている。安息日においては、過ぎ去りゆく時間は止揚され、死の時間は忘れられ、永遠の生命の時間が知覚される。それは永遠による、過ぎ去りゆく時間の解放的中断である。[298] それから週ごとの安息日の続きをよく見ると、永遠のリズムが認識される。つまり時たちは、永遠のダンスにおいてスウィングするのである。時は安息日のたびに改めて生まれるのだ。

安息日は休息の日であるだけでなく、もはや自然に介入しない日でもある。安息日の静けさの中で、もはや人間は働きながら自らの自然的環境世界に介入することをしない。それによって世界観が変わる。つまり人はものごとをその有益性や使用価値によって評価するのではなく、その存在価値を驚きながら知るのである。ものごとはそれ自身においてあるがままに現れる。それによって人間に関係づけられた環境世界は、神の創造からもたらされたままの世界となる。安息日の静けさの中でのこうした認識のあり方なしに、神の被造物である世界に関する正しい理解はない。(299) 利害とは関係ない喜びにおいて、事物は被造物としての美をあらわす。世界が再び愛するに値するものとなるのは、私たちがそれをもう利益や必要性といった価値によって品定めしない時である。私たちもその時、自分自身の肉体と魂のことを、地上における神の被造物および神の似姿として意識する。私たちはその時まったく無益で何の役にも立たなくなるが、まったくここにあって、神の輝く面の光の中で自らを認識する。人生の意味や私たちの有用性に関する不安に満ちた問いは消え去る。つまり存在それ自体が善いものであり、ここに在ることがすばらしいのである。創造の祝祭日に、私たちは自分自身へと帰り、私たちをあらゆる側面から包む神へと帰る。だが人はこの日の休息を獲得することはできない。人はそれを稼ぐのではなく、この余暇を探し求めねばならないのである。そうすれば、それが人を突然見つけてくれるだろう。

ユダヤの安息日は、神の創造の安息に対応し、「第七の日」として、締めくくりと完成の日である。それは六日間の働く日々の後の休息の日である。それは労苦の多い一日の後の夕べの休息に似ている。「安息日の女王」がユダヤの家々を訪れる時は、完成された週の掉尾《ちょうび》を飾る。ユダヤの安息の祝いは、存在することの喜びと老人の知恵を儀礼によって私たちに教える。

それゆえにこの祝いは、創造の業と世界の歴史における様々な保護に対する感謝に満ちており、「そして神はそれを見て良しとされた」という創造者の判断への共鳴である。しかしながら、あるいはまさにそのゆえにこそ、安息日の中には世界を包括する希望が隠されている。創造のすべての日は夜になって日が暮れるが、第七の日は夜を知らない。それは終りなき日のようなものであり、それによってそれ自身を超えて、神が被造物の中に永遠に住まうためにやって来る日を指し示すのである。それゆえにラビたちはしばしば「イスラエル全体がただ一つの安息日を持つならば、ただちにメシアが来るだろうに」と言った。メシア的未来の幸福を描くために、安息日の経験がいつも用いられた。

ユダヤの安息日の知恵は、完成することである。つまり「終り善ければすべて善し。」それゆえに、諸民族の創造神話において創造の第一日目の世界の起源が祝われるのとは違って、創造の最後の日が祝われるのである。(300)

これに対してキリスト教の教会は、週ごとの祝祭日を週の第七日から第一日へと移した。これは深い象徴的な意味を持っている。教会は、古代教会が言ったように「第八日」に、つまりユダヤの安息日の次の日に、キリストの復活の祝祭を祝う。ユダヤの安息日はキリスト教の日曜日へと移り行く。つまり休息から復活の歓呼が、終りから新たな始まりがもたらされる。キリスト教の日曜日も創造の祝祭である。それはキリストの蘇りと共に始まる万物の新創造である。それは創造が始めから指し示しているあの完成である。だからこそカトリックの復活祭の夜の礼拝においては、第一の創造の物語が読まれるのである。全被造物は、キリストと共に始まる復活の出来事へと引き入れられる。それゆえにキリスト教の日曜日は、完全に「始まりの祝祭」となる。(301)フランツ・ローゼンツヴァイクはユダヤ人の眼差しからキリスト教徒の特徴をよくとらえていた。「キリスト教徒は永遠なる開始者である。完成することは彼の事柄ではない、つまり、始め善ければすべて善しなのだ。これがキリスト教徒の永遠の若さである。すべてのキリスト教徒は本来、自らのキリスト教を今日もなお最初の日であるかのように生きるのである。(302)」

第2節　キリストの復活の歓喜

国家が定めた休息の日である日曜日は、本来キリスト教の祝祭日ではない。西暦三二一年三月三日を日曜日の誕生日と見なすことができる。「コンスタンティヌス帝からA・ヘルピディウスに宛てて。すべての裁判官と都市の住民とすべての就労者は、崇拝すべき太陽の日に休むべきである。」[303]だが「不敗かつ最善の太陽（sol invictus optimus）」であるローマの太陽神の日が、キリスト教の祝祭日とどんな関係があるのだろうか？

キリスト教の祝祭日は、ユダヤの暦によれば「週の最初の日」（使徒二〇7、Ⅰコリント一六2）に、ユダヤ人キリスト教徒によって祝われた。シリアからは「主の日」（黙示録一10）という表現が来て付け加わった。二世紀には注目すべき「第八の日」という言い方が現れた。これらの名称はユダヤの安息日を前提したものであり、それに取って代わるものではない。キリスト教の祝祭日はキリスト教の安息日ではない。それゆえ律法による安息日の制定をキリスト教の祝祭日に転用することはできない。たとえすべてのキリスト教のカテキズムがそのような転用を行っているとしてもである。祝われる出来事に目を向けるならば、むしろユダヤの安息日の祝いとキリスト教の祝祭との密接な事柄上の結びつきが見えてくる。[304]キリスト教の祝祭日に、キリスト教徒たちはキリストが死者の中から永遠の生命へと復活したことを祝い、それと共に、もはや死が存在しない新たな創造の始まりによって死が打ち砕かれたということを祝う。彼らは、神が破壊の力に対抗して創造の完成のために起こす反撃を祝う。このことは、復活したキリストが空の墓において最初に顕現したことに歴史的に遡るのであって、この顕現なしには私たちはイエスについて全く何も知ることがない。だがこれはその真理において内容的に猛烈で爆発的な力を持っているため、人間は恐れと歓喜を爆発させるのである。

キリスト教徒は復活の日において、万物がその真の永続する姿へと新たに創造され始めたことを知る。イスラエルの安息日が始めの創造を回顧させるのに対して、キリスト教の祝祭日は創造の未来を指し示す。安息日が神の休息へと与らしめるのに対して、復活の祝祭は生命を呼び覚ます神の力へと与らしめる。安息日は終りをもたらす知恵を含んでおり、キリスト教の祝祭は始まりの喜びを含んでいる。一方では思い出すことと感謝することが、他方では希望することと始まることが、事柄として結びついている。安息日とキリスト教の祝日の連関を再び意識することが必要である。なぜならキリスト教の祝日は、ローマの日曜日と重なることによって異教的なものとなってしまったからである。キリスト教の「週の最初の日」は、本来すでにユダヤ教の安息日の中に隠されている。なぜなら創造の安息日は、神にとっては確かに「第七の日」であるが、六日目に創られた人間にとっては、彼らが経験する第一の日であったからである。

キリスト教の教会の中でも、コンスタンティヌス的なキリスト教帝国から徹底的に分離し、ユダヤ教の安息日をキリスト教的な仕方で祝う教会がある。それがアドベンチスト教会である。これはコンスタンティヌス以降の教会にとっては重要な徴候であるが、それによって特別なキリスト教の復活の日を放棄してはいないだろうか?

私が生活してみようと試みているのは以下の提案である。一週間を土曜の晩に安息日の静けさの中で終らせ、その翌日、新しい週を復活と新たな始まりの祝祭をもって始めてみたらどうだろうか。土曜の昼から日曜の昼までを祝ったらどうだろうか。前の晩に安息日を祝うことができれば、「日曜日」は再び真正なキリスト教的復活日となるだろう。私は土曜の昼に仕事を終えるか中断するかして一週を終らせ、周りの被造物に感嘆しつつそれを愛で、「日曜日」の朝にキリストの復活と共に新たに一週を始めて、新たなる創造を先取りしたい。創造物語にも、夕べと朝から新しい日ができたと書いてある。現代世界に広まっている時間計算では、月曜日＝1、日曜日＝7と数えられるが、これはキリスト教的ではない。それは気づかれないうちに教会によって主張されていたものだ。フレックスタイムで働いている人は、自らの休息の日を移動祝祭日と見なしてスケジュール調整に取り入れなければいけない。休息の日は今日言われているように健康のためだけでなく、かつて言われていたように聖なるものでもある。

西方教会の敬虔と神学においては、キリストの死者からの復活と永遠の生命の確かさが強調されるが、[305]これに対して正教会では、死が打ち砕かれ万物が新たに創造されることが強調される。西方においてはキリストの献身による罪からの救済と彼の復活による死の克服が強調されるが、東方においては被造物の変容が強調される。プロテスタント教会において聖金曜日は最高の祝日と見なされるが、私たちが復活の歓喜を知ろうと欲するのであれば正教会に行かなくてはならない。なぜなら、東方教会は復活の教会だからだ。万物が復活の喜びから把握され、それゆえに人間たちの復活の歓喜が宇宙全体を抱擁するのである。生態系の次元を再びキリスト教の祝祭日に、特に復活祭に取り入れるために、私たちは「東方教会の聖歌」の思想を取り入れ、ダマスコのヨハネによる復活祭のカノンに従おう。(306)

天よ歓喜せよ、威厳に満ちて！
大地もまた歓呼せよ！
宇宙全体も高らかに喜べ！
見えるものも見えないものも。
キリストは蘇り、彼こそが永遠の喜びである。

それゆえに私たちは、死の死を祝い、
黄泉の国の制圧を祝うのだ――
異なる生命の始まり、
その生命は永遠に続く。

復活の日に、
民の祝祭において光り輝こう。
互いに抱き合おう！

あの人々に「兄弟よ」と言おう――私たちを憎む人々に！
そして復活にすべてを委ねよう！
だから私たちはこう叫ぼう、
キリストは死者の中から蘇り、
死によって死を克服し、墓の中に
命をもたらしたのだと。

人間世界の災厄や迫り来る気候変動の脅威や自然災害に対して、こうした宇宙的な復活の歓喜をもって反応するのは良いことである。生命と地球と正義の倫理はこの歓喜からもたらされる。復活の喜びの満ち溢れは、神の未来に向かって進みゆく希望へと移行する。「私たちは何を望んでよいか？」という問いに対するこの答えは、私たちが恐れなければならないあらゆるものに勝って希望を大いなるものにする。なぜなら、この答えは私たちから不安を取り除くからである。

第３節　「そして争いのただ中の平和」

安息日には、過ぎ去りゆく時の不安のただ中で「休息」が可能となる。己の中で休息する神の近さは、私たちに落ち着いた雰囲気を広める。また私たちはキリストの蘇りの祝祭において、死の暴力に抗う生命の「復活」を経験する。復活者の現臨において、生命の充足は私たちを多くの次元でとらえ、陽気な雰囲気を広める。私はそれを、安息日の静けさと比較して復活日の歓喜と呼びたい。また休息と歓喜に加えて、第三の賜物として「平和」を私は付け加える。それはすべての争いを終らせる平和ではなく、何よりも私たちが争いのただ中にありながら、その争いを公正な終結へと導くことができるようにする平和である。神学的にはこれは「和解」と呼ばれ、これによって敵対が終り、平和な共同体の始まりが定められるのである。

エフェソ書二章とコロサイ書一章によれば、神は、「ご自身によって敵意を殺し」（エフェソ二18）、近くの者にも遠くの者にも平和を宣教しながら、キリストの献身によって異教徒とユダヤ人のあいだに「平和」をもたらした。コロサイ書においては、こうしたユダヤ人と異教徒の間の具体的な平和に宇宙的な次元が付け加えられる。それは、神がキリストを通して「その十字架の血によって平和を打ち立て、地にあるものであれ、天にあるものであれ、万物を御自分と和解させられた」（一20）ことによってである。人間的な次元においてもこの宇宙的な次元においても大切なことは、平和がすでに神によってもたらされているということ、それゆえ人間にとって重要なことは、人間の葛藤においてであれ万有においてであれ平和が客観的に永遠の相の下にすでに現存することを認識し、承認するということである。「神はキリストの中にあり、宇宙を御自身と和解させられた。」（Ⅱコリント五17）

これが「争いのただ中の平和」である。すなわち、諸国民の無気力でしばしば致命的な争いの深みにおいて、すでにこの「神の平和」が支配しているのである。万有における神の深みにおいて、すべてはすでに和解させられている。このことを認識する者は、己の敵を「和解に与った者たち」と見なし、彼らとの争いを彼らとの公正な共同体へと転換することを試みるだろう。少なからぬ研究者にとってかくも無意味で無目的なものとして現れる森羅万象もまた、その超越的な深みにおいてこの「神の平和」を秘めており、それ自体において意味に満ちたものとして現れる。このことを認識する者は、万有を沈黙する異郷として恐れるのではなく、自らが万物との和解に与っていることを知るだろう。人間と宇宙の平和の確かさは、どちらも外見には反するかもしれないが、目に見える矛盾を超越したものであって、「争いのただ中の平和」は争いを超えてゆくのである。

神の平和がすでに世界のただ中に住んでいるように、神もまたすでに人間の実存の深みに現臨している。トーマス・マートンは、自己の魂の静止点においてこの平和を見出す霊性を「行動が支配する世界における瞑想」と名づけた。この神の平和は、一方においてあらゆる理性よりも「高い」が、他方において私たちの中にある私たちの「魂と感覚」を守る。なぜか？　パウロがフィリピ書四章15節で書いている通り、「主は近くにいる」からである。どれほど近くにいるのだろうか？　キリストが私たちの中にいるほどに「近く」である。アウグスティヌスによれば、私たちが自分自身の近くにいることができる以上に神は私たちの近くにいる。コーランによれば、神は私たちの頸動脈よりも私たちの近くにいる。それゆえにアウグスティヌスは「あなた自身の中へと立ち返れ。内的な人間に真理は住むのだから」と勧めたのである。[307]

私たちが「私たち自身の中へと」立ち返るのは、静かな時間または意識的な瞑想の中で、あるいは瞬間的な洞察の中で、すべての行為や関心や負担や計画から手を離して落ち着きを得る時である。その時私たちは虚空に陥るのではなく、私たちの奥底に住むあの神の平和によって捕らわれるのである。その時私たちは魂の隠れた静止点に到達し、そこに足場を固めて立つことができる。キリスト教的な瞑想において、私たちはこの秘義を、私たちの中に住む神、私たちの中に住む神、私たちがそこから改めて生まれ出づる神の霊と呼ぶ。この魂の隠れた静止点は、私たちの生命力の跳躍点でもある。私たちがこの点に近づけば近づくほど、私たちの中に安らぎが成長するだけでなく、限りない喜びが私たちを捕らえるのである。

私たちの「不安な心」が「守られる」だけではなく、私たちの五感、つまり感覚、味覚、嗅覚、聴覚、視覚が守られる。それらの感覚が、神の平和において私たちの内なるキリストによって守られるならば、神の未来に対して覚醒し、注意深くなり、好奇心を抱くようになる。世界から離反した古いキリスト教神秘主義は次のように要求した。

あなたの感覚の扉を閉じて、
神を深く内側に探せ。（Ｇ・テルシュテーゲン）

だが未来に向けられた新たなキリスト教神秘主義は、神への希望と共に、神の世界の未来に対するあらゆる感覚を目覚めさせる。神を自らの内奥に見出した者は、我を忘れて自らの外へと出ていき、自らを失うことなく力を尽くすことができる。自らの中に蘇りのキリストの近さを感ずる者は、世界を抱擁する喜びによって満たされる。彼は問題を抱えて苦しんでいるこの世界を、その世界の永遠の美が放つ「朝の輝き」の中ですでに見ているのである。

注

（1） M. Schreiber (Hg.), Wer hofft, kann handeln. Johannes Rau – Gott und die Welt ins Gespräch bringen, Holzgerlingen 2006. 表題はクリスティーナ・ラウに由来する。

（2） J. Moltmann/Carmen Rivuzumwami (Hg.), Hoffnung auf Gott – Zukunft des Lebens, Gütersloh 2004.

（3） S. Kierkegaard, Der Begriff der Angst, Kopenhagen 1844.〔大谷長訳「不安の概念」『キェルケゴール著作全集』第3巻下、創言社、二〇一〇年〕

（4） H. Jonas, Das Prinzip Verantwortung. Versuch einer Ethik für die technologische Zivilisation, Frankfurt 1979.〔加藤尚武訳『責任という原理――科学技術文明のための倫理学の試み』東信堂、二〇〇〇年〕ブロッホとヨナスの比較については以下を見よ。B. Bleyer, Die unbedingte Pflicht der Menschheit zum Dasein, in: Orientierung 73, 2009, 203-206. ブロッホは恐れの中に希望の裏面を十分に見ていた。「危険があるところでは、救いもまた成長する。これは最良の希望である。だが救いがあるところでは、危険もまた成長する。この救いは同じく終りに属し、試された希望の本質をなす。この希望はすでに保証されたものでは決してなく、戦闘的で、万物へと徹底的に関わりつつ向かうと同様に、無に対して敵対的に狙いを定める。」（Experimentum Mundi, Frankfurt 1975, 238.）

（5） Fr. Hölderlin, Werke Band I, hg. E. Staiger, Zürich 1944, 334.

（6） これについては以下を見よ。J. Moltmann, Was tun wir, wenn wir beten?, in: Die Quelle des Lebens, Gütersloh 1997, 122-139.〔蓮見幸恵訳『いのちの泉――聖霊といのちの神学』新教出版社、一九九九年〕

（7） J. Moltmann, Die Spiritualität der wachen Sinne, in: Im Ende – der Anfang. Eine kleine Hoffnungslehre, Gütersloh 2003, 91-100〔蓮見幸恵訳『終りの中に、始まりが――希望の終末論』新教出版

社、二〇〇五年〕, ders., Spiritualità dei sensi vigili, Modena 2006.

（8） Vgl. E. Käsemann, Theologischer Rückblick, in: J. Adam/H.-J. Eckstein/H. Lichtenberger, Dienst in Freiheit. E. Käsemann zum 100. Geburtstag, Neukirchen 2008, 101.

（9） H.A. Oberman, Luther. Mensch zwischen Gott und Teufel, Berlin 1982.

（10） U. Duchrow, Christenheit und Weltverantwortung. Traditionsgeschichte und systematische Struktur der Zwei-Reiche-Lehre, Stuttgart 1970.〔佐竹明・泉治典・中沢宣夫・徳善喜和訳『神の支配とこの世の権力の思想史――聖書・アウグスティヌス・中世・ルター』新地書房、一九八〇年〕

（11） これを強調するのは特に E. Wolf, Politia Christi, in: Peregrenatio I, München 1954, 214ff.

（12） D. Bonhoeffer, Ethik. Zusammengestellt und herausgegeben von E. Bethge, München 1949, 45-46.〔森野善右衛門訳『現代キリスト教倫理』新教出版社（新教セミナーブック32）、二〇〇三年〕

（13） Ebd., 45.

（14） 私はここで、H・マイアーの綿密な叙述に従う。H. Meier, Die Lehre Carl Schmitts. Vier Kapitel zur Unterscheidung Politischer Theologie und Politischer Philosophie, Stuttgart 1994.

（15） Ebd., 109-110.

（16） Ebd., 245.

（17） Ebd., Zitat 249. 「抑えている者」の解釈史については、以下を見よ。W. Trilling, Der zweite Brief an die Thessalonicher, EKK zum NT XIV, Neukirchen 1980, Exkurs: Die »aufhaltende Macht«, 94-104.

（18） Mary Kaldor, Neue und alte Kriege. Organisierte Gewalt im Zeitalter der Globalisierung, Frankfurt 1999.

(19) W. Bousset, Die Offenbarung Johannis (1906), Göttingen 1966, 399.
(20) 次を見よ。Siehe R. Bauckham, The Theology of the Book of Revelation, Cambridge 1993.〔飯郷友康・小河陽訳『ヨハネ黙示録の神学』新教出版社、二〇〇一年〕
(21) 二元論的終末論は以下の書に遡る。John Foxe, Acts and Monuments (1550), ed. G. Townsend/G. R. Cattley, 8 vols. London 1837-1841.
(22) Avihu Zakai, Exile and Kingdom. History and Apocalypse in the Puritan Migration to America, Cambridge 1992.
(23) St. R. Sizer, Christian Zionism. Road to Armageddon?, New York 2004. Vgl. auch die ältere Arbeit von P. Toon (ed), Puritans, the Millenium and the Future of Israel, Cambridge 1970.
(24) Avihu Zakai, From Judgement to Salvation: The Image of the Jews in the English Renaissance, WTJ 59 (1997), 213-230.
(25) TIME Magazine: Armageddon and the End Time, November 5, 1984.
(26) G. Müller-Fahrenholz, America's Battle for God. A European Christian Look at Civil Religion, Grand Rapids 2007.
(27) これについてより詳しくは Politische Theologie – Politische Ethik, München/Mainz, 137-151.
(28) J. Bohatec, England und die Geschichte der Menschen- und Bürgerrechte, Graz 1956; J. Moltmann, Covenant oder Leviathan? Politische Theologie am Beginn der Neuzeit, in: Gott im Projekt der modernen Welt, Gütersloh 1997, 31-50.
(29) R. Weth, »Barmen« als Herausforderung der Kirche. Beiträge zum Kirchenverständnis im Licht der Barmer Theologischen Erklärung, Theologische Existenz heute 220, München 1984.

（30）A. Burgsmüller/R. Weth, Die Barmer Theologische Erklärung, Neukirchen 1983, 35. Dazu J. Moltmann (Hg.), Bekennende Kirche wagen. Barmen 1934-84, München 1984.

（31）Evangelium und Gesetz, Theologische Existenz heute 50, München 1935; Rechtfertigung und Recht (1938)〔「福音と律法」および「義認と法」は天野有編訳『バルト・セレクション5　教会と国家Ⅱ』新教出版社、二〇一三年に収録〕; Christengemeinde und Bürgergemeinde (1946), Theologische Studien 104, Zürich 1970.〔「キリスト者共同体と市民共同体」『カール・バルト著作集7』新教出版社、一九七五年に収録〕『教会教義学』第四巻第一～四分冊は、和解論の枠組みの中でキリスト論を展開している。

（32）Rechtfertigung und Recht, 18.

（33）Ebd., 23.

（34）Die Kirche und die Kultur, in: Die Theologie und die Kirche. Gesammelte Vorträge 2. Band, München 1928, 364-391.

（35）Christengemeinde und Bürgergemeinde, 36.

（36）D. Bonhoeffer, Ethik, 42. A. A. van Ruler, Droom en Gestalte. Een discussie over de theologische principes in het fragstuk van christendom en politiek, Amsterdam 1947; ders., Gestaltwerdung Christi in der Welt. Über das Verhältnis von Kirche und Kultur, Neukirchen 1965; ders., Das Leben und das Werk Calvins, in: J. Moltmann (Hg.), Calvinstudien 1959, Neukirchen 1959, 84-94.

（37）H. R. Niebuhr, The Kingdom of God in America, New York 1937.

（38）G. F. Hersberger (Hg.), Das Täufertum, Stuttgart 1963; H. -J. Goertz (Hg.), Die Mennoniten, Stuttgart 1971; J. Moltmann, The Politics of Discipleship and Discipleship in Politics. Jürgen Moltmann

Lectures in Dialogue with Mennonite Scholars, ed. Willard M. Smartley, Cascade Books Eugene Or. 2006.

（39） E. Wolf, Schöpferische Nachfolge, in: Peregrinatio II. Studien zur reformatorischen Theologie, München 1963, 230-241.　D・ボンヘッファー『服従』（ミュンヘン、一九三七年）が最初に、このテーマをプロテスタント神学に再提供した。

（40） H. Denk, Schriften II, Gütersloh 1958, 45. Zit. Goertz, a. a. O., 41.

（41） H. Fast (Hg.), Der linke Flügel der Reformation. Glaubenszeugnisse der Täufer, Spiritualisten, Schwärmer und Antitrinitarier, Bremen 1962, 66-71.

（42） Goerz, Mennoniten, 23ff, 32ff.

（43） Goertz, Mennoniten, 23.

（44） J. H. Yodder, Die Politik Jesu – Der Weg des Kreuzes, Maxdorf 1961.〔佐伯晴郎・矢口洋生訳『イエスの政治――聖書的リアリズムと現代社会倫理』新教出版社、一九九二年〕

（45） H. Fast, Der linke Flügel, 74-75.

（46） H. -J. Goertz (Hg.), Alles gehört allen. Das Experiment der Gütergemeinschaft vom 16. Jahrhundert bis heute, München 1984. H・J・ゲルツは、十六世紀の洗礼派と農民戦争の結びつきを正しく示している。

（47） W. Klassen, in: Goertz, Mennoniten, 51.

（48） S. Hauerwas, The Peaceable Kingdom. A Primer in Christian Ethics, Notre Dame 2002〔東方敬信訳『平和を可能にする神の国』新教出版社、一九九二年〕; St. Hauerwas /S. Wells (ed.), The Blackwell Companion to Christian Ethics, Oxford 2004. Vgl. auch seine Autobiographie: Hannah's Child. A

Theologian's Memoir, Grand Rapids 2010.

（49） St. Hauerwas, The Church and Liberal Democracy, in: A Community of Character, Notre Dame 1981, 74.

（50） G. A. Lindbeck, The Nature of Doctrine. Religion and Theology in a Postliberal Age, Westminster John Knox Press 1984.〔田丸徳善監修『教理の本質――ポストリベラル時代の宗教と神学』ヨルダン社、二〇〇三年〕

（51） Zusammmenstellungen bei Jennifer M. McBride, The Church for the World: A Theology of Public Witness, Diss. University of Virginia 2008.

（52） G・トーマスの批判を見よ。G. Thomas, Theologische Ethik im angelsächsischen Raum, EvTh 68, 2008, 219-314.

（53） Ch. Marsh, The Beloved Community. How Faith Shapes Social Justice, from the Civil Rights Movement to Today, New York 2004.

（54） ディートリヒ・ボンヘッファーに関して、J・マクブライドの前掲箇所を見よ。

（55） 以下のテキストによる。Martin Luther King jr. 1929-1968. An Ebony Picture Biography, Chicago 1968, 43-45. さらにJ. H. Cone, Martin and Malcom and America. A Dream or a Nightmare?, New York 1991.〔梶原寿訳『夢か悪夢か――キング牧師とマルコムX』日本基督教団出版局、一九九六年〕

（56） 「先取り」の概念は、E・ブロッホ『希望の原理』（一九五九年）だけが議論に持ち込んだわけではない。この概念はすでに一九二一年のフランツ・ローゼンツヴァイク『救済の星』（一九三〇年）においても、人間の歴史的実存にとって主要な役割を果たしている。彼はそれを「客観的な時間関係の回転」と呼ぶ。つまり「過去のもの、すでに完了しているものが始めから終りまで存在しており、そこでそれを物語ることができる一方で――そして数えることができるすべてが順序の初めから始まるのに対して――未来のものは、それが現在あるがままのものとして、すなわち未来のものとして、先取りの手段によってのみ把握できる……最後のものはここでは思考において最初のものでなければならない」（170頁）。「この先取りとそれへの内的な強制なしに、つまり「メシアを彼の時より前に導きよせようとすること」なしに、そして「天国を無理やり自分に従わせる」誘惑なしに、未来は未来ではなく、無限の長さへと延長され前方に投影された過去でしかない。なぜならそのような先取りなしには瞬間は永遠ではなく、時間の長い街道を永久にずるずると前進していくものだからである」（180頁以下）。概観を得るためには以下を見よ。L. Kugelmann, Antizipation. Eine begriffsgeschichtliche Untersuchung, Göttingen 1986.

（57） Uppsala Spricht. Die Sektionsberichte der Vierten Vollversammlung des Ökumenischen Rates der Kirchen in Uppsala 1968, Ökumenischer Rat der Kirchen Genf 1968, 1-2.

（58） Ph. Potter (ed.), Das Heil der Welt heute. Ende oder Beginn der Weltmission? Dokumente der Weltmissionskonferenz Bankok 1973, Stuttgart 1973, 169-208.

（59） 二〇〇五年一月、韓国のフル・ゴスペル教会の有名なペンテコステ派説教者ヨンギー・チョーは、新年の挨拶において、自分はこれまでの成功に満ちた伝道において、ただ信仰者の魂の救いだけを重んじてきたと告白し、新年を「社会的な救いの年」とすることを宣言した。「私は人間の救贖だけに集中し、神の救贖の業をあまりにも狭く見ていました。救いはすべてを包むものです。今まで私たちはフル・ゴスペル教会でしたが、今や私たちは世界を包むフル・ゴスペルとならなければいけません。」二〇〇五年三月のフル・ゴスペル教会の家庭新聞を見てほしい。わたしは同紙に挨拶と承認の論評を寄稿した。最も有名なペンテコステ派の説教者によるこのような改心は感嘆すべきものであり、最高度の尊敬に値するものである。

（60） J. Moltmann, Der Weg Jesu Christi. Christologie in messianischen Dimensionnen, München 1989.〔蓮見和男訳『イエス・キリストの道――メシア的次元におけるキリスト論』新教出版社、一九九二年〕これについては B. Klappert, Worauf wir hoffen? Das Kommen Gottes und der Weg Jesu Christi. Mit einer Antwort von Jurgen Moltmann, KT 152, München.

（61） これについて詳しくは以下を見よ。M. Welker, Gottes Geist. Theologie des Heiligen Geistes, Neukirchen 1992.〔片柳栄一・大石祐一訳『聖霊の神学』教文館、二〇〇七年〕

（62） W. Rauschenbusch, Christianity and the Social Crisis, ed. R. D. Ross, New York 1964, 91.〔山下慶親訳『キリスト教と社会の危機――教会を覚醒させた社会的福音』新教出版社、二〇一三年〕

（63） これらは、あらゆる抵抗と解放の運動の経験である。以下の文献を参照。J. Moltmann, Erfahrungen theologischen Denkens. Wege und Formen christlicher Theologie, Gütersloh 2000, 166-265.〔沖野政弘訳『神学的思考の諸経験――キリスト教神学の道と形』新教出版社、二〇〇一年〕

（64） 以下を見よ。ヨハネ・パウロ二世回勅「いのちの福音」、一九九五年三月三十日；G. Gutierrez, El Dios de la Vida, Lima 1984〔大倉一郎・林巌雄訳『いのちの神』新教出版社、二〇〇〇年〕；J. Moltmann, Der Geist des Lebens, München 1991〔蓮見和男・沖野政弘訳『いのちの御霊――総体的聖霊論』新教出版社、一九九四年〕；ders. Die Quelle des Lebens; G. Müller-Fahrenholz, Erwecke die Welt, Gütersloh 1993; K. Raiser, For a Culture of Life. Transforming Globalization and Violence, Genf 2002.

（65） G. Anders, Endzeit und Zeitenwende, München 1959, 4. Auflage: Die atomare Drohung, München

1983.〔青木隆嘉訳『核の脅威――原子力時代についての徹底的考察』法政大学出版局、二〇一六年〕

（66）D. Meadows, Grenzen des Wachstums, München 1972. Vgl. auch das nihilistische Buch von Gr. Fuller, Das Ende. Von der heiteren Hoffnungslosigkeit im Angesicht der ökologischen Katastrophe, Stuttgart 1993.

（67）St. Kauffman, At Home in the Universe, Oxford 1995.

（68）P. C.W. Davies, Cosmic Jackpot – Why Our Universe Is Just Right for Life, Orion Production 2007.

（69）Ph. Clayton, Die Frage nach der Freiheit. Biologie, Kultur und die Emergenz des Geistes in der Welt, Göttingen 2007.

（70）H. Jonas, Das Prinzip Verantwortung, Frankfurt 1984, 90.

（71）St. Weinberg, The First Three Minutes – A Modern View of the Origin of the Universe, Basic Books New York 1994.

（72）R. Guardini, Freiheit – Gnade – Schicksal. Drei Kapitel zur Deutung des Daseins, München 1948. Dazu Kl. P. Fischer, Schicksal in Theologie und Philosophie, Darmstadt 2008.

（73）R.J. Lifton, The Life of the Self. Towards a New Psychology, New York, 1976.〔渡辺牧・水野節夫訳『現代、死にふれて生きる――精神分析から自己形成パラダイムへ』有信堂高文社、一九八九年〕私がこうした分析に至ったのは、以下の本のおかげである。G. Müller-Fahrenholz, Erneuere die Welt. Unser Glaube an Gottes Geist in dieser bedrohten Zeit, Gütersloh 1993.

（74）Tim LaHaye/Jerry B. Jenkins, The Glorious Appearing: The End of Days, Carol Stream II 2004. この本は、こうした最近のポップカルチャー的黙示録のキリスト教的終末物語『取り残されて

（LEFT-BEHIND）』シリーズ最終巻である。これはアメリカではセンセーションを巻き起こしたが、ヨーロッパでは売れなかった。さらにBarbara R. Rossing, Prophecy, End-Times, and American Apocalypse: Reclaiming Hope for Our World, in: The Anglican Theological Review, 89, Fall 2007, No 4549-564. キリスト教原理主義的な黙示録に相当するものが、イランのゴムにおけるイスラムのハッカニ運動と、その先駆者アヤトラ・モハメド・メサバ・ヤスディにも、明らかに存在する。そこでマフディー教徒が信じていることは、「十二番目のイマーム」が九世紀に「消滅し」たが、世界の終りに回帰し、破局による世界の浄化の後で、信仰者が天国に、不信仰者が呪いへと引き入れられるということである。イランの大統領アフマディネジャドはこの運動に属している（DER SPIEGEL 26/2009, 104-107）。

（75）E. Käsemann, Paulinische Perspektiven, Tübingen 1969, 47-48.〔佐竹明・梅本直人訳『パウロ神学の核心』ヨルダン社、一九八〇年〕

（76）A・シュヴァイツァー『使徒パウロの神秘主義』（一九二九年、テュービンゲン、一九五四年第二版）は、今なおパウロのキリスト神秘主義に関する唯一の著作である。

（77）E. Jüngel, Die Ewigkeit des ewigen Lebens. Thesen, in: Ganz werden. Theologische Erörterungen V, Tübingen 2003, 345-354.

（78）Boethius, Philosophice consolationis libri V, 1.〔畠中尚志訳『哲学の慰め』岩波書店、二〇一一年〕

（79）S. Kierkegaard, Der Begriff der Angst, 80f.

（80）E. Moltmann-Wendel, Gib die Dinge der Jugend mit Grazie auf. Texte zur Lebenskunst, Stuttgart 2008, 51-60.

（81） M. Luther, »hominem justificari fide«, in: Disputation de homine 1536. WA 39 I 175ff. Dazu E. Wolf, Peregrinatio II, München, 1965, 135.

（82） Art. Der biologische Lebensbegriff, in: Historisches Wörterbuch der Philosophie, Band V, Basel/Stuttgart 1980, 97. 好んで引用されるＡ・ノース・ホワイトヘッドの「生は略奪である」（Process and Reality, New York 1960, 160）は、「生きている社会」の栄養のみに関わる。彼の包括的な定義は次のようなものである。「『生』の第一義的な意味は、概念的な新しさの生成、つまり、新しさの渇求である。」（ebd., 156）

（83） Vgl. M. Scheler, Die Stellung des Menschen im Kosmos (1927), München 1947, 41.「人間となることは、精神の力による世界開放性への高揚である。」〔亀井裕・山本達訳『宇宙における人間の地位』白水社、二〇一二年〕

（84） J. Bauer, Prinzip Menschlichkeit. Warum wir von Natur aus kooperieren, Hamburg 2006.

（85） A. und P. Adams, Amerikanische Revolution und Verfassung, München 1987.

（86） G. W. F. Hegel, Phänomenologie des Geistes, ed. J. Hoffmeister, Sämtliche Werke Band II, (1807), Leipzig 1949, 29.〔長谷川宏訳『精神現象学』作品社、一九九八年〕

（87） J. Moltmann, Wissenschaft und Weisheit, Gütersloh 2002, 151-171.〔蓮見和男・蓮見幸恵訳『科学と知恵——自然科学と神学の対話』新教出版社、二〇〇七年〕

（88） H. Plessner, Conditio humana. Opucula 14, Pfullingen 1964, 49-72.

（89） これについてより詳しくは Gott in der Schöpfung, 223-250.

（90） D. Bonhoeffer, Widerstand und Erbegung, München 1951, 268.〔村上伸訳『ボンヘッファー獄中書簡集——「抵抗と信従」増補新版』新教出版社、一九八八年〕

（91） I. Kant, Kritik der reinen Vernunft. Vorrede, zur 2. Aufl., Werke II ed. W. Weichschedel 1956, 23.〔石川文康訳『純粋理性批判』筑摩書房、二〇一四年〕

（92） S・キルケゴール『死に至る病』（一八四九年）の冒頭の文。

（93） H. Arendt, Vita activa oder Vom tätigen Leben, München 1989, 166.〔森一郎訳『活動的生』みすず書房、二〇一五年〕これに加えて、E. Jüngel, Anfänger. Herkunft und Zukunft christlicher Existenz, Stuttgart 2007.

（94） これ以降の内容に関しては以下を参照。K. Hilpert/D. Mieth (Hg.), Kriterien biomedizinischer Ethik. Theologische Beiträge zum gesellschaftlichen Diskurs, Freiburg 2006. カトリックの寄稿論文が多数を占めている。

（95） R. Jungk/H. J. Mundt (Hg.), Man and his Future, London 1963, deutsch: Das umstrittene Experiment Mensch, München 1966; R. Jungk (Hg.), The Challenge of Life, Hoffmann LaRoche Basel 1972. 遺伝子操作についてはvgl. A. Etzioni, Genetix Fix, New York 1973, deutsch: Die zweite Erschaffung des Menschen. Manipulationen der Erbbiologie, Köln 1977; V. Braun/D. Mieth/Kl. Steigleder (Hg.), Ethische und rechtliche Fragen der Gentechnologie und der Reprodukutionsmedizin, München 1987.

（96） 私はここで以下の文献に依拠する。Thesen zur Diskussion über §218, StGB: Annahme oder Abtreibung von E. Jüngel, E. Käsemann, J. Moltmann, D. Rössler, Tübngen, in: J. Baumann (Hg.), Das Abtreibungsverbot des §218, Darmstadt 1972, 135-148. 私にとって重要なテキストを引用する。 1「人間の生命に属するのは、生きていること（Lebendigkeit）の破壊から保護されることだけではなく、人間性が保護されることである。そして生きていることが人間生命の構成要素で

あるのに劣らず、人間性もまた人間生命の構成的要素である」(136頁)、2「人間的生命であるのはただ、それが受け入れられた生命である時のみ、またその限りにおいてのみである。受容と承認は生命に必要なものとして、呼吸や栄養や血行のように、人間の生命、とりわけ子どもの生命に属する。受け入れられない生命は、病気や攻撃性や死へと向かう。受容に関する人間学的根本思想においては、生まれてくる生命の人間性は、両親と社会の自由な決断によって媒介される。両親と社会による受容は、子をもうけて懐胎することに構成的に属する。両親の自由と子どもの人間の尊厳は、このような受容の二つの側面である」(140頁)。このテュービンゲン・テーゼに関する解釈と議論に関しては、以下を参照。Christiane Kohler-Weiß, Schutz der Menschwerdung. Schwangerschaft und Schwangerschaftskonflikt als Themen. Evangelische Ethik, Gütersloh 2003, 133-174. 私は以下において、一九七二年のドイツ刑法改革に関するJ・バウマンの本から、法学的な規定を引用する。

(97) K. Barth, Kirchliche Dogmatik III/4, Zürich 1951, 480.〔井上良雄訳『教会教義学「和解論」Ⅲ／3』新教出版社、二〇〇二年〕

(98) Sung-Hee/Lee-Linke, Frauen gegen Konfuzius. Perspektiven einer asiatisch- feministischen Theologie, Gütersloh 1991.

(99) 障がい者という烙印の克服について、また障がいを持つ人と持たない人の共同体については、以下を参照。J. Moltmann, Diakonie im Horizont des Reiches Gottes, Neukirchen 1984, 42-73.

(100) L. Von Krehl, Pathologische Physiologie, Leipzig 1930.

(101) P. Lüth, Kritische Medizin. Zur Theorie-Praxis-Problematik der Medizin und der Gesundheitssysteme, Hamburg 1972.

（102） Ebd.

（103） H. Plessner, Lachen und Weinen. Eine Untersuchung nach den Grenzen menschlichen Verhaltens, Berlin 1961; Die Stufen des Organischen und der Mensch, (1928), Berlin 1975.

（104） L. v. Krehl, a. a. O.

（105） V. von Weizsäcker, Der Gestaltkreis. Theorie der Einheit von Wahrnehmen und Bewegen, Stuttgart 1950.〔木村敏・浜中淑彦訳『ゲシュタルトクライス——知覚と運動の一元論』みすず書房、一九七五年〕

（106） Gott in der Schöpfung, 273-278.

（107） J. C. McGilvray, The Quest for Health and Wholeness, Tübingen 1981.

（108） D. Rössler, Der Arzt zwischen Technik und Humanität, München 1977, 119. これと似ているのはK・バルト『教会教義学』Ⅲ／4、404頁〔井上良雄訳『教会教義学「和解論」Ⅲ／2』新教出版社、二〇〇二年〕。

（109） 以下において私の叙述は、しばしばD・ミート『限界無き自己規定——死にゆく者の意志と尊厳』に関係する。D. Mieth, Grenzenlose Selbstbestimmung. Der Wille und die Würde Sterbender, Düsseldorf 2008.

（110） J. Moltmann, Im Ende – der Anfang. Eine kleine Hoffnungslehre, Gütersloh 2003,121.

（111） D. Mieth, a.a.O., 75.

（112） Christine Swientek, Letzter Ausweg Selbstmord. Was alte Menschen in den Tod treibt, Freiburg 2008.

（113） その最初はK. Binding/A. Hoche, Die Freigabe der Vernichtung lebensunwerten Leben. Ihr Maß und ihre Form, Leipzig 1920.〔森下直貴・佐野誠訳『「生きるに値しない命」とは誰のことか――ナチス安楽死思想の原典を読む』窓社、二〇〇一年〕さらに Kl. Dörner/A. Frewer/Cl. Eickhoff (Hg.), »Euthanasie« und die aktuelle Sterbehilfedebatte. Die historischen Hintergründe medizinischer Ethik, Frankfurt 2000.

（114） D. Mieth, a. a. O., 23.

（115） A. T. May (Hg.), Patientenverfügungen: unterschiedliche Regelungsmöglichkeiten zwischen Selbstbestimmung und Fürsorge, Münster 2005.

（116） Rubem Alves, Ich glaube an die Auferstehung des Leibes. Meditationen, Düsseldorf 1983; Elisabeth Moltmann-Wendel/J. Moltmann, Mit allen Sinnen glauben: Auferstehung des Fleisches, in: Leidenschaft für Gott. Worauf es uns ankommt, Freiburg 2006, 22-43.

（117） J. Moltmann, Die Quelle des Lebens, Gütersloh 1997, besonders 73-90.

（118） 神学的な「形（Gestalt）」概念は、D・ボンヘッファー『倫理』（hg. E. Bethge, München 1949, 23-28）およびA・A・ファン・ルーラー『世においてキリストの姿となること』（Neukirchen, 1956）に見られる。

（119） Elisabeth Moltmann-Wendel, Wenn Gott und Körper sich begegnen, Gütersloh 1989; Gib die Dinge der Jugend mit Grazie auf. Texte zur Lebenskunst, Stuttgart 2008.

（120） Luthers Werke in Auswahl, hg. E. Vogelsang, Band V, Berlin 1933, 392:「罪人は愛されるがゆえに美しい。彼らは美しいがゆえに愛されない。（Ideo enim peccatores sunt pluchri, quia diliguntur, non ideo diliguntur quia sunt pulchri）」

（121） N. O. Brown, Love's Body, New York 1968, 206.「生命は不死鳥に似て、いつも己の死から新た

に生まれる。自然な生命の真の本性は、復活である。」

（122） Nach Luther WA V, 128.

（123） Gott und Gaja. Zur Theologie der Erde. EvTh 53, 1993, Heft 5 mit Beiträgen von L. Boff, Elisabeth Moltmann-Wendel, J. Moltmann; Rosemary R. Ruenther, Gaja and God. An Ecofeminist Theology of Earth Healing, New York/London 1993; L. Boff, Von der Würde der Erde. Ökologie – Politik – Mystik, Düsseldorf 1994. 画期的であったのは L. L. Rasmussen, Earth Community. Earth Ethics, Genf 1996. 新たなエキュメニカルな見解を提供しているのは G. Müller-Fahrenholz (ed), Peace on Earth and Peace with the Earth. Serving the Goodness of God's Creation, Genf 2008.

（124） J. E. Lovelock, Gaja – A New Look at Life on Earth, Oxford 1979. そのドイツ語訳は Unsere Erde wird überleben, München 1982; ders., The Age of Gaja. A Biography of our Living Earth, New York 1966.〔スワミ・プレミ・ブラブッダ訳『ガイアの時代』工作舎、一九八九年〕さらに E. Sahtouris, Vergangenheit und Zukunft der Erde, Vorwort von J. Lovelock, Frankfurt/Leipzig 1993.

（125） Christianity Today, 11. Januar 1993: »Saving our World? How Christian is the Green Agenda? Is the Earth alive?«

（126） R. Sheldrake, Das Gedächtnis der Natur. Das Geheimnis der Entstehung der Formen der Natur, 9. Aufl., Berlin/München/Wien 2001.

（127） Lovelock, The Age, 211.

（128） G. Pico della Mirandola, Über die Würde des Menschen (1486), Zürich o. J., 10.〔大出哲ほか訳『人間の尊厳について』国文社、一九八五年〕

（129） Lovelock, The Age, 211.

（130） E. von Weizsäcker, Erdpolitik. Ökologische Realpolitik an der Schwelle zum Jahrhundert der Umwelt, Darmstadt 1991.

（131） J. Moltmann, Gott in der Schöpfung. Ökologische Schöpfungslehre, München 1985, Kap. VII: Himmel und Erde, 167-192.〔沖野政弘訳『創造における神――生態学的創造論』新教出版社、一九九一年〕

（132） B. Janowski, Die Welt als Schöpfung. Beiträge zur Theologie des Alten Testaments 4, Neukirchen 2008; M. Welker, Schöpfung und Wirklichkeit, Neukirchen 1995, 64-69.

（133） それゆえにS・フロイトは、健康を「労働と享受の能力」と定義した。

（134） J. Moltmann, Schöpfung, Kap. XI: Der Sabbat: Das Fest der Schöpfung, 281-300: ders., Gott im Projekt der modernen Welt, Gütersloh 1997, 107-110: Der Sabbat der Erde: die göttliche Ökologie.

（135） J. Moltmann, »Sein Name ist Gerechtigkeit«. Neue Beiträge zur christlichen Gotteslehre, Gütersloh 2008, 68-73.

（136） Ebd., 118-136. これは裁きと修復と癒しをもたらすバビロニア的な神の義の概念だが、旧約聖書に採り入れられて新たに解釈されたものである。

（137） このことをH－J・クラウス著『聖書的歴史と終末論のコンテキストにおける組織神学』（Neukirchen 1983）の第二章「到来の証言におけるイスラエルの神」（131～136頁）が強調している。ケルトの創造の霊性においても同様である。「神はあらゆる生命の中にいる生命として祝福された。被造物は神が住まう場所と見なされた。」（I. Ph. Newell, The Book of Creation. An Introduction to Celtic Spirituality, New York 1999, XXII）

（138） J・カルヴァン『キリスト教綱要』O・ウェーバー訳、Neukirchen 1955, I, 5, 1-15.〔渡辺信夫訳『キリスト教綱要　改訳版「第1篇・第2篇」』新教出版社、二〇〇七年〕その原因はカルヴァンによれば、神の霊における創造にある。「すなわち聖霊は至るところに広がり、万物を支え、成長させ、生き生きとさせる。」（綱要、I, 13.14）被造物全体が霊によって働きかけられれば、到来する神とその栄光の徴に満ち溢れる。

（139）Fr. Nietzsche, Also sprach Zarathustra I, 3, Kritische Studienausgabe, Band 4, Berlin 1993^{3}, 15.〔吉沢伝三郎「ツァラトゥストラ」『ニーチェ全集9』筑摩書房、一九九三年〕さらにJ. Moltmann, Das Reich Gottes und die Treue zur Erde. Das Gespräch, Heft 49, Wuppertal 1963.

（140）L. Ragaz, Der Kampf um das Reich Gottes, in: Blumhardt, Vater und Sohn – und weiter, Zürich/München 1922, 60.

（141）J. Harder (Hg.), Christoph Blumhardt. Ansprache, Predigten, Reden, Briefe 1865-1917, Neukirchen, II, 1978, 295.

（142）D. Bonhoeffer, Dein Reich komme. Das Gebet der Gemeinde um Gottes Reich auf Erden, Hamburg 1957, 8-9.

（143）D. Bonhoeffer, Widerstand und Ergebung. Briefe und Aufzeichnungen aus der Haft, München 1951, 184.

（144）R. A. von Bismark/U. Kabitz (Hg.), Brautbriefe, München 1992, 38.〔高橋祐次郎・三浦安子訳『ボンヘファー／マリーア　婚約者との往復書簡1943―1945』新教出版社、一九九六年〕

（145）私の以下の構想を参照。Schöpfung als offenes System; in: Zukunft der Schöpfung. Gesammelte Aufsätze, München 1977, 123-140. さらにR. Faber, Zeitumkehr. Versuch über einen eschatologischen Schöpfungsbegriff, Th Ph 75 (2000), 180-205.

（146）J. Polkinghorne (ed.), The Work of Love. Creation as Kenosis, SPCK Cambridge 2001.
（147）M. Pohlenz, Die Stoa. Geschichte einer geistigen Bewegung, Göttingen 1959, 64ff.
（148）J. Moltmann, Die Kategorie Novum in der christlichen Theologie, in: Ernst Bloch zu ehren, Franfurt 1965, 243-263, auch in: Perspektiven der Theologie, München 1968, 174-188.
（149）A. Stephan, Emergenz. Von der Unvorhersagbarkeit zur Selbstorganisation, Paderborn 2005.
（150）E. Jantsch, Die Selbstorganisation des Universums. Vom Urknall zum menschlichen Geist, München 1979, 1982.
（151）K. Marx, Die Frühschriften (ed. S. Landshut), Stuttgart 1953, 330.
（152）J. Moltmann, Naturwissenschaft und Naturhermeneutik. Verstehen wir, was wir wissen?, in: Sein Name ist Gerechtigkeit. Neue Beiträge zur christlichen Gotteslehre, Gütersloh 2008, 173-190.
（153）R. Koselleck, Vergangene Zukunft. Zur Semantik geschichitlicher Zeiten, Frankfurt 1979.
（154）J. Bauer, Warum ich fühle, was du fühlst. Intuitive Kommunikation und das Geheimnis der Spiegelneurone, Hamburg 2005; ders., Prinzip Menschlichkeit. Warum wir von Natur aus kooperieren, Hamburg 2006; ders., Das Kooperative Gen, Hamburg 2008.
（155）C. Hinrichs, Leopold von Ranke und die Geschichtstheologie der Goethezeit, Göttingen 1954,165.
（156）J. Moltmann, Das Kommen Gottes. Christliche Eschatologie, Gütersloh 1995.〔蓮見和男訳『神の到来――キリスト教的終末論』新教出版社、一九九六年〕
（157）Art. Ökologie, in: Historisches Wörterbuch der Philosophie, hg. J. Ritter, Band 6, 1146-1149; Art. Ökologie, in: TRE, XXV, Berlin 1995, 36-46.
（158）V. von Weizsäcker, Der Gestaltkreis. Theorie der Einheit von Wahrnehmen und Bewegen, Darmstadt

1923.

（159）W. Hellpach, Geopsyche, Leipzig 1939; K. Lewin, Grundzüge der topologischen Psychologie, Bern 1969.

（160）G. Pico della Mirandola, Über die Würde des Menschen, 1970.

（161）M. Scheler, Die Stellung des Menschen im Kosmos (1927) München 1947; A. Gehlen, Urmensch und Spätklutur, Bonn 1956.〔池井望訳『人間の原型と現代の文化』法政大学出版局、一九八七年〕

（162）Rosemary Radford Ruether, New Women – New Earth. Sexist Ideologies and Human Liberation, New York 1975. 前史については以下の文献を参照。Carolyn Merchant, The Death of Nature. Women, Ecology and the Scientific Revolution, San Francisco 1980.

（163）Lester R. Brown (Hg.), State of the World. A Worldwatch Institute Report on Progress toward a Sustainable Society. これは年刊である。

（164）B. McKibben, The End of Nature, New York 1989.

（165）L. Scheffczyk, Der Mensch als Bild Gottes, Wege der Forschung Band CXXIV, Darmstadt 1969.

（166）J. Moltmann, Gott im Projekt der modernen Welt, Gütersloh 1997.

（167）Gehlen, Urmensch, 295.

（168）この特に成功しなかった概念は、ヘーゲル派のカール・クリスティアン・フリードリヒ・クラウゼ（一七八一―一八三二）に遡る。

（169）A. North Whitehead, Process and Reality. An Essay in Cosmology, New York 1929.〔山本誠作訳『過程と実在』（ホワイトヘッド著作集10、11）松籟社、一九八四―五年〕

（170）J. Moltmann, Trinität und Reich Gottes, München 1980; Gott in Schöpfung, IV §4: Trinitärische

Schöphungslehre, 106-110.

(171) Hildegard von Bingen, Lieder, hg. von Prudentiana Barth OSB/Immaculata Ritscher OSB / J. Schmidtgörg, Salzburg 1969; 229:

「聖霊は命を授ける命、
すべてを動かす者であり、すべての創られた存在の根、
それはすべてを不純から洗い清め、
咎を滅ぼし、傷に塗油する、
それゆえに、賛美すべき輝く命であり、
すべてのものを蘇らせ、目覚めさせる。」

(172) Thomas von Aquin, STh 1 q 8a 2 ad3.

(173) J. Moltmann, Naturwissenschaft und Naturhermeneutik, in: »Sein Name ist Gerechtigkeit«, 173-190.

(174) Thomas von Aquin, STh I q 8.

(175) Chr. Link, Die Welt als Gleichnis. Studien zum Problem der natürlichen Theologie, München 1976.

(176) O. Bayer, Schöpfung als Anrede, Tübingen 1990^{2}.

(177) H. Kessler, Das Stöhnen der Natur. Plädoyer fur eine Schöpfungsspiritualität und Schöpfungsethik, Düsseldorf 1990.

(178) G. Böhme, Für eine Naturästhetik, Frankfurt 1989.

(179) J. Moltmann, Der Weg Jesu Christi, 297-336.

(180) トマス福音書、ロギオン77。

（181） G. Van der Leeuw, Der Mensch und die Religion, Basel 1941. これと似たものとして、K. Löwith, Gesammelte Abhandlungen zur Kritik der geschichtlichen Existenz, Stuttgart 1960, VIII: Welt und Menschenwelt, 228-255.

（182） A. Schweitzer, Die Lehre von der Ehrfurcht vor dem Leben. Grundtexte aus fünf Jahrzehnten, München 1966, 21.

（183） Ebd., 32.

（184） Ebd., 159.

（185） Ebd., 36.

（186） A. Auer, Umweltethik. Ein theologischer Beitrag zur ökologischen Diskussion, Düsseldorf 1984.

（187） Ebd., 55.

（188） Ebd., 56f.

（189） Ebd., 289.

（190） Kl. M. Meyer-Abich, Wege zum Frieden mit der Natur. Praktische Naturphilosophie für die Umweltpolitik, München 1984.

（191） Ebd., 99.

（192） Chr. Link, Schöpfung. Schöpfungstheologie angesichts der Herausforderungen des 20. Jahrhunderts, Gütersloh 1991; Celia E. Deanne-Drummond, Creation through Wisdom. Theology and the New Biology, Edinburgh 2000; M. Kehl, Und Gott sah, dass es gut war. Eine Theologie der Schöpfung, Freiburg 2005.

（193） 私はこのことを幾度か検討してきた。Gerechtigkeit schafft Zukunft. Friedenspolitik und Schöpfungsethik in einer bedrohten Welt, München/Mainz 1989: Schöpfungsgemeinschaft ist eine Rechtsgemeinschaft, 88-94; Gott im Projekt der modernen Welt, Gütrsloh 1997, II §3: Menschenrechte, Rechte der Menschheit und Rechte der Erde, 111-125.

(194) A. Lorz, Tierschutzgesetz. Kommentar, München 1987; G. M. Teutsch, Mensch und Tier. Lexikon der Tierschutzethik, Göttingen 1987.

(195) Rechte künftiger Generationen und Rechte der Natur, in: EvTh 50, 1990, Heft 5, mit Beiträgen von E. Giesser, P. Saladin, Chr. Zenger, J. Leimbacher, Chr. Link, L. Fischer, J. Moltmann. L. Vischer; L. Vischer (ed), Rights of Future Generations – Rights of Nature. Proposal for Enlarging the Universal Declaration of Human Rights, Geneva 1990.

(196) 以下を参照。H. Bedford-Strohm, Die Entdeckung der Ökologie in der ökumenischen Bewegung, in: H. G. Link/G. Müller-Fahrenholz (Hg.), Hoffnungswege. Wegweisende Impulse des Ökumenischen Rates der Kirchen aus sechs Jahrhunderten, Frankfurt 2008, 321-248.

(197) J. Moltmann, Neuer Lebensstil, München 1977; The Passion for Life, Philadelphia 1978.〔蓮見幸恵訳『新しいライフスタイル――開かれた教会を求めて』新教出版社、一九九六年〕

(198) J. Bauer, Prinzip Menschlichkeit. Warum wir von Natur aus kooperieren, Hamburg 2006.

(199) U. Jochum, Kritik der Neuen Medien. Ein eschatologischer Essay, München 2003.

(200) D. Kamper/Chr. Wulf, Die Wiederkehr des Körpers, Frankfurt 1982.

(201) J.Moltmann, Spiritualità dei sensi vigili, Modena 2006.

(202) S. Toumlin/J. Goodfield, Die Entdeckung der Zeit, München 1970.

(203) J. Moltmann, Es ist genug für alle da, in: Die Quelle des Lebens, 102-108; R. Heinrich, Christliche

Gemeinschaft leben, Gütersloh 2001.

(204) すばらしい一例は、アトランタにおける失業者やホームレスのためのオープン・ドア・コミュニティである。以下を参照。P. R. Gathje, Sharing the Bread of Life. Hospitality and Resistance at the Open Door Community, Atlanta 2006. E. N. Loring, I Hear Hope Banging at My Back Door, Atlanta 2000; ders., The Festival of Shelters. A Celebration of Love and Justice, Atlanta 2008.

(205) J. Moltmann, Freiheit in Gemeinschaft zwischen Globalisierung und Individualismus: Marktwert und Menschenwürde, in: Gott im Projekt der modernen Welt, Gütersloh 1997, 141-154.

(206) C. B. Macpheron, Die politische Theorie des Besitzindividualismus, Frankfurt 1967, 163.

(207) D. Riesman, The Lonely Crowd, Individualism Reconsidered, New York 1954.〔加藤秀俊訳『孤独な群衆』みすず書房、一九六四年〕

(208) M. Buber, Dialogisches Leben. Gesammelte philosophische und pädagogische Schriften, Zürich 1947. アフリカの「ウブントゥ」概念は、ブーバーを超えて、「私たちがあるから私がある」、そして「私があるから私たちがある」という意味である。我―汝よりも前に、我―我々が存在するのである。

(209) A. Etzioni, Die Entdeckung des Gemeinwesens. Ansprüche, Verantwortlichkeiten und das Programm des Kommunitarismus, Stuttgart 1975. 社会哲学的な基礎付けが見られるのは Ph. Selznick, The Moral Commonwealth. Social Theory and the Promise of Community, Berkley 1992.

(210) これに関して詳しいのは W. Huber, Folgen christlicher Freiheit, Neukirchen 1983.

(211) まずは S. P. Huntington, The Clash of Civilizations?, Foreign Affairs, Summer 1993, No. 72305.

(212) J. Moltmann, Theologische Kritik der politischen Religion, in: J.B. Metz/W. Oelmüller, Kirche im

Prozess der Aufklärung, München/Mainz, 1970, 11-52.

(213) A. A. T. Ehrhardt, Politische Metaphysik von Solon bis Augustin, Band I: Die Gottesstadt der Griechen und Römer, Tübingen 1959.

(214) A. Skriver, Gotteslästerung?, Hamburg 1962.

(215) A. von Harnack, Der Vorwurf des Atheismus in den ersten drei Jahrhunderten, Texte und Untersuchungen zur Geschichte der altchristlichen Literatur XXVIII, 4. Heft, 1905, 10.

(216) H. Berkhof, Kirche und Kaiser. Eine Untersuchung der Entstehung der byzantinischen und der theokratischen Staatsauffassung im 4. Jahrhundert, Zürich 1947.

(217) Zit. nach A. Skriver, 24.

(218) Anselm von Feuerbach 1832 zitiert nach A. Skriver, 27.

(219) G. E. Lessing, Erziehung des Menschengeschlechts (1780), §88. 〔西村貞二訳『人類の教育』創元社、一九四七年〕

(220) R. Hummel, Weltbilder des Reinkarnationsglaubens und das Christentum, Mainz 1988.

(221) H. Von Stietencron zitiert nach R. Hummel, 44.

(222) R. Hummel, 45.

(223) B. Janowski, Die Tat kehrt zum Täter zurück. Offene Fragen im »Umkreis des Tun-Ergehen-Zusammenhang«, in: B. Janowski, Die rettende Gerechtigkeit. Beiträge zur Theologie des Alten Testements II, Neukirchen 1999, 167-191.

(224) Kl. Koch, Gibt es ein Vergeltungsdogma im Alten Testament?, Göttingen 1955.

(225) Kl. Koch zitiert bei Janowski, 170.

(226) B. Janowski, 190.

(227) コッホによれば、ヤーヴェは「外側から人間に影響を及ぼす最高の存在と考えられているのではなくて」、「すべての現実的なものの人倫的に規定された根拠と、現実の過程の実定的な力」である。Janowski, 172.

(228) J. Moltmann, Im Ende – der Anfang.

(229) Ulpian, Fragment 10. Vgl. Art. Gerechtigkeit, HistWdPh III, Stuttgart 1974, 329-338.

(230) H. H. Schmid, Gerechtigkeit als Weltordnung. Hintergrund und Geschichte des alttestamentlichen Gerechtigkeitsbegriffs, Tübingen 1968.

(231) B・ヤノフスキーはJ・アスマンと共に、これを正しく強調している。Janowski, 178.

(232) Die Weisheit des Konfuzius. Aus dem chinesischen Urtext neu übertragen und eingeleitet von H. O. H. Stange, Frankfurt 1994, 13.52.

(233) H. Bedford-Strohm, Vorrang für die Armen. Auf dem Weg zu einer theologischen Theorie der Gerechtigkeit, Gütersloh 1993.

(234) H. Küng, Projekt Weltethos, Munchne 1990.

(235) J. Moltmann, Sonne der Gerechtigkeit, in: »Sein Name ist Gerechtigkeit«, 118-136.

(236) A. Grund, Die Propheten als Künder des Gerichts, in: R. Heß/M. Leiner (Hg.), Alles in Allem. Eschatologische Anstöße. FS für Chr. Janowski, Neukirchen 2006, 167-181.

(237) J. Moltmann, Psalm 82, Gerechtigkeit – Maß der Götter, in: »Sein Name ist Gerechtigkeit«, 110-116.

(238) J. Moltmann, Gerechtigkeit für Opfer und Täter, in: In der Geschite des dreieinigen Gottes, Mün-

chen 1991, 90-105; Erlöse uns von dem Bösen. Gottes Gerechtigkeit und die Wiedergeburt des Lebens, in: Im Ende - der Anfang, 64-90.

（239） L. Ragaz, Die Gleichnisse Jesu. Seine soziale Botschaft (1943), Hamburg 1971. 善人の自己義認について、以下の文献もまた参照せよ。J. B. Metz, Memoria Passionis. Ein provozierendes Gedächtnis in pluralistischer Gesellschaft, Freiburg 2006.

（240） ヨハネ・パウロ二世『回勅 『聖霊――生命の与え主』一九八六年五月十八日付、38頁より。「救済者であるイエスの口から――彼の人間存在において、神の『苦しみ』が真実であることが明らかになる――、完全に神的なる憐れみの永遠の愛が現れる、一つの言葉が聞かれるだろう。『私は憐れみを抱く』と。」

（241） それは伝統的には、口の告白―心の悔悛―業による補い（confessio oris – contritio cordis – satisfactio operum）という三つの歩みである。最後の歩みは、ドイツの刑法典§46aの「加害者と被害者の調停、損害補償」において顧慮されている。

（242） Vgl. M. L. King jr., Letter from Birmingham City Jail (1963) in: Strength to Love, Philadelphia 1981 (reprint) 138-146; Stride toward Freedom, New York 1958, 135f.〔雪山慶正訳『自由への大いなる歩み――非暴力で戦った黒人たち』岩波書店、一九五九年〕

（243） K. Barth, Rechtfertigung und Recht (1938), Christengemeinde und Bürgergemeinde (1946), Zürich 1970. さらに、より一般的には、W. Huber, Gerechtigkeit und Recht. Grundlinien christ-licher Rechtsethik, Gütersloh 1996.

（244） K. Mars, Die Fruhschriften hg. von S. Landshut, Stuttgart 1953, 213. マルクスが言わんとしたのは、宗教批判がこの教えによって終らなければならないということだった。しかし、この要求へと導くものは、真実には預言的な希望である。

（245）E. Bloch, Naturrecht und menschliche Würde, Frankfurt 1961, 14頁。「正義」に関する新しい契約理論を論じているのは、J・ロールズ『正義論』（ハーバード大学出版、一九七一年）258頁以下。〔川本隆史・福間聡・神島裕子訳『正義論　改訂版』紀伊國屋書店、二〇一〇年〕

（246）義とは「共同体への忠実」であるという命題については、G. von Rad, Theologie des Alten Testament, I, München 1957, 368-380.〔荒井章三訳『旧約聖書神学』Ⅰ・Ⅱ、一九八〇年〜八二年、日本基督教団出版局〕

（247）G. Oestreich, Die Idee des religiösen Bundes und die Lehre vom Staatsvertrag: in: Zur Geschichte und Problematik der Demokratie. FS für H. Hertzfeld, Berlin 1958, 11-32. J. Moltmann, Covenant oder Leviathan? Politische Theologie am Beginn der Neuzeit, in: Gott im Projekt der modernen Welt, Gütersloh 1997, 31-51, über Philipp Duplessis Mornay und Thomas Hobbes.

（248）J. Wayne Baker, Heinrich Bullinger and the Covenant. The Other Reformed Tradition, Ohio University Press 1980. 契約政治のさらなる展開については以下を参照。Qu. Skinner, The Foundation of Modern Political Thought, II. The Age of Reformation, Cambridge University Press 1978.〔門間都喜郎訳『近代政治思想の基礎』春風社、二〇〇九年〕契約神学についてはG. Schrenk, Gottesreich und Bund im älteren Protestantismus vornehmlich bei Johannes Coccejus, (1923), Gießen 1985^{2}.

（249）H. Falcke, Wo bleibt die Freiheit? Christsein in Zeiten der Wende, Freiburg 2009.

（250）H. Arendt, Macht und Gewalt, München 1970.

（251）U. Steffen, Drachenkampf. Der Mythos vom Bösen, Stuttgart 1984.

（252） Bysanz. Fischer Weltgeschichte Band 13. hg. von Fr. G. Maier, Frankfurt 1973, 21-24. J. Rieger, Christus und das Imperium. Von Paulus bis zum Postkolonialismus, Münster 2009.

（253） この解釈は間違いである。ダニエル書七章によれば、権力の国々は混沌からやって来て、混沌を広め、混沌の中に沈むが、人の子の国は天からやって来て、人間的な国であり、存続する。キリスト教的王国を他の国々に付け加える者は、第五君主国論者（Quintomonarchianer）がそうしたように、質的な差異を見過ごし、それによって黙示録的な代替案を見過ごしてしまうのである。以下の文献を参照。Kl. Koch, Spätisraelitisches Geschichtsdenken am Beispiel des Buches Daniel, HZ 193, 1961, 7-32. W・パネンベルクはK・コッホに普遍史的解釈をもって従った。W. Pannenberg, Offenbarung als Geschite, Göttingen 1961 を参照〔大木英夫ほか訳『歴史としての啓示』聖学院大学出版会、一九九四年〕。

（254） M. Delgado, Die Metamorphosen des Messianismus in den iberischen Kulturen, in: Zeitschrift für Missionswissenschaft Vol. 34, 1994; M. Delgado/K. Koch/E. Marsch (Hg.), Europa. Tausendjähriges Reich und Neue Welt, Stuttgart 2003.

（255） Vgl. Mary Kaldor, Neue und alte Kriege, Organisierte Gewalt im Zeitalter der Globalisierung, Frankfurt 200; E. Eppler, Vom Gewaltmonopol zum Gewaltmarkt? Frankfurt 2002.

（256） E. Eppler, 120. Zur Kommerzialisierung der Sicherheit. 治安の商業化について。

（257） A. Kaufmann (Hg.), Widerstandsrecht, Darmstadt 1972; J. Moltmann, Rassismus und das Recht auf Widerstand, in: Experiment Hoffnung. Einführungen, München 1974, 145-163.

（258） これは憲法学者のR・ドライアーによる定式であり、以下の文献に見られる。P. Glotz (Hg.), Ziviler Ungehorsam im Rechtsstaat, Frankfurt 1983, 60. そこにはW・フーバーによる重要な神学的倫理学的な寄稿もある。W. Huber, Die Grenzen des Staates und die Pflicht zum Ungehorsam, 108-126. アメリカの市民権運動から、J・ロールズは以下のような定義を得た。「市民的不服従とは、法に反対する、公的で非暴力的で良心的だが政治的な行為であり、通常は政府の法律または政策に変化をもたらすことを目的として行われるものである。」Vgl. A Theory of Justice, Harvard University Press Cambridge 1971, 364.

(259) E. Moltmann-Wendel, Frauen um Jesus, Gütersloh 2009, Neuauflage von: Ein eigener Mensch werden. Frauen um Jesus, Gütersloh 1980.〔大島かおり訳『イエスをめぐる女性たち——女性が自分自身になるために』新教出版社、一九八二年〕

(260) J. Moltmann, Weltverantwortung und Nachfolge Christi, in: Politische Theologie - Politische Ethik, 180-193.

(261) H. Falcke, Theologie des Friedens in der einen geteilten Welt, in: J. Moltmann (Hg.), Friedenstheologie – Befreiungstheologie, München 1988, 17-66. Vgl. auch D. W. Schriver, An Ethics for Enemies. Forgiveness in Politics, New York 1995.

(262) D. Shriver, An Ethics for Enemies. Forgiveness in Politics, New York 1995.

(263) 兄弟団の雑誌は『鋤（Plough）』という。アトランタのオープン・ドア・コミュニティの雑誌は『ホスピタリティ』というもので、ホームレスと死刑囚監房の囚人との共同体において、アメリカ合衆国の南の諸州の「白人男性至上主義の力（White Male Supremacy Power）」に対抗している。

(264) E. Eppler, Die tödliche Utopie der Sicherheit, Hamburg 1983.

(265) P. Ström, Die Überwachungsmafia. Das gute Geschäft mit unseren Daten, München 2005.

(266) E. H. Erikson, Identität und Lebenszyklus, Frankfurt 1966.〔西平直・中島由恵訳『アイデンティティとライフサイクル』誠心書房、二〇一一年〕

(267) R. Strunk, Vertrauen. Grundzüge einer Theologie des Gemeindeaufbaus, Stuttgart 1985.

(268) N. Luhmann, Vertrauen. Ein Mechanismus der Reduktion sozialer Komplexität, Stuttgart 1968 はもちろん、信頼を全く異なる仕方で見ている〔大庭健・正村俊之訳『信頼——社会的な複雑性の縮減メカニズム』勁草書房、一九九〇年〕。これに対立するものとしては以下を参照。O. O'Neill, A Question of Trust, Cambridge 2002.

(269) 第4章2節を見よ。

(270) 基本法I、2「それゆえにドイツ国民は、どの人間社会にとっても基礎であり、また世界の平和と正義の基礎である、不可侵にして譲渡し得ない人権を支持する。」

(271) ルター『大教理問答』（一五二九年）、第一戒「あなたは他の神々を持ってはならない」。「まったき信頼」の規準は、シェマー・イスラエル（聞け、イスラエルよ）に対応する。「あなたはあなたの主である神を、心を尽くして魂を尽くして力を尽くして愛すべきである。」（申命記六5）それに対する反証は簡単にできる。つまり私が地上の被造物を絶対化して完全に愛せば、私はそれらの被造物に無理を強いて、それらの脆い美しさを壊してしまう。

(272) J. Hersch, Le Droits de L'Homme d'un point de vue philosophique, Paris 1968.

(273) W. Heidelmeyer, Die Menschenrechte. Erklärungen, Verfassungsartikel, Internationale Abkommen, Paderborn 1973. E. Lorenz (Hg.), »... erkämpft das Menschenrecht«. Wie christlich sind die Menschenrechte?, Hamburg 1981.

(274) J. M. Lochman/J. Moltmann, Gottes Recht und die Menschenrechte. Neukirchen 1976.

(275) W. Huber/H. E. Tödt, Menschenrechte. Perspektiven einer menschlichen Welt, Stuttgart 1977.〔河島幸夫訳『人権の思想——法学的・哲学的・神学的考察』新教出版社、一九八〇年〕

(276) Konferenz Europäischer Kirchen. Church & Society. Brüssel No 6 Juni 2009: Human Dignity vs. Christian Morality?

(277) Cl. Westermann, Genesis, 1. Teilband, Neukirchen 19763, 2003ff.

(278) Landrecht Buch 3, Art. 42.

(279) M. Grabmann, Die Grundgedanken des Heiligen Augustinus über Seele und Gott in ihrer Gegenwartsbedeutung, Darmstadt 1957.

(280) J. Moltmann, Theologische Begründung der Menschenrechte, in: Politische Theologie – Politische Ethik, München 1984, 170-172.

(281) 第3章を参照。

(282) 第3章3節4を参照。

(283) D. Staniloae, Orthodoxe Dogmatik, Band 1, Gütersloh 1984, 293:「西洋の神学においてはしばしば、人間の救済を自然の救済から切り離そうとする努力が存在した。東方のキリスト教は両者を互いに切り離すことは決してなかった……私たちの信仰によれば、どの人間の人格も一定の仕方で、全宇宙的な自然のヒュポスターゼである……自然全体は栄光に定められており、人間も完成される王国において、そこに参与するだろう。」

(284) L. Vischer (ed), Rights of Future Generations – Rights of Nature. Proposal for enlarging the Universal Declaration of Human Rights, Studies from the World Alliance of Reformed Churches 19, Geneva 1990.

（285） Seyla Benhabib, Unterwegs zu einer kosmopolitischen Demokratie? NZZ Online, 13. Juni 2009, 1-4.

（286） V. Rittberger, Weltregieren: Was kann es leisten? Was muss es leisten? In: H. Küng/D. Senghaas (Hg.), Friedenspolitik. Ethische Grundlagen internationaler Beziehungen, München/Zürich 2003, 177-208. 私が叙述した論争に関する理解は、テュービンゲンの政治学者フォルカー・リットベルガーに基づいている。リットベルガーの以下の文献も見よ。V. Rittberger (Hg.), Wer regiert die Welt und mit welchem Recht?, Baden-Baden 2009.

（287） J. Bohatec, England und die Geschichte der Menschen- und Bürgerrechte, hg. von O. Weber, Graz-Köln 1956.

（288） 本書365頁を参照。さらに以下を参照。Kyrill, Patriarch von Moskau, Freiheit und Ver-antwortung – Einklang, Freiburg 2009.

（289） D. Staniloae, Orthodoxe Dogmatik I, 293.

（290） 私の政治神学において、「一九六八年」の後に必然的であった政治的で社会倫理的な圧迫があまりに強くなった時、私は一九七一年に『創造の最初の解放者たち』という小著において、「美への喜びを再び引き立たせる」ために、自らを律法の全体的要求から解放した。

（291） ある霊歌は「異郷の地でどうやって主の歌を歌うことができるのか？」という詞で始まる。Vgl. J. H. Cone, The Spirituals and the Blues, An Interpretation, New York 1972.〔梶原寿訳『黒人霊歌とブルース――アメリカ黒人の信仰と神学』新教出版社、一九八三年〕

（292） J. Bussie, The Laughter of the Oppressed. Ethical and Theological Resistance in Wiesel, Morrison and Endo, New York 2007.

（293） A. Heschel, The Sabbath. Its Meaning for modern man, New York 1951; Fr. Rosenzweig, Der Stern der Erlosung, Dritter Teil, erstes Buch, Heidelberg 1959, 63-69. 私はヘシェルの書を利用させてもらったことを感謝している。

(294) Vgl. W. Philipp, Das Werden der Aufklärung in theologiegeschichtlicher Sicht, Göttingen 1957.

(295) M. Grabmann, Die Grundgedanken des heiligen Augustinus über Seele und Gott, Darmstadt 1957. 魂に限定することへの批判として以下を参照。J. Moltmann, Die Quelle des Lebens, VII: Neue Spiritualität des Lebesn, 73-69.

(296) D. Ritschl, Bildsprache und Argumente. Theologische Aufsätze, Neukirchen 2008, 49-59.

(297) A. Heschel, a. a. O., 8.

(298) J. Moltmann, What is time? And how do we experience it? in: Dialog. A Journal of Theology, 39, 1, 2000, 27-35.

(299) 今日、このような物の見方を瞑想的な沈思と結びつける人々もいる。しかしプラトンが言うように、驚きから見ることが始まる。純粋な観照において私たちが認識するのは、参加するためであって、支配や利用や使用のためではない。私たちは事物をあるがままにしておき、自分のものにはしない。

(300) Fr. Rosenzweig, a. a. O., 69.

(301) これについて詳しくは以下を参照。J. Moltmann, Gott in der Schöpfung, 294-300.

(302) Fr. Rosenzweig, a. a. O., 126-127.

(303) より詳しくは Gott in der Schöpfung, 294-298.

(304) フランツ・ローゼンツヴァイクはこの連関に気がついた。以下を見よ。Stern der Erlösung, a. a. O., 126-127.

(305) この典型的な文献はベネディクト十六世の回勅『希望による救い』である。この回勅は魂について、また永遠の命の中における魂の未来について論じている。これがグノーシス的な救済宗教に近いということは見逃せない。

(306) E. Benz/H. Thurn/C. Floros, Das Buch der Heiligen Gesänge der Ostkirche, Hamburg 1962, 102, 103, 107, 114.

(307) M. Grabmann, a. a. O., 11.

訳者解説　『希望の神学』から『希望の倫理』へ[1]

モルトマンの根本思想

福嶋　揚

本書はドイツを代表する組織神学者の一人であるユルゲン・モルトマン（Jürgen Moltmann, 1926〜）の近著『希望の倫理』の邦訳である。ドイツ語の Ethik は「倫理」とも「倫理学」とも訳せるので、題名を『希望の倫理学』と訳すことも可能である。しかし本書が厳密な学術書の体裁にとらわれず平易な叙述を心がけており、さらに希望に基づくダイナミックな実践知を説いているという点で、『希望の倫理』という訳がふさわしいと判断した。

この『希望の倫理』は、約半世紀前に出された画期的な名著『希望の神学』[2]（一九六四年）の続編に相当する。モルトマンはその間に多くの著作を出してきたが、その半世紀は「希望」から出発し「希望」へと回帰する軌跡であったとも言える。そこでこの巻末解説においては、『希望の神学』と『希望の倫理』の両著作を貫く「希望」の特徴を明らかにすることにしたい。

一　希望の喪失から再発見へ

現代において、キリスト教という伝統宗教の視点から「希望」を改めて論じることに、どのような意義があるのだろうか。そもそも「キリスト教倫理」と呼ばれるものは、それ以外の倫理とどのように関係するのであろうか。

特殊キリスト教的な倫理などあり得ないという意見もある。そのような意見によれば、キリスト教は現代の倫理的諸問題に対して、特に勝った洞察を持っているわけではない。例えば核エネルギーや遺伝子組み換えのように、高度で複雑な技術的問題に関しては、特殊キリスト教的な解決など何も存在せず、キリスト教は社会の中で他の人々と共に、合目的に責任を持って行動しなければならない。そうだとすればキリスト者は、公共社会での倫理的行動においては匿名であるほかないということになる。

モルトマンはこのような見解があることをふまえつつ、独自の立場を主張する。『希望の倫理』によれば、キリスト教倫理の固有性は「イエスの生涯の道と教え」という特殊な出発点から、一般的な問題へ向かうことにある。この「イエスの生涯の道と教え」という表現は、宗教改革の二大主流派であったルター派と改革派によって異端視された洗礼派（あるいは再洗礼派）に由来する。モルトマンは洗礼派の思想に全面的に賛同しているのではない。だがキリストの十字架による救済を中心とするルター派の信仰、キリストの復活を中心とする改革派の信仰に加えて、キリストの生涯の道と教えを重んじる洗礼派を再評価することに、『希望の倫理』の重要な特徴の一つがある。

さてモルトマンの希望論はその成立当初から、旧新約聖書に基づくユダヤ・キリスト教的な神学の起源と固有性を、ギリシャ・ヘレニズム的な哲学に対して明らかにする思想史的な意図を含んでいる。これは神学と哲学の連関や対話を拒否することではなく、混淆的な西洋思想史の中での神学の固有性と独自性を原点に立ち返って明らかにすることである。

約半世紀前の『希望の神学』の誕生について、モルトマンは様々な機会に自伝的な回想を述べている。モルトマンは一九四八〜五二年にゲッティンゲンにおいて、ハンス・ヨアヒム・イーヴァントやエルンスト・ヴォルフやオットー・ウェーバーのもとで神学を学んだ。その当時「カール・バルト崇拝」の後には何も付け加えることができないと感じるほど、バルト神学の影響力が圧倒的であった。だが一九五六年以降、モルトマンはオランダの神学者アルノルト・ファン・リューラーの「前進の終末論」を知り、バルトにはこれが失われていたと考える。さらに一九六〇年にエルンスト・ブロッホと知り合い、彼の『希望の原理』を読んだ際、なぜキリスト教神学にはこのテーマがないのかと自問するようになった。その後に六十年代前半のヴォルフハート・パネンベルク等の「歴史としての啓示」論や、キング牧師がワシントン演説の中で語った「前進の希望」の影響を受けつつ、一九六四年に『希望の神学』は世に出されるに至った。この書は「カイロス」に巡り合ったとモルトマン自身が語るほど、世界的な反響を巻き起こした。

モルトマンにとって、希望の再発見は「終末論」（Eschatologie）の再発見に他ならない。「終末論」という概念が使用されるようになったのは、宗教改革以降のことであるが、終末への待望そのものは、新旧約聖書の時代から見られる根源的な倫理である。「終末（*eschaton*）」という言葉は、旧約聖書外典のシラ書七章36節「何事をなすにも、お前の人生の終わり（*eschata*）を心に留めよ」という一節に登場する。そしてこの言葉に基づく「終末論（*eschatologia*）」という概念は、十七世紀のルター派正統主義神学によって用いられた。この終末論は「死について（*De morte*）」、「死者の復活について（*De resurrectione mortuorum*）」、「最後の審判について（*De extremo judicio*）」、「永遠の生命について（*De vita aeterna*）」等々、世界と人間にとっての究極的な希望を論じる教説である。したがってそれは、前記のシラ書の一節の知恵文学的個人終末論にはとどまらない包括的な、キリスト教にとって不可欠の教説である。

だがモルトマンによれば、この終末論的待望は「最後の審判の日」へと目標を延期され限定されることによって、本来持っていたはずの、歴史に対する批判的で建設的な意義を失っていった。とりわけ近代西欧において、終末論はキリスト教の思想体系の末端へと押しやられて、役立たずの「付録」となってしまった。

もっともそのような終末論の「付録」化は、モルトマンによれば、実はすでに原始キリスト教そのものに端を発している。例えばコリントの原始教団の中に、終末があたかもすでに実現したかのように見なす「現在終末論」あるいは「成就終末論」が存在した。このような現在終末論は、イエス・キリストの出来事を永遠なる神の無時間的な顕現として祭祀化する思想であった（T141）。さらにキリスト教がヘレニズム世界との融合を経てローマ帝国の国教となった時、永遠なる絶対者が地上の社会に垂直に現臨していると見なす現在終末論が、一層定着するに至った（T283）。コルプス・クリスティアーヌムの確立と共に、西欧史は「キリストの未来を待ち望んで苦悩する場ではなく、キリストの天の栄光を教会的サクラメント的に開示する場」へと変貌した。このことを言い換えれば「過ぎ去りゆくアイオーンを来たるべきアイオーンから区別する黙示録的な二元論」は、「来たるべきものを永遠なものと理解し、過ぎ去りゆくものを一過性のものと理解する、形而上学的な二元論」へと変化した（T144）。闘争的な歴史理解は静止的な二元論へと転換したのである。

こうした終末理解の変容は、原始キリスト教徒が待ち望んでいたキリストの再臨が実現しなかったという失望、すなわちいわゆる「来臨の遅延」に原因があるとも言われる。だがモルトマンの見るところ、終末論の衰退はそれ以上に「あらゆる期待が成就したという誤解」によってもたらされたものであった（T143）。モルトマンによれば、希望に対する「最も厳しい異論」とは、希望を断念する「絶望」ではなく、また希望を不要とする「不遜」でもない。「現在へ謙遜に同意する宗教」（T21）こそが、希望を根底から無効にするものだというのである。

モルトマンはこれと本質的に同じ問題を、十九世紀末から二十世紀前半にかけて活躍した先達の神学者達にも見出す。この時期はキリスト教的思想において、終末論の再発見と同時に、その再発見そのものを無効化するような時代でもあったという。例えば、イエスや原始キリスト教にとっての終末論の中心的意義を見出したのは、ヨハネス・ヴァイスやアルヴァート・シュヴァイツァーである。だが彼らは、十九世紀の自由主義的イエス像に対して、歴史的イエスが持っていた終末論の異質性を浮かび上がらせ、同時にそれを現代人にとっては幻影にすぎないと見なして結果的に滅ぼすことになった。また、近代の啓蒙主義とプロテスタンティズムを徹底的に批判して終末論を再発見したカール・バルトに対しても、モルトマンは同じ問題を見出している。バルトの『ローマ書』第二版において、終末は「永遠」、「原歴史」、あらゆる時間を超越するものと見なされる。モルトマンによれば、シュヴァイツァーもバルトも「超越論的終末論」へと陥り、原始キリスト教が本来持っていた終末論を見失ったという（T31-35）。

こうした終末論の衰退に対して、モルトマンは旧新約聖書の神の特徴を改めて精査する。そして「出エジプトと復活の神」は現臨する永遠者ではなく、むしろ未来への約束と脱出をもたらす神であることを見出す。

モルトマンによれば、ギリシャ語の「ロゴス」は常在する現実へとかかわる。未来についての「ロゴス」は、その未来が「現在の継続あるいは規則的な回帰」でない限り不可能となる。またドイツ語の「教説」(Lehre)という言葉も「常に回帰し、誰でもなし得る経験」に関する諸命題(Lehrsätze)を意味するならば、「最後の事物についての教説」である終末論は不可能となる。

だがモルトマンによれば、キリスト教的終末論に固有な言語とは、そのような意味での「ロゴス」でも「教説」でもなく、「約束」であるという。それは古代イスラエルの言語と希望と経験を形成してきたものである。キリスト教神学はギリシャ的ロゴスの仕方ではなく、また経験に基づく教説の仕方でもなく、希望の命題と未来の約束という仕方でイエス・キリストについて語るのだとモルトマンは主張する。

二　旧新約聖書における希望の源泉

1　旧約における約束と歴史

モルトマンは「顕現の宗教」から「約束の宗教」を厳密に区別する。顕現宗教がとり行なう神話的で魔術的な祭祀は、何らかの神聖な根源的事象へと結びつくことによって、歴史の脅威を滅ぼそうとする。だが約束する神ヤーヴェが「顕現」する時、その意義と目的はこの顕現そのものの中にはなく、約束と未来の中にある(T89f.)。

古代イスラエルの「約束」信仰は、周辺世界の顕現宗教と絶えず対決してきた。旧約において「約束」は、神が信頼に値する救済を約束することを意味する。例えば創世記においては土地(一二1)、子孫(一五5他)、神が共にあり祝福すること(二六3他)が約束される。レビ記二六章や申命記二八章においては、この神からの約束は民による律法の忠実な実行と結びついている。また預言者達は、未来における神の救済（ホセア二16以下）、新たな契約（エレミヤ三一31以下）、新しい天と新しい地（イザヤ六五17）、イスラエル以外の諸民族も包括する普遍的な救済（ミカ四1）を約束する。

約束信仰と顕現宗教との対決とは、ノマド宗教の持つ動的な傾向とカナンの土着宗教の静的な傾向の対決でもある。モルトマンによれば、砂漠からカナンへと定住したイスラエル諸部族の特徴は何よりも、「砂漠に由来する約束の神を、その神にふさわしい存在理解や世界理解もろとも、全く新たな土地経験と共に保ち続け、その土地における新たな経験を約束の神の方からなして克服するよう努めた」ことであった（T87）。

約束とは、まだここにない現実の告知である。約束は、それが成就する未来へと向かう脱出の歴史を創りだす。約束によって開かれる歴史は「同じものの回帰」ではなく、「不可逆的な方向」を持つ運動である。また約束の言葉は常に、約束が語られることと果たされることの間に、緊張に満ちた「中間の空間」を創りだす。その空間においては、約束に対する服従か不服従かを選ぶ自由、希望か諦念かを選ぶ自由が与えられる。約束が開く歴史待望は運命信仰とは異なるものである（T92f.）。

さらにモルトマンによれば「諸々の約束は、イスラエルの歴史によって――失望によっても充足によっても――清算されたのではなく、イスラエルが経験した歴史によって、むしろ絶えず新しい広がる解釈を経験した」という（T94）。つまり約束と充足の間に張りつめた「中間の空間」は、イスラエル史の進行によって追い越されることなく、いっそう強くイスラエルの歴史的進行をもたらしたということである。

このような約束は「物事と知性の一致」（T107）によっては説明がつかない。約束はむしろ、その受け取り手が引き入れられる特殊な「物事と知性の不一致」においてこそ——約束が歴史に対して持つ「剰余価値」（T95）においてこそ——真価を発揮する。約束は現状への順応を許さない不安定さ、アウグスティヌスの言う「不安な心（*cor inquietum*）」（T78）をもたらす。約束による導きの下で、現実は安定したコスモスではなく、「前進と立ち去りと、まだ見ぬ新たな地平への出発」（T91）という歴史に変えられる。約束の下ではいかなる経験もあくまで暫定的なものとなる。そのような暫定的（provisorisch）経験には「先-見」（Pro-visio）という契機が含まれる（T97）。つまり歴史的経験は、それ自体の中にまだ完全には存在しない何ものかを先取りして指し示すのである。約束がもたらす時間は、円環的に回帰する時間ではない。それは前方を指し示す未完性と暫定性を特徴とする。

このようにして約束は歴史の地平を開く。モルトマンはガダマーの解釈学をふまえつつ、「地平」が固定された限界ではなく、それを目指す者と共に移動し、さらなる前進へと導くものであることを強調する。

2 新約における十字架と復活

古代以来、ギリシャ的な形而上学の神理解——例えば「不変性」、「受苦不可能性」、「統一性」——からイエスを捉えようとする傾向が存在する（T126）。また近代においては、「歴史における人間存在についての一般的理解」からイエスを捉えようとする傾向が存在する。だがイエスにおいて自らを啓示する新約聖書の神は、旧約聖書の神から連続する「出エジプトと約束の神」である。それゆえに、聖書の神を形而上学的な神理解——永遠の今や、イデアや、不動の動者といった神理解——と、属性に関してただちに同一視することはできない。モルトマンによれば、聖書において神の属性は

「地上的、人間的、死んで過ぎ去りゆくものの領域を否定することによってではなく、ただその約束の歴史を回想し物語ることによってのみ言い表される」(T127)からである。モルトマンによれば「出エジプトと復活の神」を理解するためには、「神を世界もしくは歴史から証明する」ことではなく、その逆に「世界を神と未来へと開かれた歴史として示す」ことこそが鍵を握るのである(T82)。

ユダヤ人イエスもまた、一般的人間存在の特殊事例である以前に、旧約の歴史との連関と葛藤の中においてこそ理解される。新約におけるイエスの十字架と復活をめぐる伝承は、律法と約束のあいだの葛藤から初めて理解される。新約においてパウロは、神がアブラハムに与えた約束を、律法の行いによらない信仰のみによる救いと捉える(ロマ四、ガラテヤ三)。パウロによれば、神の約束に対応するのはただ、神に栄誉を帰し(ロマ四20)、神からすべてを期待する信仰のみである。このようにパウロにおいては約束と律法は対立をなし、約束は福音の同義語となる。モルトマンもまた約束と福音を「終末論的な意味において、約束と同一」のものとみている(T133)。福音はイスラエルに与えられた約束を終わらせ追い越すものではない。

イエスの死は、神から派遣された者の処刑であり、それ自体の中に「神の死」を含んでいる。イエスの死は「神から見捨てられること、審判、呪い、約束され賛美される生命からの排斥、遺棄と呪詛」である(T192)。

これに対してイエスの復活は「このような死の死性の克服、神から見捨てられることの克服、審判と呪いの克服、約束され賛美される生命が成就することの始まり」である(T192)。しかもこの復活は、律法に忠実な者においてではなく、十字架につけられた犯罪者にこそもたらされた。パウロはそれを「初穂」(Iコリント一五20)と見なし、律法への服従に基づいてではなく、罪人の義認とキリストへの信仰に基づいて、未来において死者の復活がもたらされるであろうと期待する。こうして原始キリスト教においては、後期ユダヤ教の律法の中心的地位に、十字架につけられた者の復活がとってかわるようになった。

なお、神の存在証明が困難であるように、復活の史実性もとりわけ近代以降に問題視されてきた。ここでもモルトマンの姿勢は、普遍から特殊へ向かうのではなく、逆に特殊から普遍を問い直すものである。つまり歴史一般から復活を問題にするのではなく、むしろ逆に、十字架によって処刑された者の復活という特異な伝承によって歴史一般を問いにさらすのである。

十字架と復活は「徹底的な非連続性における連続性」、「完全な矛盾における同一性」をなしている（T181）。十字架に対して復活が持つ「剰余価値」は、「罪に抗う義、死に抗う生、苦難に抗う栄光、分裂に抗う平和」、すなわち経験される現実に対する矛盾と抵抗に他ならない（T15）。パウロがコリントの現在終末論者に対して主張したことも、まさにこのような十字架と復活の差異、すなわち「永遠なるものの祭祀的現臨には還元することができない終末論的差異」（T146）であった。

モルトマンはまた、イエスの復活とは「彼自身の未来の約束」、あるいは「彼自身の未来の出現」であるという。それはイエスがキリストとして「自己自身との同一性と差異において、自己を啓示し特定する」ことである（T77）。復活したキリストが弟子達の前に出現したことは、それ自体で完結していない開かれた出来事、すなわち前方を指し示して導く出来事である。

さらにモルトマンは復活伝承において、こうした差異と同一化と共に、「派遣（missio）と約束（promissio）」という二重のモチーフが見られることを強調する。復活伝承は、超越と一体化する神秘主義的な合一を伝えているのではない。それはむしろ召命、派遣、約束を伝えている。その約束とはまだ見ぬ義の約束、「死者たちの復活」という究極の表象に表された生命の回復の約束、「存在の新たな全体性における」公正と命の充溢する未来の約束である（T185）。

まだ存在しないものの約束によって、歴史が創られる。この歴史を意識することが「派遣意識」である（T177）。派遣はただこのような約束との連関においてのみ理解し得る。派遣は狭義においては伝道や宣教を意味する。だが広義においては、約束と希望によって動機づけられた実践、すなわち罪悪に対する正義の回復、死の暴力に対する生の回復を目指す実践である。

三　希望の実践

旧新約聖書に源泉を持つ未来への希望は、現実におけるどのような実践を促すのだろうか。モルトマンは『希望の倫理』において、それを端的に「剣を鋤に打ち直す」という言葉によって表現する。それはすなわち、「剣」が象徴する暴力と死を「鋤」が象徴する平和と生命へと変革する倫理である。「剣を鋤に打ち直す」ことは、「死から生命へ」という十字架から復活への転換を反映する実践である。

人間にはもちろん死者を蘇らせることは不可能である。だが死と罪悪と災禍をできる限り阻止し、生命と公正と平和をできる限り目指すことは可能である。それは「死からの復活」という、人間にとって到達不可能な究極の地平へと向けられた、究極以前の人為である。希望は、遠い究極の目標と近い究極以前の目標とを媒介するものである。

「剣を鋤に打ち直す」ことは、本書において次のような三段階を成している。A「剣からいかなるキリスト教的な剣も作らないこと。」B「剣から鋤に退行しないこと。」C「剣から鋤を作り出すこと。」すなわち、「剣」をキリスト教によって正当化あるいは再生産してはならない。また既存の「剣」を黙認してはならない。むしろ「剣」を「鋤」へと積極的に変革せよ――これが「希望の倫理」の根本命題である。

「剣を鋤に打ち直す」あるいは「武器なしに平和をもたらす」という表現は、東西冷戦下のドイツの平和運動において用いられた言葉である。この表現はイザヤ書第二章が描く、戦争の武器が農耕の道具へと変えられた、武力なき世界像に遡る。イザヤ書が描く「剣」の廃棄は、福音書が描くイエスの受難において先駆的に成就する。イエスは「剣をとるものは皆、剣で亡ぶ」(マタイ二六52)と語り、武力をもって武力に対抗することを断念した。イエスはその断念によって、十字架刑という「剣」、すなわち国家権力が執行する死刑へと赴いた。そしてまさにその「剣」に刺し貫かれることによって、「剣」を超える「力(Macht)」を逆説的に開示した。それは、十字架という「暴力(Gewalt)」をより高次のまったく異なる「力」へと転換する出来事であった。「剣を鋤に打ち直す」倫理とは、まさにその転換を反映するものである。

モルトマンによれば、どのようなキリスト教倫理もそれが前提とする終末論によって規定されている。例えば本書において、モルトマンは「黙示録的な終末論」、「分離主義的な終末論」、「変革的な終末論」を挙げている。この三種類の終末論は順に、キリスト教的な剣(a)、剣から鋤への退却(b)、剣を鋤に打ち直す変革(c)という三種類の倫理に、ほぼ対応するものである。

a　黙示録的な終末論――キリスト教的な剣

黙示録的な終末論は、旧新約聖書の黙示文学に由来するが、現代に至るまで根強い影響力を持っている。それは個々の人間において、霊と肉のあいだの闘争、罪と義のあいだの闘争、信仰と不信仰のあいだの闘争をもたらす。さらに世界史の全体において神の国と悪魔の国のあいだの闘争をもたらす。宗教的に見れば信仰者と非信仰者の対立によって、政治的に見れば「友」対「敵」の対立によって、この戦争状態は永久に続く。黙示録的な二王国説は均衡的な二元論ではなく、最終決着を目指す闘争論である。モルトマンはとりわけアメリカ合衆国の覇権主義の背景にある黙示録的世界観を危惧している。

こうした世界観は、アウグスティヌスの「神の国」論から影響を受けたルターとルター派において顕著である。そこでは神が悪魔の力を制限し解消するために——神の国と悪魔の国という区別に加えて——さらに二つの異なる統治形態、すなわちこの世の統治と霊的な統治を定めたと見なされる。この世の統治は市民的正義に基づき、霊的な統治は神の義に基づく。前者の領域においては「律法と理性と剣」が支配し、後者の領域においては「神の言葉と霊、恩恵と信仰のみ」が支配する。この世の統治は外的な秩序と平和を目指すが、霊的な統治は信仰と救済を目指す。双方の統治は国家制度と教会制度となって、互いに制限し合い補完し合う。

黙示録的終末論においては、この世の秩序とりわけ国家権力が、悪や混沌に対する神的な抑圧力、「キリスト教的な剣」と見なされる。例えばⅡテサロニケ二7に登場する、謎めいた「迎えている者」は、悪を抑制する国家権力としばしば同一視されてきた。

だが「キリスト教的な剣」による抑圧や闘争は、キリストによって先取りされた未来へ開かれた過程ではない。またそこでは、キリスト者はこの世界の秩序に順応することによって、他の人間から見分けがつかなくなる。モルトマンによれば、このような黙示録的終末論に基づく二王国説は、世界変革的な希望を喚起することがない。それは保守的であっても決して革新的ではない。

b　分離主義的な終末論――剣から鋤への退却

分離主義的終末論はとりわけ、宗教改革時代の異端派であった洗礼派（再洗礼派）に顕著に見られる。洗礼派は信仰に基づく洗礼のみを主張し、義務的な幼児洗礼を拒否した。これはコルプス・クリスティアーヌムを根底から動揺させたため、徹底的な迫害を招いた。洗礼派はまた、コンスタンティヌス帝以前の原始キリスト教会の規準、とりわけ「山上の垂訓」に代表されるキリストの道と教えに生きようとした。洗礼派は、キリストの十字架の救済に重点をおくルター派とは異なり、またキリストの復活に重点を置く改革派とも異なり、「イエスの生涯の道と教え」に重点を置き、キリストへの「服従」を根本思想とした。

洗礼派の思想はその広汎な影響と共に多様だが、モルトマンは一つの共通点を見出している。それは、「黙示録的な終末論」を「分離主義的な終末論」あるいは天と地の「存在論的な二元論」へと取り替えたことである。そこでは、天の人間たるキリストに嫁ぐ教会は、同じく天的な性質を持ち、地上の世とはもはや関わりがないと見なされる。

洗礼派は服従を通してキリストに似ようとしたが、地上の権力を規制しようとはしなかった。中にはミュンスターにおける洗礼派の王国建設のように、「剣」を用いた武力闘争も見られた。だが洗礼派の多くは非暴力と非武装の生活を貫いた。彼らは「霊」によるキリストの統治と「肉」による当局の統治とを区別して、後者への参加を拒否した。

このような「剣から鋤への退却」が秘めた静かなる抗議に、モルトマンは一定の意義を認めている。洗礼派は、原始キリスト教的なイエスへの服従の倫理を再発見し、既存のコルプス・クリスティアーヌムに疑問を投じた。さらにそれによって国家と教会の分離、ひいては近代的な個人主義の先駆者となった。

しかし非暴力と非武装の生活へと撤退する洗礼派の姿勢をモルトマンは「剣から鋤への撤退」と捉える。「剣から鋤への撤退」は「剣」を黙認するがゆえに、それを真に克服するものとはなり得ない。

c　変革的な終末論——剣を鋤に打ち直す

以上において見てきたように、黙示録的な終末論は「キリスト教的な剣」を肯定する。分離主義的な終末論は「剣」による権力行使から逃れて「鋤」による平穏な生への退却をもたらす。これらの終末論に対してモルトマンが対置するのが変革的な終末論であり、それに基づく「剣を鋤に打ち直す」倫理である。

モルトマンが提唱する変革的終末論においては、未来と現在はより一層深く連関する。すなわち未来は未来であることを止めずに現在となり、現在は現在的な未来へと変えられる。十字架につけられた者の復活の伝承は、万物の大いなる転換を先取りする。それは、卑しめられ死刑にされた者が高められ、暴力に虐げられた者が権利を回復することである。この先行する転換は、それにふさわしい世界の価値転換を覚醒させる。その意味で、キリスト教倫理は二王国説に典型的に見られた世界への順応的応答ではなく、また洗礼派に典型的に見られた分離主義的な世界からの逃避でもなく、世界を変革するための手引きとなる。

さらにこの変革は、暴力を持って暴力に対抗する闘争ではなく、死をもたらす暴力（Gewalt）を命を育む力（Macht）へと変革する平和創造を意味する。本書はこのことをキリスト教史における二つの伝説を対比させつつ描いている。それは聖ゲオルグや天使ミヒャエルによる竜殺しの伝説と、血に飢えた竜をしずめて解放した聖マルタの伝説である。この「竜殺し」伝説と「竜をなだめる」伝説との対比は、「キリスト教的な剣」と「剣を鋤に打ち直す」平和創造との対比でもある。「剣を鋤へと打ち直す」ことは、敵意を愛敵へと変革することである。

マルタによって解放された竜のように、人間の生もまた「肯定され受け入れられ、関心を持たれ、満たされた生」とならなければならない。さらに人間の生は「自己の中に矛盾を保ち、この矛盾に耐え、それを克服する生命」とならなければならない（本書121頁）。己の中にある矛盾を克服する生とは、愛によって死を克服する生である。それはまた剣から鋤へと退却することなく、剣を鋤へと変革する生である。

モルトマンによれば、かつて原始キリスト教に満ちていた復活者の来臨への待望は、過ぎ去ったものが将来において再帰することや反復されることへの期待ではない。それは、所与の現実とは異なるものが目前に到来しつつあるという期待である。だがそれは、今生きている現実から切り離されたものではなく、人間の希望と抵抗を通して、現実へと到来し働きかけてくる未来である。モルトマンの思想において、未来と現在は不可逆・不可同・不可分の関係にあり、双方を媒介するものが希望であると言ってよい。

四　希望の曙光

希望は、現実から逃避する幻想とは異なる。むしろモルトマンによれば、あらゆる現実を貫いている可能性と真剣にかかわる希望こそ現実主義的である。アンセルムスの根本原則「知を求める信

――我知らんがために信ず（*fides quaerens intellectum – credo, ut intelligam*）」をふまえて、モルトマンは「知を求める望――我知らんがために望む（*spes quaerens intellectum – spero, ut -intelligam*）」という表現を用いる。ここで言われる知とは、事物をあるがままに知るだけではなく、それが未来においてあり得るように知ることである。

またモルトマンが本書で「私たちは、世界を変えるために神を必要とするのではない。私たちは、神を味わうために世界を変えるのである」（本書328頁）と述べていることにも注目したい。ここでは世界を変革する人間の道徳性が終末への希望を根拠づけるのではなく、むしろ逆に、終末への希望が世界を変革する道徳性を根拠づけるのである。この逆転にこそモルトマンの希望論の、ひいてはモルトマンが活性化するキリスト教的な希望の固有性がある。それは福音が道徳に先行することを主張する、福音主義的な倫理の固有性である。

こうした希望の特徴をよく表現するのは「光」の比喩である。それは闇夜の終わりを告げ知らせる地平線の曙光である。この光は真昼の垂直な光ではなく、前方から到来し、前方へと招く光である。希望を抱く者は「生の真昼に置かれるのではなく、夜と昼、過ぎ去るものと来たるものとが相争う、新たなる日の朝焼けの中に置かれる」（T26）。モルトマンはとりわけ、変革的終末論と変革的倫理を現す言葉として、「夜は更けて、日は近づいた。だから、闇の行いを脱ぎ捨てて、光の武具を身に着けよう」（ロマ一三12）というパウロの言葉を重視している（T44, 本書33、87頁）。

だが光が差して初めて、それまでの闇の深さがわかる。光を待ち望むことは、闇への恐れ慄きをもたらす。希望は現実を隠蔽するのではなく、むしろそれを露わにする。希望の高揚と共に、恐れや不安も高揚する。

モルトマンはまた、希望を抱く者は現実の「十字架」を背負うことに備えると言う。なぜならば終末論的な地平を目指す者は、「存在するものや同等なものに対する友愛」よりもさらに大きな愛、すなわちアガペーを待望するからである。それは「存在しないものへの愛、等しくないものや尊厳のないもの、価値のないもの、失われたもの、過ぎ去りゆくもの、死者たちへの愛」であるとモルトマンは言う。このアガペーは「時間の痛みから遠ざける」のではなく、「時間的なものの痛みを自らに引き受ける」愛である（T26f.）。それゆえに希望はむしろ現実における悲嘆や苦難による傷つきやすさを高めるものである。また「十字架につけられた者の復活」という表象は、生によって死を単に排斥することではなく、むしろ死者と生者の共同体を支えるものである。

希望は光と闇の落差、未来と現実の差異に耐えつつ、変革的な倫理をもたらす。そこでは悪しき世界からの個人の魂の救済や、良心の慰めといったことではなく、抵抗と創造的な期待の中で、世界の姿を変革することこそが重要となる。

『希望の神学』から『希望の倫理』へと至ったモルトマンの思想は、両世界大戦におけるドイツの二度の敗北、そして東西に分断され、核戦争の危機に直面しながら、「剣を鋤に打ち直す」倫理を実践し、東西統一を実現したドイツの市民運動を歴史的な背景としている。

しかし本書はそのような歴史的な背景を超えて、現代の日本にこそ力強く語りかけるものである。「剣を鋤に打ち直す」という希望の倫理は、日本国憲法において結実した、人類の理想である平和創造の理念と一致するからである。

最後に、翻訳に際して多くの助言や修正案を提供して下さった、小林望氏をはじめ新教出版社の方々に、心より感謝したい。

（1）本解説は「『剣を鋤に打ち直す』――ユルゲン・モルトマンの『希望の倫理学』」（二〇一三年九月八日、日本宗教学会での発表）及び「希望という倫理――ユルゲン・モルトマンの根本思想」（『倫理学紀要』第二十一輯、東京大学文学部倫理学研究室、二〇一四年、23―44頁）に基づいている。

（2）『希望の神学』の原著 Jürgen Moltmann, Theologie der Hoffnung. Untersuchungen zur Begründung und zu den Konsequenzen einer christlichen Eschatologie (1964), Gütersloh [13]1997 からの引用頁数は、例えば（T100）のように本文中に記してある。

聖書個所索引

人名索引

著者　ユルゲン・モルトマン（Jürgen Moltmann）
1926年ハンブルクに生まれる。両親は無神論的だったが、第二次大戦時の従軍と虜囚体験から真剣にキリスト教と取り組む。戦後ゲッティンゲン大学で神学を学び、牧師を経てヴッパータール神学大学、ボン大学を経て1967年から94年までチュービンゲン大学で組織神学を講じた。『希望の神学』、『十字架につけられた神』、『聖霊の力における教会』、「組織神学論叢」全6巻ほか膨大な著書がある。

訳者　福嶋　揚（ふくしま・よう）
1968年生まれ。東京大学大学院人文社会系研究科倫理学専攻博士課程修了。ハイデルベルク大学神学部にて神学博士号を取得。青山学院大学、日本聖書神学校、東京神学大学にて兼任講師。著書に、Aus dem Tode das Leben. Eine Untersuchung zu Karl Barths Todes- und Lebensverständnis, Theologischer Verlag Zürich 2009,『カール・バルト　破局のなかの希望』（ぷねうま舎、2015）など。

希望の倫理

●

2016年12月25日　第1版第1刷発行

著者……ユルゲン・モルトマン
訳者……福嶋　揚

発行者……小林　望
発行所……株式会社新教出版社
〒162-0814 東京都新宿区新小川町9-1
電話（代表）03 (3260) 6148
振替 00180-1-9991
印刷…… モリモト印刷株式会社

ISBN 978-4-400-40738-6 C1016